U0625506

光明社科文库
GUANGMING DAILY PRESS:
A SOCIAL SCIENCE SERIES

·法律与社会书系·

保险机构
股票投资法律监管研究

胡　鹏 | 著

光明日报出版社

图书在版编目（CIP）数据

保险机构股票投资法律监管研究 / 胡鹏著 . -- 北京：
光明日报出版社，2024. 8. -- ISBN 978-7-5194-8236-7

Ⅰ. F842. 4；D922. 280. 4

中国国家版本馆 CIP 数据核字第 20246E6G29 号

保险机构股票投资法律监管研究
BAOXIAN JIGOU GUPIAO TOUZI FALÜ JIANGUAN YANJIU

著　　者：胡　鹏

责任编辑：李　晶　　　　　　　责任校对：郭玫君　温美静
封面设计：中联华文　　　　　　责任印制：曹　净

出版发行：光明日报出版社
地　　址：北京市西城区永安路 106 号，100050
电　　话：010-63169890（咨询），010-63131930（邮购）
传　　真：010-63131930
网　　址：http://book.gmw.cn
E - mail：gmrbcbs@gmw.cn
法律顾问：北京市兰台律师事务所龚柳方律师

印　　刷：三河市华东印刷有限公司
装　　订：三河市华东印刷有限公司
本书如有破损、缺页、装订错误，请与本社联系调换，电话：010-63131930

开　　本：170mm×240mm
字　　数：207 千字　　　　　　印　　张：15
版　　次：2025 年 1 月第 1 版　　印　　次：2025 年 1 月第 1 次印刷
书　　号：ISBN 978-7-5194-8236-7

定　　价：95.00 元

版权所有　　翻印必究

序 言

胡鹏博士的博士论文《保险机构股票投资法律监管研究》即将付梓出版，特邀请我作为他的博士生导师撰写序言。胡鹏博士提到，这本书不仅仅是他个人的学术成果，也是教师精心教导的结晶，更是在华政园求学时受教师鼓励不断奋进，教学相长、师生相宜的历史见证。我想保险机构股票投资是我国保险市场和资本市场互动过程中出现的新问题，值得理论界和实务界深入思考和研究。

刚刚拿到样书时，我的思绪一下子被拉回到九年前，2015年年中"股灾"，我国A股市场出现了千股跌停的情景。为响应监管号召积极救市，原中国保监会放宽了保险资金投资股票的比例限制，各家保险公司也积极行动增持上市公司股票。原中国保监会救市政策的出台，激发了保险机构投资股市及举牌上市公司的热情。有媒体统计，仅2015年下半年，就有26家公司发布公告宣布被保险资金举牌，耗资一度超600亿元。参与举牌的保险机构包括安邦保险、前海人寿、阳光人寿、富德生命人寿、国华人寿、上海人寿、君康人寿、百年人寿等。[①] 其中，深圳宝能集团利用旗下保险子公司前海人寿的保险资金多次举牌万科A，更是直接诱发了"宝万之争"，这一事件成为2015年年末资本市场的最大戏码，后来前海人寿举牌南玻A，同时大量买进格力电器的股票，保险资金一时成为舆论关注的焦点。保险资金也被戏称为"野蛮人""妖精""害人精"，保险资金的污

---

① 又见股灾？记三年前险资救市的一段往事，及后续行业剧变［EB/OL］. 慧保天下，2018-06-20.

名化也由此开始。①

　　保险机构激进投资股票和"宝万之争"成为我国资本市场的标志性事件。其中保险机构坐拥庞大规模的保险资金充当一致行动人，敌意并购上市公司是我国资本市场及保险行业出现的新问题。在更深层面上而言，保险机构是股票市场上重要的法人机构，不仅在股票市场上投资以获取报酬，而且能够对上市公司经营决策行使投票权。如若保险机构凭借庞大的资金优势控制被投资公司的管理决策，大举介入经营一般产业，将引发不公平的市场竞争及潜在的利益冲突。保险机构在股票市场频繁大量举牌上市公司，甚至介入上市公司控制权争夺，这将引发资本市场的震动和社会公众对保险资金运用妥适性的广泛质疑。如何防止保险机构滥用庞大的资金优势，合理划定保险机构股票投资的行为边界是亟待思考和研究的问题。

　　2016年，保险资金频繁举牌和"宝万之争"的社会争论仍然在持续，胡鹏博士也恰巧于当年进入华政经济法学院攻读博士学位，主攻方向为保险法学，这一议题也自然与他结下了不解之缘。自2016年攻博以来，胡鹏博士便在保险资金股票投资的议题上倾注了大量的时间与精力，他在我的指导下撰写的《保险机构股票投资行为的法律规制——以"金融与商业分离原则"为视角》一文，在2017年中国法学会保险法年会上受到与会专家学者的一致好评，获得了优秀论文一等奖，后在2018年又以合著的方式发表于政法领域质量高、综合性强的《法学》期刊的第8期。该文备受社会各界关注，转引率高，产生了较大的社会反响。胡鹏作为初出茅庐的青年博士生，其成果能获得以上荣誉、产生一定的学术影响力，无疑是对其学术生涯的巨大鼓舞与勉励，作为他的博士生导师，我也深感骄傲和自豪！

　　胡鹏博士在撰写论文时发现我国台湾地区早在2004年就发生过"中信

---

① 谭保罗. 保险资金"成妖"背后的真问题［J］. 南风窗，2016（26）：64-66.

入主开发金控"事件，在该事件中保险资金也同样利用其庞大的资金优势谋求上市公司控制权。"中信入主开发金控"事件可以说是大陆"宝万之争"事件的翻版，更为重要的是，这一事件引发了我国台湾地区学界的热烈讨论以及台湾地区所谓"保险法"的两度修改。循着"中信入主开发金控"事件的线索，胡鹏博士于2018年赴台湾地区搜集文献资料，其间同施文森教授、林建智教授等台湾地区著名专家学者进行了深入交流，他很快掌握了我国台湾地区规制保险机构股票投资行为的制度样貌，以及背后所蕴藏的"金融与商业分离"的精神，这为他更加系统深入地研究这一问题，并撰写博士论文打下了深厚的基础。

《保险机构股票投资法律监管研究》一书是胡鹏博士在其博士论文的基础上修订更新而成的。该书聚焦保险机构股票投资这一微观命题，运用法学和保险学双重工具，解构保险机构在股票市场行为异化的根源，尝试构建保险机构股票投资法律监管的制度框架，以期为我国保险市场和股票市场良性互动提供理论依据和实践路径。值得一提的是，由于对保险业及保险机构的法律监管具有较强的技术性和实践性，很难融入以法教义学为范式的法学研究之中，因此目前学界的保险法学研究者偏重对保险契约法的研究，在保险契约法上的成果相对丰硕，而对保险业法及保险监管法的研究长期缺位，研究成果也相当稀少。胡鹏博士的专著以微观事件为突破点，深挖其背后所折射出的保险资金运用问题、保险机构与资本市场的互动问题、金融业与实体产业的相互关系问题，同时从保险监管的视角展开法学理论和法律制度层面上的研究，不仅具有重要的学术意义，而且为深化保险监管法制提供了充分的理论供给。

胡鹏博士天资聪颖，法学功底深厚，是我最为优秀的学生之一。在华政攻读博士学位的3年期间，他博览群书、勤于思考、甘于寂寞、潜心学问，发表的论文数量为博士班之最。由于学业优异，他毕业后选择了上海立信会计金融学院保险学院，作为自己学术道路的起点。在从事高校教职后的5年多时间里，他的科研、教学成果显著，取得了骄人的成绩。

学术的境界在于攀登！该书只是胡鹏博士学术生涯的阶段性总结，相信他能不断追求更加高远的学术境界，孜孜不倦地探索《中华人民共和国保险法》的未知领域，并在未来取得更加丰硕的学术成果。

是为序！

李伟群

2024年4月5日

序言作者简介：

李伟群，教授，博士生导师，于华东政法大学法律系取得学士学位，在日本名古屋大学获得法学硕士和法学博士学位，目前在华东政法大学经济法学院从事保险法、票据法的教学研究工作，担任保险法研究所所长、日本法研究中心主任。

社会兼职：担任上海市保险学会副会长、上海法院特聘教授、中国保险学会首批智库专家、上海仲裁委仲裁员、新加坡亚太国际仲裁院仲裁员。在《法学》《比较法研究》《保险研究》《东方法学》等CSSCI来源期刊发表论文数十篇，出版专著6部。主持省部级项目2项，主持上海市政府办公厅、上海金融法院、上海保监局等课题8项。

目　录
CONTENTS

绪 论

一、研究背景

保险的本质是管理和分散风险，其意义在于汇集个人力量，成立危险共同团体，于成员发生事故需要补偿时提供经济帮助。[①] 在保险制度的运作中，保单持有人所缴交的保费累积形成保险基金，此一基金的规模甚巨且必须进行投资以确保其保值增值，由此产生保险资金运用业务。在现代保险市场中，承保风险与资金运用共同构成了保险业的两大支柱。保险机构股票投资是保险资金运用的重要领域，不仅能够提升保险资金的运用效率，更影响到股票市场的长期稳定发展。2004年，我国保险机构获准直接入市投资股票以来，保险市场与股票市场的联系与互动日益密切，保险机构坐拥庞大的保险资金已成为股票市场重要的机构投资者。在顶层设计层面，我国金融监管机关也希望保险机构发挥长期稳定价值投资者的积极作用，成为股票市场的"压舱石"和"稳定器"，进而支持资本市场的长期稳健发展。然而，在2015年下半年，保险机构在股票市场上激进投资股票，频繁大量举牌上市公司，甚至介入上市公司控制权争夺。保险机构股票投资行为的异化引发了资本市场的震动，社会公众也强烈质疑保险资金运用的合法性和合理性。保险资金大量举牌上市公司事件的争议焦点在于：保险机构是股票市场上重要的法人机构，它不仅能在股票市场上投资获取报酬，而且能够对上市公司经营决策行使投票权。如若保险机构凭借

---

① 江朝国 . 保险法基础理论（第五版）[M]. 台北：瑞兴图书股份有限公司，2009：自序 .

庞大的资金优势控制被投资公司的管理决策，大举介入经营实体产业，将引发不公平的市场竞争以及潜在的利益冲突。因此，在法律上如何加强保险机构股票投资行为的监管，遏止保险业经济权力的滥用非常必要。

保险机构投资股票不仅关涉保单持有人利益保护和上市公司经营稳定，更连通了保险和股票两大市场，折射出金融业和实体产业互融互通等深层次问题。但是，我国理论界和实务界对保险机构投资股票中的《中华人民共和国公司法》（以下简称公司法）和《中华人民共和国证券法》（以下简称证券法）问题有着较为深入的研究，而少有学者关注其中的《中华人民共和国保险法》（以下简称保险法）问题，相关研究成果及监管规则缺位。银行、证券、信托、保险是金融业的四大支柱，但与银行、证券等金融领域相比，对保险业以及保险机构监管的法学研究十分薄弱，无法和保险业作为社会风险管理者和分担者的重要地位相称。本书以保险机构股票投资行为为研究对象，深入剖析保险机构股票投资的风险发生路径，同时以金融业与实体产业相互关系的视角厘清保险机构股票投资的合理法律边界，并提出建构保险机构股票投资法律监管的意见建议，以为我国保险业的法律监管提供充分的理论供给和制度供给。

二、研究价值及意义

对保险机构股票投资的法律监管问题展开法学研究具有重要的价值和意义。

（一）构建保险机构股票投资法律监管体系

保险机构大量投资股票并频繁举牌，同时充当一致行动人敌意并购上市公司是我国资本市场以及保险监管领域出现的新问题。如何清晰地界定保险机构股票投资行为的合理边界，构建保险机构股票投资法律监管制度是我国理论界和实务界必须着力解决的新课题。我国保险监管机关针对此问题已出台一系列监管规则，在一定程度上遏止了保险机构股票投资乱象。但不可否认的是，保险机构股票投资行为牵涉众多深层次的法律问题，有必要透过这一表象探寻背后所蕴藏的深层法理，为制定保险监管规则提供充分的法律制度供给和理论供给。

（二）挖掘保险机构股票投资背后的法律问题

保险机构股票投资事件折射出诸多深层次的法律问题。首先，以万能险为代表的投资型保险是保险机构投资股票的主要资金来源。本质而言，保险机构是为广大保单持有人进行资产管理，因而有适用《中华人民共和国金融法》（以下简称金融法）相关规则的空间。以万能险、分红险、投资连结保险为代表的投资型保险已在我国保险市场行之有年，但投资型保险的基础法律关系如何厘定，是否有必要透过投资型保险的私法关系设定保险机构股票投资的法定义务以及行为规则等问题颇值研究。其次，保险机构投资股票乱象的根源在于利益冲突，不仅表现在保险机构股东与保单持有人风险偏好的异质性，还出现了金融控股公司的组织架构中，保险机构股票投资决策的自主性和独立性丧失等新问题，如何妥善地化解利益冲突是保险机构股票投资监管必须研究的课题。最后，保险机构股票投资的背后折射出金融业和实体产业互动的法律问题，如何避免保险业凭借庞大的资金优势滥用经济权力，扰乱实体产业正常的经营秩序是必须加以研究的问题。上述问题的提出与解决不仅有助于构建保险机构股票投资的法律监管体系，更有利于推进我国金融监管体系的改革与创新。

（三）对保险监管展开法学研究具有重要意义

保险行业及保险机构的法律监管具有较强的技术性和实践性，这就决定了对保险监管展开法学研究必须具备扎实的保险学基础和丰富的保险业实践经验。保险监管的技术性和实践性特征往往难以融入以法学教义为范式的法学研究，由此导致了保险法学者偏重对保险契约法的研究，保险契约法研究也更容易产出学术成果，学者们对保险业法、保险监管法的研究长期缺位，产出成果也相当稀少。保险机构大量投资股票及"宝万之争"等代表性事件表明对保险监管展开法学理论以及法律制度层面上的研究具有十分重要的意义。因为现代保险机构已经不再是仅仅追求自身无风险的专业化风险管理者，它也已成为金融市场系统风险的承受者和制造者。因此，保险监管也应与银行、证券等金融监管并重，保险法学界在深挖保险契约法相关理论的同时，也有必要对保险监管领域进行理论探讨和制度建构。

三、文献综述

前已述及，我国理论界偏重保险契约法的研究，而对保险监管领域的研究长期缺位。因此，目前对保险资金运用及更深层次的保险机构股票投资的法学研究成果十分稀少。在保险资金运用的法学研究中，具有代表性的成果有：一是祝杰教授的论文《我国保险资金运用法律规则的审视与优化》。该文系统梳理了我国保险资金运用法律规则的演变与现状，并比较与借鉴了美国、英国及我国台湾地区的保险资金运用规则，同时提出了我国保险资金运用法律规则的优化建议。[①]二是乔石博士的专著《中国保险资金运用的法律限制研究》。该书指出保险资金运用具有负外部性风险，表现为保险公司盲目追逐高收益率而大量开展高风险投资行为，保险公司或其股东、管理层因道德风险进行资金滥用等。对保险资金运用实施法律限制是防范保险资金运用负外部性风险的重要监管方式，具有保护保险消费者利益、维护市场秩序稳定、避免保险行业资源滥用、弥补保险公司自身缺陷等作用。该书系统梳理了我国保险资金运用法律限制的情况及对境外经验进行了总结和借鉴，并提出了完善我国保险资金运用法律限制的建议。[②]以上针对保险资金运用的法学研究成果为进一步深入研究保险机构股票投资行为的法律监管奠定了扎实的基础。

2015年，在以"宝万之争"为代表的保险机构激进投资股票事件发生后，这一事件不仅引发了社会公众的广泛讨论，更激发了理论界和实务界

---

① 祝杰. 我国保险资金运用法律规则的审视与优化［J］. 当代法学，2013（3）：86-93.

② 乔石. 中国保险资金运用的法律限制研究［M］. 北京：光明日报出版社，2021：1-15.

的研究兴趣。其中，学者们对"宝万之争"中涉及的公司法和证券法问题研究较为深入。例如，杠杆收购问题、结构化资管计划问题、上市公司治理问题等。学者们的论述对资本市场相关法律制度的研究提供了崭新的视角，为资本市场法治建设奠定了坚实的基础。然而，学者们虽从事件的不同角度做了大量的研究，但大多没有关注到保险机构大量举牌上市公司中涉及的保险法问题，只有零零星星的学术论文讨论其中涉及的投资型保险问题、保险公司治理问题等。

反观我国台湾地区，学界早已意识到保险资金在上市公司控制权争夺中起到了非常关键的作用，学者们对该问题也有许多系统性论述，我国台湾地区所谓"保险法"更是在第一百四十六条中直接对保险机构股票投资进行限制，这些文献资料为本书的写作奠定了坚实的基础。下文将围绕保险机构股票投资行为法律监管的文献资料进行梳理和总结。

（一）关于保险机构股票投资行为的公司法、证券法论述

吴晓灵在《规范杠杆收购促进经济结构调整》一文中提出以"宝万之争"为代表的保险机构股票投资行为反映了收购兼并市场的诸多弊端，例如，公司治理问题、收购行为问题和资金组织方式问题等。①

李维安在《万科控制权之争：被遗忘的"上帝"》一文中指出，万科企业股份有限公司（以下简称万科）的控制权之争，广大中小股东权益被忽视，这是万科被敌意收购的根源。其进一步认为，防范敌意收购的制度保障要在中小股东支持下设置，并创造有利于中小股东作为重要代表的机构投资者参与治理的机制和环境，最终提供中小股东可以低成本参与治理的工具和平台。②

张巍在《"宝万之争"中的公司法问题》一文中指出，公司治理中应尊重公司章程的自治性，并且董事投票不得违反忠实和勤勉义务，资本市

① 吴晓灵. 规范杠杆收购促进经济结构调整［J］. 清华金融评论，2016，27（12）：14-17.
② 李维安. 万科控制权之争：被遗忘的"上帝"［J］. 南开管理评论，2016，19（1）：1.

场的基础性规则要为控制权竞争留足空间。①

刘燕、楼建波在《企业并购中的资管计划——以 SPV 为中心的法律分析框架》一文中指出，"宝万之争"是我国实践中第一次将资管计划置于金融监管与民商法的交叉视角之下，运用 SPV 分析框架分析相关问题，并摆脱"信托 VS 委托"之争，以功能主义的立场来观察资管实践，可以清晰地发现资管计划这一金融创新对立法和监管的诉求。②

叶名怡在《结构化资管计划的私法规制——以"宝万之争"为例》一文中指出，结构化资管系借贷合同、委托合同与担保合同等多重合同关系的结合。③

张盼在《浅析"宝万之争"中资管计划的法理基础——基于客观目的解释的分析框架》一文中指出，应在民商法与金融监管交叉视域下，借助客观目的解释的分析框架，厘定资管计划"受人之托、代人理财"的信托本质。④

（二）对保险机构股票投资行为中保险法问题的直接探讨

有关保险机构股票投资中的保险法问题的直接文献较为稀少。任自力教授在媒体采访中对"宝万之争"事件的保险法问题进行了简要介绍，其中包括万能险的发展历史、保险资金具体构成与股权投资限制、万能险持股上市公司的投票权问题、保险资金举牌上市公司是否会损害保险消费者权益等。⑤

韩华教授在《对保险资金举牌上市公司的几点认识》中指出，保险资

---

① 张巍."宝万之争"中的公司法问题［N］. 中国社会科学报，2016-08-10（5）.

② 刘燕，楼建波 . 企业并购中的资管计划：以 SPV 为中心的法律分析框架［J］. 清华法学，2016，10（6）：63-83.

③ 叶名怡 . 结构化资管计划的私法规制：以"宝万之争"为例［J］. 法学，2018（3）：29-45.

④ 张盼 . 浅析"宝万之争"中资管计划的法理基础——基于客观目的解释的分析框架［J］. 私法，2018（1）：192-210.

⑤ 任自力 . 从保险法的角度看宝万之争中险资运用合规［EB/OL］. 和讯保险，2016-07-11.

金举牌上市公司是资本市场配置资源决定性作用的表现，但其必须立足于现代金融监管框架下才能得到良性发展。①

我国台湾地区政治大学陈俊元教授在《保险资金投资股权与介入经营问题——两岸法制之比较》一文中比较分析保险机构股票投资问题，其指出两岸对保险资金投资股权均持肯定态度，但大陆之规范较为具体。而我国台湾地区对于保险业介入被投资公司经营采取相对严格的禁止立场。对此，其认为监管重点应放在股东权与保险资金来源的性质上，对于自有资金放松监管，而对于保单持有人之责任准备金，则要限制其行使股东权。②

（三）保险机构股票投资行为中的投资型保险问题

保险机构投资股票所运用的资金大多是万能险资金，万能险资金运用的妥当性引发了学者的研究兴趣。梅慎实、郭禹辰在《前海人寿万能险表决权争议背后》一文中指出，保险机构是万能险资金的所有者，保险公司决定了万能险的投资事项，万能险账户只是"空壳"，投资者如同银行储户一般的债权人，由此应当由保险机构行使万能险的表决权，同时应通过对表决权行使设定相关规则实现对保险机构行为的规制。③

郭金龙、周华林两位学者在《我国万能险发展存在的风险及政策分析》一文中指出，万能险的迅猛发展潜藏着系统性金融风险，监管应树立"保险姓保"的理念、压缩中短存续期万能险的规模、提升万能险的保障功能、降低最低保证收益率，以防范保险机构的经营风险。④

吴杰在《中短存续期万能险资金运用特点、风险防范与配置建议》一文中从中短存续期万能险资金的属性出发，诠释万能险市场规模迅速增长

---

① 韩华．北京保险研究院：对保险资金举牌上市公司的几点认识［EB/OL］．温州财经网，2016-01-15．

② 陈俊元．保险资金投资股权与介入经营问题：两岸法制之比较［N］．中国保险报，2015-10-23（4）．

③ 梅慎实，郭禹辰．前海人寿万能险表决权争议背后［J］．董事会，2016（8）：69-73．

④ 郭金龙，周华林．我国万能险发展存在的风险及政策分析［J］．保险理论与实践，2016（11）：1-11．

的原因，进而分析万能险资金与其他寿险资金的差异，以此说明万能险资金运用所面临的风险点，并提出风险防范措施和大类资产配置建议。①

江崇光、王君、姚庆海在《中国万能险问题研究及监管策略》一文中指出，万能险的急速增长导致保险资金频繁举牌上市公司等一系列乱象。对此，首先，需要明确万能险产品的存续期，实现对不同存续期万能险产品资产负债的合理匹配；其次，需要完善金融行业的制度安排，加强各金融部门监管的无缝衔接。②

李游在《万能险"最低保证利率"条款的法律效力》一文中指出，万能险的最低保证利率条款和一般委托理财保底条款存在共同之处，但"最低保证利率"未违反效力性强制规范，并以偿付能力的安全性为基础，是当事人合意的内容和体现，应明确其法律有效性。③

我国台湾政治大学陈易聪在《投资型保险"保险人"或"所投资标的发行公司"违反法律上义务请求损害赔偿问题研究——以探索三面关系为核心》一文中指出，对于投资型保险的探讨多集中在监管规则上的分析，少有论述探讨投资型保险中保单持有人、保险机构以及所连结的投资标的发行公司间的法律关系的定性，并进一步分析此三者间的权利义务关系。其认为投资型保险本质上是民事契约，这一问题在契约法上颇值得研究。④陈易聪的论文为本书的写作打开了思路，本书拟从公法监管视角切换到私法规制视角，尝试以私法上的契约关系打通保险机构股票投资的法律规制路径。

---

① 吴杰. 中短存续期万能险资金运用特点、风险防范与配置建议［J］. 中国保险，2016（10）：44-51.

② 江崇光，王君，姚庆海. 中国万能险问题研究及监管策略［J］. 山东社会科学，2018（4）：125-130.

③ 李游. 万能险"最低保证利率"条款的法律效力［J］. 保险研究，2018（2）：119-127.

④ 陈易聪. 投资型保险"保险人"或"所投资标的发行公司"违反法律上义务请求损害赔偿问题研究：以探索三面关系为核心［D］. 台北：台湾政治大学，2010.

（四）保险机构股票投资行为中的公司治理问题

对保险机构股票投资行为中的公司治理问题的探讨多集中在保险公司股权监管上。罗胜、曹顺明在《保险公司控股股东和实际控制人监管的合理性基础与制度设计》中较早地论述了监管保险公司控股股东和实际控制人有其深刻的制度背景、思想条件和法律基础。在具体制度构建上，其认为应明确控股股东和实际控制人的范围，设定其信息披露义务、忠实勤勉义务和资本补充义务，最后强化违反义务的法律责任。[①]

顾长河在《保险公司股权监管的法律建构》中指出，近期保险业乱象的根源是保险公司股权监管问题，强化保险公司股权监管有助于防范和化解保险业风险，但现阶段中国保险公司股权监管体系仍待进一步建构，基础理论仍待进一步完善，具体制度仍待进一步论证。为此，应加强保险公司股权监管制度的体系化建设，平衡好保险公司股权监管的强制与自治，提升保险公司股权比例限制的科学性。[②]

宋明在《保险行业公司治理监管迭代的取向与路径——以控制权规制为中心》一文中指出，激进举牌等保险业乱象最终指向保险公司治理问题，并且核心在于股权和控制权问题。其进一步认为保险公司治理监管需着眼于控制权的规制与重构，实现控制权的平衡，避免控制权肆意摆脱约束，对消费者、小股东造成伤害。应推动以控制权规制为核心的公司治理监管迭代，加强对市场行为的事前、事中、事后监管，有效提升保险公司治理监管的科学性和有效性。[③]

我国台湾大学陈惟龙在《保险资金之运用与公司治理》中认为，保险资金运用夹杂着保单持有人所拥有的责任准备金及股东所拥有的股东权

---

① 罗胜，曹顺明. 保险公司控股股东和实际控制人监管的合理性基础与制度设计 [J]. 保险研究，2011（2）：26–32.

② 顾长河. 保险公司股权监管的法律建构 [J]. 云南社会科学，2018（4）：113–119.

③ 宋明. 保险行业公司治理监管迭代的取向与路径：以控制权规制为中心 [J]. 江海学刊，2018（4）：218–224.

益，但保单持有人与股东对于资金运用之目标未必一致，保险公司股东极有可能侵害保单持有人利益。在法律上，首先，须将股东权益和各项准备金做明确的区隔，并对关系人交易及不当利益输送行为做明确规范；其次，建立以专业股东为主导的经营核心，巩固保险公司治理结构。[①]

（五）保险机构股票投资行为中的市场行为问题

我国理论界和实务界均深入挖掘保险机构股票投资中的微观问题，而忽视了其折射出的金融市场和实体产业互动的深层次问题。事实上，在2004年，我国台湾地区同样发生过保险机构激进投资股票及类似"宝万之争"的敌意收购事件——"中信入主开发金控"事件。此事件推动了我国台湾地区所谓"保险法"的两次修改，修改的理论渊源便是金融市场和实体产业互动的相关规定的问题。因此，我国台湾地区的学者大多从"中信入主开发金控"事件切入来探讨保险机构股票投资的合理边界。我国台湾地区的文献资料为本书的写作提供了可比较与可借鉴之处，较为重要的文献资料如下。

梁昭铭在《保险业资金运用规范之妥适性——以中寿投资开发金衍生之争议为例》一文中，以2004年中寿投资开发金衍生的主要争议为切入点，重点探讨"是否应限制保险公司介入被投资公司经营权"的问题，并分析台湾地区学者的主要观点。[②] 此篇论著为本书的写作提供了重要的线索。

黄俐在《股东表决权限制之研究——兼论保险法第146条之1妥适性》中，对我国台湾地区所谓"保险法"修正第一百四十六条之一第三项第二款"限制保险业投资上市公司，不得行使被投资公司董事、监察人选举的表决权"展开分析探讨。其认为限制保险机构的表决权并不符合相关规定

---

① 陈惟龙. 保险资金之运用与公司治理 [D]. 台北：台湾大学，2006.
② 梁昭铭. 保险业资金运用规范之妥适性：以中寿投资开发金衍生之争议为例 [D]. 台北：台湾政治大学，2006.

的原理及趋势，应着重"限制投资标的""强制分散投资风险"与"强化投资的信息披露"，而不是保险机构投资后限制其不能行使表决权。①

谢绍芬在《保险业资金投资股权选举董事及监察人表决权之行使研究——"保险法"第146条之1第3项第2款之启示》一文中指出，我国台湾地区所谓"保险法"限制保险业对被投资公司董监事选举的表决权较符合实际，除此之外，应依各保险机构风险等级规范行使表决权的比例，同时拥有较优质的保险公司治理水平的可适度参与被投资公司经营，以发挥其机构投资者之角色，优化被投资公司的治理结构。②

我国学者李敏博士在《金融与实业分离原则下的保险资金运用监管》一文中，也关注到了"宝万之争"中保险公司举牌上市公司及被实际控制人利用作为融资平台而进行自利交易的风险点，同时指出我国保险资金运用监管制度对保险公司金融力量的防范存在疏漏。李敏博士充分考察了美国保险业的百年监管经验，提出我国应从金融与实业分离的角度完善保险资金运用监管制度，规范保险公司股权结构和关联交易，以及保险业的对外投资行为。③

四、主要研究方法

第一，保险学研究方法。保险监管领域具有非常强的技术性和实践性，此一特性决定了对保险机构股票投资行为展开研究必须厘清保险学的相关基础知识。本书运用保险学的研究方法，着重研究的技术知识主要表现在以下几个方面：其一，保险机构具备投资理财功能背后所蕴藏的技术性原理；其二，投资型保险产品的基本结构和运作机制；其三，保险公司

---

① 黄俐. 股东表决权限制之研究：兼论保险法第146条之1妥适性［D］. 台中：台湾东海大学，2015：187–188.

② 谢绍芬. 保险业资金投资股权选举董事及监察人表决权之行使研究："保险法"第146条之1第3项第2款之启示［J］. 核保学报，2017（4）：299–330.

③ 李敏. 金融与实业分离原则下的保险资金运用监管［J］. 暨南学报（哲学社会科学版），2019（3）：53–71.

资本结构的主要构成及其对股东行为偏好的影响进路。对保险的技术性原理进行梳理和掌握，并将其纳入法学研究的视野当中，有助于深层次地理解保险监管背后的机理，有助于建构科学有效的法律监管规则，同时为进一步研究保险业法奠定扎实的理论基础。

第二，比较分析方法。我国保险业已从单纯的风险分散功能延伸出投资理财功能，并成为资本市场上重要的机构投资者，真正地向金融保险转变。因此对保险机构股票投资行为法律监管的研究仍应立足于整个金融监管的制度框架之中，充分借鉴现有金融监管的成熟制度。本书运用比较分析方法主要体现在以下几个方面：其一，投资型保险本质上是"代客理财"行为，那么对投资型保险契约基础法律关系的界定有必要借鉴同类理财产品法律性质界定的相关阐述。其二，在"大资管"时代下，金融机构的信义义务被普遍讨论，证券、信托、银行等领域皆有论述其对客户的信义义务，但保险机构的信义义务鲜被提及，因此对保险机构股票投资行为的规制可以借鉴信义义务理论进行研究。通过比较分析的方法，能够充分挖掘已有的监管理论和监管经验，为保险机构股票投资行为的规制奠定更多合理性基础。

第三，案例分析方法。保险机构大量激进投资股票，并充当一致行动人举牌上市公司并非保险市场所独有的问题。我国台湾地区早在2004年就发生"中信入主开发金控"事件，这一事件可以说是"宝万之争"的翻版，也由此引发了我国台湾地区所谓"保险法"的两度修改。因此，深入剖析我国台湾地区所发生的"中信入主开发金控"事件，并介绍台湾地区所谓"保险法"修改背后的主要观点和论争，对完善保险机构股票投资法律监管规则具有十分重要的意义。

五、本书的篇章结构及主要内容

本书正文包括五章，各章的要点及主要内容如下：

第一章从保险机构股票投资的基础理论入手，剖析保险机构投资股票所蕴含的保险学原理，并界定保险机构投资者在我国股票市场中的角色定位及法律监管的目标。具体而言，保险共同体吸纳保费转嫁风险的同时，也汇聚了大量资金，使保险业成为保单持有人财富的管理者，保险机构必须确保保险资金保值增值。此外，单纯提供风险保障的保险商品逐步发展成投资型保险，促使保险商品越来越具有金融理财和投资属性。因此，保险机构资金运用是保险资金保值增值的必然要求，这也是投资型保险金融属性的现实吁求。我国保险机构并非一开始就被允许直接投资股票，而是在政策法规上经历了禁止、放松，直至完全放开的过程。2004年以来，我国金融监管机关在政策法规上允许保险机构直接入市，使得保险市场与股票市场的互动更加紧密。我国保险业直接入市投资股票，其意义不仅在于拓宽保险资金运用渠道，我国金融监管机关更是希望保险机构发挥长期价值投资的理念，充当股票市场的"压舱石"和"稳定器"。但长期的市场实践表明：作为长期投资、价值投资典范的保险机构投资者并没有成为稳定股票市场的重要力量，甚至在2015年，保险机构凭借其资金优势大量举牌上市公司，引发了上市公司的恐慌。保险机构股票投资连接保险与股票两大市场，牵涉面广，产生的风险大。保险机构投资股票法律监管所追求的目标是确保保险机构偿付能力充足，最大限度地保护保单持有人利益，并防止保险机构滥用庞大的资金优势。

第二章以2015年我国保险机构激进投资股票并频繁举牌上市公司事件作为分析对象，指出保险机构股票投资行为异化所衍生的风险点。具体而言，保险机构坐拥庞大规模的保险基金成为股票市场上重要的机构投资者，对上市公司治理及股票市场的稳定起到重要作用。在历次资本市场改革与保险业发展的政策规划中，我国金融主管机关希望保险机构发挥长期价值投资的理念，成为股票市场的"稳定器"和"压舱石"。然而，长期的市场实践表明：保险机构并未达成主管机关所预设的制度目标，反倒成为追涨杀跌的炒作者。特别是在2015年，保险机构激进投资股票，大量频繁举牌上市公司，使整个资本市场为之震动。保险机构颠覆长期价值投资的形象，成为舆论所指摘的"野蛮人"。我国保险机构之所以提升风险偏好，激进投资股票虽是多方因素叠加下的行为选择，但其可能衍生的风险不容小觑。例如，保险机构激进投资股票偏离了保险风险保障的主业，使保险机构沦为大股东控制权争夺的融资平台，同时保险机构凭借庞大的资金优势肆意举牌扰乱了资本市场的正常秩序。

第三章指出我国保险机构股票投资行为异化的根源在于利益冲突，并借助资本结构理论进行分析，描绘保险机构股票投资中利益冲突的发生机制，并提出化解利益冲突的具体路径。具体而言，我国保险机构股票投资中的利益冲突有内外两个层面。内部冲突是由保险机构股东与保单持有人股票投资偏好的异质性所致，表现为保险机构股东竭力规避监管规则，试图集中持有保险机构股权，实施高风险的股票投资行为。而在现行法下，保单持有人无法对保险机构实施有效的监控，其权益有受损之虞。外部冲突是在金融集团架构之下保险业与其他金融行业进行组织上的结合，导致保险机构股票投资行为受金融集团的操纵和控制，而非基于保险机构的自身利益进行的独立决策。通过观察2015年我国保险机构激进举牌上市公司这一乱象可知，保险机构股票投资之所以会产生利益冲突有其深刻的制度原因和发生路径。针对内部冲突，以资本结构理论为分析工具，保险机构是高负债和高杠杆运作，保险机构股东因而存在比一般公司更高的代理风险。在自利性驱动之下，股东极易以保险资金进行豪赌从而投资股票，并且在保险机构发生财务危机时，股东也倾向于拖延增资，甚至掏空公司资产。为此，有必要建构保险机构股东与保单持有人利益冲突的平衡机制。其一，围绕"控制权转移"这一核心，构建对实际控制人的监管规则；其二，加强保险公司大股东适格性监管，维持保险公司股权结构的稳定性；其三，强化保险公司股东及实际控制人的法律责任。针对外部冲突，在金融控股集团的组织架构中，保险子公司的公司治理容易失灵，衍生出与整个集团及其他子公司的利益冲突问题，使得保险子公司投资股票的自主决策机制失灵，进而沦为金融控股集团的融资平台和附庸。为此，有必要构建金融控股集团中保险子公司的"内部防火墙"，以维持保险机构股票投资决策的科学性与行为的独立性，阻绝或限制金融控股集团对保险子公司行为的不当影响与控制。

第四章通过导入我国台湾地区早已出现的保险机构肆意介入上市公司控制权争夺的事件，介绍我国台湾地区所谓"保险法"的两度修改，并剖析其背后所蕴含的"金融与商业分离"的基本规定，以此为借鉴，界定我国大陆保险机构股票投资行为的合理边界。具体而言，鉴于保险资金的长期性和安全性特征，我国保险机构投资者在股票市场上应作为长期价值投资者，并以财务投资为主，战略投资为辅。但是分析我国保险机构在股票市场上的行为表现，其在现实中存在消极炒作与积极介入两种倾向，导致其偏离长期价值投资的轨道，严重背离财务投资和战略投资两重角色。保险机构股东和保单持有人的风险偏好差异，以及保险机构普通账户中自有资金和外来资金的混合运用更是加剧了保险机构投资股票的利益冲突。2004年，我国台湾地区也曾出现保险机构不当投资股票，并帮助一致行动人介入上市公司经营的事件，此事件也引发了理论界和实务界对保险资金运用妥适性的广泛争议，同时我国台湾地区所谓"保险法"两度进行修改以规制保险机构股票投资行为。申言之，我国台湾地区所谓"保险法"第一百四十六条之一第三项通过剥夺保险机构对被投资公司股东权的方式，来强化保险机构短期财务投资属性。但这一规定严重违背股东平等的基本原则，实有矫枉过正之嫌。纵观我国台湾地区的金融规定，限制或剥夺金融机构对被投资公司股东权的规定广泛存在。这表明我国台湾地区在推动金融混业的同时，仍严格限制金融机构参与被投资公司经营，以贯彻"金融与商业分离"的价值导向。"金融与商业分离"的精神也应统一落实到大陆保险机构股票投资和股权投资的监管规则当中。除此以外，要对保险机构财务投资和战略投资实施差异化监管。对保险机构战略投资的行业范围要出台"保险相关事业"的限制性清单，并着重加强对保险机构财务投资时合理行使表决权的制度引导。

　　第五章着重论证投资型保险在保险机构投资股票中发挥的重要作用，并通过剖析投资型保险的基础法律关系，引入金融法中的"信义义务"，以此挖掘保险机构不当投资股票行为法律监管的私法基础。具体而言，传统保障型保险的法律关系十分简单，保单持有人与保险人之间通过保险契约进行连结，基础法律关系属于保险契约法的调整范围。而广大保单持有人缴交保费所累积形成的保险资金之投资运用行为则由保险业法进行监管，其主要目标为确保保险机构偿付能力充足。而保单持有人与保险机构投资行为、投资目标两者间不产生任何法律上的联系。但万能险、分红险和投资连结保险等投资型保险与传统保障型保险在产品设计上迥然不同，除具有保障成分以外，还具有投资理财属性，而保险机构股票投资是保险机构受广大保单持有人的委托，将缴交的巨额保费投资于股票市场，进而获取利润的行为。从私法关系的视角分析，前端的保单持有人利益保护与后端的保险机构股票投资行为规制，此二者的连结点便是投资型保险。因此，保险机构股票投资不仅应置于公法监管之中，还应当受私法关系的规制。通过剖析投资型保险的基础法律关系，保险机构对保单持有人应负有信义义务，由此建立起保险机构股票投资行为的信义义务规则，具体包括保险机构事前应慎重选择所投资的股票种类，遵循谨慎投资原则，禁止不公平对待保单持有人，也不得利用股票投资从事利益输送行为。

六、创新之处

　　第一，研究方法上的创新。本书遵循从现象到本质的研究方法，并非仅仅聚焦保险机构股票投资行为这一表象，而是更深入地挖掘这一事件所隐藏的重要法律议题，如投资型保险、保险公司治理、金融与商业分离等问题。

　　第二，透过保险机构投资股票，对投资型保险的基础法律问题进行系统梳理。投资型保险引入我国已近20年，且其独特属性对保险契约法和保险业法产生了极大的挑战和冲击。但是学界对投资型保险的研究颇为不足，保险机构投资股票中以万能险为代表的投资型保险引发了极大的关注。本书深入研究投资型保险的法律性质、基础法律关系，并将投资型保险的研究从公法监管角度推展到私法视域，并作为规制保险机构股票投资行为的理论路径。

第三，保险机构股票投资行为折射出金融业和实体产业互动的法律问题。我国台湾地区所谓"保险法"基于金融与商业分离视角制定监管规则，此值得大陆深入研究并加以借鉴。2018年4月，我国央行、原中国银保监会①、证监会联合发布《关于加强非金融企业投资金融机构监管的指导意见》，表明我国金融监管机关也关注到了金融业与实体产业风险相互传染的重要问题。因此，挖掘保险机构股票投资中所涉及的金融业与实体产业互动的法律议题具有十分重要的时代意义。

---

① 2018年，国务院将中国银行业监督管理委员会和中国保险监督管理委员会的职责整合，组建中国银行保险监督管理委员会。2023年，国务院在中国银行保险监督管理委员会基础上组建国家金融监督管理总局。按照当前我国金融业的习惯做法，本书将"中国保险监督管理委员会"简称为"原中国保监会"，将"中国银行保险监督管理委员会"简称为"原中国银保监会"。

第一章

保险机构股票投资的基础理论分析

　　风险社会中，社会大众因各种不可预测的事故所遭受的人身或财产损失急速增加。为保持社会生活的安定，分散意外事故所导致的损失，人类乃创造出保险制度。保险，其意义，在于汇集个人力量，成立危险共同团体，于成员发生事故需要补偿时提供经济帮助。[①] 可以说，保险是以分散风险和填补损失为根本目的的良善制度。然而，广大保单持有人缴交保费所形成的保险基金甚巨，为确保未来偿付保单，必然要求保险机构进行资金运用，使保险基金保值增值。保险机构可投资的范围甚广，主要包括银行存款、债券、股票、不动产等。[②] 而保险机构股票投资是保险资金运用的重要领域，不仅关涉保险资金的保值增值，更影响到股票市场的稳定。自2004年我国保险资金获准直接入市以来，我国金融监管机关便希望保险机构充当股票市场的"压舱石"和"稳定器"。但在20年的市场发展中，我国保险机构在股票市场上的表现不尽如人意，甚至在2015年下半年，保险机构激进投资股票，大量频繁举牌上市公司，成为舆论所指摘的"野蛮

---

① 江朝国. 保险法基础理论 [M]. 台北：瑞兴图书股份有限公司，2009：自序.

② 《保险资金运用管理办法》第六条：保险资金运用限于下列形式：（一）银行存款；（二）买卖债券、股票、证券投资基金份额等有价证券；（三）投资不动产；（四）投资股权；（五）国务院规定的其他资金运用形式。保险资金从事境外投资的，应当符合原中国保监会、中国人民银行和国家外汇管理局的相关规定。

人"和"害人精"。① 相较于保险资金的其他运用形式，保险机构股票投资牵涉面更广、风险更大，必须予以特殊关注。

本章即围绕保险机构股票投资的基础理论展开。首先，从保险技术层面论证保险机构资金运用行为的正当性基础，并展示保险从单纯的风险保障迈向金融型保险的历程。其次，以我国保险资金入市的政策沿革为背景，评述保险机构被金融监管机关所预设的多重政策目标，并介绍金融集团化趋势下保险机构股票投资的新特点，从而论证在保险资金运用领域，保险机构股票投资应予以特殊规制的必要性。最后，从保险机构、保单持有人和股票市场三个维度，阐明我国保险机构股票投资法律监管的基本目标。

第一节　保险机构资金运用行为的正当性基础

保险业是社会风险的管理者和分散者，一直被视为最精巧的社会"稳定器"。然而，由于保险的技术品性，保险机构得以累积大量资金，成为资本市场不可小觑的机构投资者。另外，随着保险技术的革新，保险商品越来越具有金融元素，使得保险从单纯的风险保障领域，拓宽到向客户提供保障和投资理财服务等综合性金融保险服务领域，真正实现向金融型保险转变。② 保险机构资金运用行为是保险技术性的必然要求，是保险风险保障的传统功能向投资理财的现代功能转变的自然延伸。

---

① 2016年12月3日，证监会原主席刘士余在中国证券投资基金业协会第二届第一次会员代表大会上讲话："我希望资产管理人，不当奢淫无度的土豪、不做兴风作浪的妖精、不做坑民害民的害人精。"舆论普遍解读认为此是影射参与举牌的保险机构。张炜. 不容"资本大鳄"兴风作浪 [N]. 中国经济时报，2017–02–27（3）.

② 施建祥. 中国保险制度创新研究 [M]. 北京：中国金融出版社，2006：58.

一、保险资金运用是保险业资金保值增值的必然要求

保险制度是数理科学和法律规范的结合，也正因如此，保险制度才能顺利实现其风险转嫁和损失填补功能。然而，保险共同体吸纳保费转嫁风险的同时，也汇聚了大量资金，使保险业成为保单持有人财富的管理者，保险机构必须确保保险资金保值增值，保险机构的保险资金运用业务也由此展开。

（一）保险制度是数理科学和法律规范的结合

正如德国社会学家乌尔里希·贝克（Ulrich Beck）所言："我们正处在风险社会之中。"[①] 除生老病死等人生难以避免的客观危险，还可能遭遇自然灾害、社会事故等意外危险，这些危险持续不断且大多非人类力量所能控制，不仅给人们带来心理上的不确定性和不安全感，亦使人们遭受经济上的重大损失。由此，如何降低和分配危险事故所导致的损失成为风险社会的核心议题。人类在生存过程中，不断寻求各种危险管理方法以妥善处理无处不在的危险，目前保险制度是人类社会运用最为成熟和广泛的风险管理工具。

保险制度源于团体的互助合作精神。通过保险机制，个人遭受危险的不确定性可以转化为危险共同团体的确定性，以此免除个人在经济上的不安全感，使其能尽快恢复正常的生活状态。保险制度鼓励互助合作的精神值得称道，但仅仅依靠参加人的道德情操无法确保稳定的资金来源，更难以保持保险经营的长久和稳定。现代保险制度必须建立在科学技术和法律规范之上。[②]

回溯保险制度的历史源头，早期保险团体因缺乏保险技术而纷纷消亡。最早的人寿保险雏形起源于公元1世纪罗马的一个宗教团体，参加此

---

① 贝克. 风险社会：通往另一个现代的路上［M］. 汪浩，译. 台北：巨流图书公司，2004：51–61.

② WILLIAMS A. Risk Management and Insurance［M］. New York：McGraw-Hill，1998：1–27.

宗教团体的会员必须缴纳定额的入会费，当他死亡后，他的遗族就可以领到一笔丧葬费用。然后，直到中世纪欧洲又形成所谓的"基尔特"组织，这是由一群职业相同的人，基于互助扶持的精神所成立的团体，除了保护会员职业上的利益，也对其会员的死亡、疾病、窃盗、火灾等灾害，共同出资救济。[①]古代互助会之类的团体，所采用的亦是保险机制，但由于没有运用统计数据和精算技术进行细致的风险分类，所有成员均缴纳相同的保费并享受相同的待遇，因此纷纷陷入解散的困境，逐渐被现代商业保险公司所取代。[②]1762年，英国伦敦"衡平保险社"（Equitable Assurance Society）率先根据生命表[③]，按照年龄与身体状况计算合理的保险费，也改变了人们对人寿保险的看法，现代保险机制得以逐步建立。[④]

综观保险制度的发展史，我们发现："保险制度建立于人类互助合作的精神，但以数理科学及法律规范为基础而经营。"[⑤]就数理科学而言，保险是一精算中介，其机理是运用大数法则[⑥]，预估危险共同团体内危险发生的概率及损失额度，而后向加入危险共同团体的成员收取保险费，形成保险基金，而当有特定危险事故发生并造成损失时，则由保险基金补偿受难者的损失。从整体和总量上讲，保险人收取的总保费必须同赔付的保险金相当，如此才能保持保险制度的持续运行。从个体意义上讲，危险团体的个别加入者所交付的保费必须同其自身风险状况相匹配，使保险精算的或然

---

① 范姜肱. 保险学：原理与实务［M］. 台北：前程文化事业有限公司，2009：70.

② 周学峰. 论保险法上的风险分类：合理区分 V. 歧视［J］. 比较法研究，2014（2）：104.

③ 生命表是人寿保险用来测定死亡或生存或然率之基础，即根据已往死亡人数之统计，以推测将来死亡或生存人数之可能性，为计算人寿保险费所必需之依据。陈云中. 人寿保险的理论与实务［M］. 台北：三民图书股份有限公司，2008：41.

④ JOHN H B，RICHARDSON M P. Modernizing Insurance Regulation［M］. New Jersey：John Wiley and Sons，2014：1–19.

⑤ 陈彩稚. 人身保险：人寿保险、年金与健康保险［M］. 台北：沧海书局，2015：自序.

⑥ 大数法则（Law of Large Numbers）是指当集合或观察之危险单位越多时，其所预测之损失机会将会越接近实际的损失机会。所以危险单位之集合不但要同质且要大量，如此最能发挥大数法则之功效，而其所预测之损失机会，危险程度将会降低。范姜肱. 保险学：原理与实务［M］. 台北：前程文化事业有限公司，2009：54.

率不致被人为破坏。①

就法律规范而言，保险商品和服务体现于保险契约之上，以"保险单"或"保险合同"为其外在表现形式。根据我国保险法第二条："本法所称保险，是指投保人根据合同约定，向保险人支付保险费，保险人对于合同约定的可能发生的事故因其发生所造成的财产损失承担赔偿保险金责任，或者当被保险人死亡、伤残、疾病或者达到合同约定的年龄、期限等条件时承担给付保险金责任的商业保险行为。"据此，保险契约在法律性质上是双务契约，投保人的义务是向保险人交付保险费，在保险事故发生时享有对保险人的保险金请求权，而保险人则在特定期间内承保契约所约定的风险，承保危险发生后对被保险人负有给付保险金的义务。但是由于保险是一个无形商品，外观上不同于一般买卖中的"一手交钱，一手交货"。保险契约是典型的射幸契约，未来保险事故是否发生尚不确定，这使得保险服务的可感知性差。保险人订约时多采用定型化契约，致使保险消费者处于弱势地位。保险契约的上述特性，导致保险消费者的权益极易受到侵害。因此，各国保险法为平衡保险契约中双方地位和实力上的悬殊，均在法律规范上对保险消费者予以倾斜保护，使保险的制度功能顺利实现。②

综上可知，保险此一良善制度的初始功能在于风险管理和分散。为维持保险经营，顺利实现保险的制度功能，保险必须以数理科学为基石，以法律规范为保障。

（二）保险机构巨额资金累积的技术性原理

理论上讲，风险管理和分散是保险业立足的根本，分散危险和转嫁损失才是保险机构经营的重中之重。那么，为何保险机构会集聚大量资金而成为资本市场举足轻重的机构投资者？又为何世界各国的保险业都非常重

---

① 上述两个角度的阐述是保险法上"对价平衡原则"的意涵。李志强. 对价平衡原则的证成：从保险合同到保险业监管的考察［J］. 法学，2017（9）：89-98；武亦文，杨勇. 保险法对价平衡原则论［J］. 华东政法大学学报，2018，21（2）：146-158.

② BARTON A. Butterworths Insurance Law Handbook［M］. London：LexisNexis，2011：2002-2205.

视保险资金运用，甚至依靠保险资金运用获取利润？事实上，保险经营以数理科学为基础，保险业巨额资金的累积及保险资金运用业务的崛起是保险技术原理的延伸和必然要求。

首先，保险契约的长期性和射幸性使保险资金收取和支付存在时间差和资金差。无论是风险保障还是投资理财，保险机构在承保端订立保险契约，在收取保费的同时也伴随着大量的资金沉淀。然而，保险事故的发生具有随机性，损失程度具有不可预知性，收取保费与赔偿给付在时间上和数量上存在差异，这种时间差和数量差使保险企业在资本金和公积金之外，还有相当数量的资金在较长时间内处于闲置状态。[①] 此外，银行存款大多是短期资金，一般在 5 年以下。而保险契约的存续期间较长，且保险资金并不像银行存款那样可以随时取出，故保险机构沉淀的资金大部分属长期资金，保险业资金运用行为也由此展开。

其次，保险团体以大数法则为基础，必然产生保费的规模效应。保险在技术上以大数法则为基础，故保险机构在其成立时必须有相当的规模。[②] 对保险公司而言，为使保险精算的或然率更加准确，而不致同一时期集中发生大量保险事故，同时也为节省营业费用，必须大量获取保险契约，并不断扩大保费规模，如此才能保证保险经营的安全稳定。反之，新设立的保险公司或者小型保险公司因为前期保费规模较小，风险比较集中，赔付支出和保费收入不能平衡，甚至出现亏损，需经过 6~7 年扩大规模之后，承保的风险才能够有效分散，进而实现盈利。[③] 由此可见，保险事业的经营策略天生就具有规模扩大化的内在倾向。

最后，保险经营实务上往往提前"预收"保费。人寿保险契约属长期继续性契约，传统寿险期限通常在 15 年以上，有的甚至终身，若保费的缴付采取躉缴方式，由于保险公司尚未开始承担次年之后的风险，因此可

---

① 申曙光. 保险监管 [M]. 广州：中山大学出版社，2000：173.

② 陈云中. 保险学 [M]. 台北：五南图书出版股份有限公司，2013：192.

③ 胡鹏. 险资举牌上市公司法律监管规则的反思与完善 [J]. 商业研究，2017（9）：179.

以将次年以后的部分予以积存，以备将来之给付。若保费缴付采取期缴方式，大多保险公司则以平准费率计算保费，投保人所缴保费，在契约成立初期，必然超过实际年龄所应缴的数额，其超额部分及利息为保险公司的"预收"，即为保费积存的准备金。[①]

（三）保险机构所运用资金的具体构成

根据原中国保监会《保险资金运用管理办法》第三条的规定："保险资金，是指保险集团（控股）公司、保险公司以本外币计价的资本金、公积金、未分配利润、各项准备金以及其他资金。"由此可见，我国保险机构所运用的资金主要源于"所有者权益""各项准备金"及"其他资金"三部分。

1. 所有者权益

所有者权益又称净资产，是指企业全部资产扣除负债后，由所有者享有的剩余权益。[②]依会计制度，所有者权益主要包括资本金、公积金、未分配利润三部分。资本金是指股东为保证公司顺利开业及持续运行，向公司出资所形成之财产。由于保险业的公共性，各国通常对保险公司设立设定最低资本额要求。例如，我国保险法第六十九条规定："设立保险公司，其注册资本最低限额为人民币二亿元。""保险公司的注册资本必须为实缴货币资本。"[③]除此之外，根据我国公司法第一百六十六条规定可知，公司应依据法律、公司章程或股东大会决议从公司的税后利润中提取公积金，用于弥补公司亏损、扩大公司的生产规模或增加公司资本。除非发生特别重大的保险事故，各种责任准备金不足以支付赔付责任，否则不会动用到所有者权益部分的资金，因此，这部分资金是相对稳定的，其大部分都可

---

① 陈云中. 保险学［M］. 台北：五南图书出版股份有限公司，2013：254.

② 曾月明，刘长奎. 会计学［M］. 北京：中国纺织出版社，2017：314.

③ 保险法第六十九条之规定仅针对我国当前广泛存在的股份有限公司，而目前我国正积极培育"相互保险公司"这一新的保险组织形式，其同样要求初始运营资金不低于一亿元人民币，详细内容可参见2015年原中国保监会颁布的《相互保险组织监管试行办法》第七条。

以作为长期的资金来源。[①]

2. 各项准备金

保险公司所收取的保费并非其营业收入，而是要在保险事故发生时向被保险人履行保险金给付义务。因此，为保障被保险人的利益、保证保险公司的偿付能力，通常要在所收取的保险费中提列适当金额，以备将来保险给付或其他作用，其提列之准备金具有负债性质，故通常称为责任准备金。[②] 根据我国保险法第九十八条："保险公司应当根据保障被保险人利益、保证偿付能力的原则，提取各项责任准备金。"由于保险业的规模性，责任准备金大量集聚，通常来说，责任准备金占到公司总负债的90%以上，寿险公司提取的各种责任准备金是寿险资金运用的最重要来源。[③] 具体来说，保险公司依法提列的准备金分为以下几类：第一，责任准备金，此系一年以上的长期性人寿保险所必需，也即人寿保险公司所收纯保险费中的超缴部分及其利息的累计。第二，未满期保险费准备金，此乃因保险契约的年度与会计年度通常不一致，故在年底结算时，保险业须提存按契约年度尚未尽到保险责任部分的保险费收入。第三，未决赔款准备金，系指保险人尚未决定是否赔付时应提列的准备金。第四，特别准备金，为应付特别需要，如重大事故或危险变动而提列的准备金。[④]

3. 保户投资款

事实上，我国《保险资金运用管理办法》第三条中关于保险资金的定义并不包括"保户投资款"。但在投资型保险中，保户投资款往往也是保险机构资金运用的重要来源。与保险资金不同的是，保户投资款在性质上并非属于承担风险的对价，而是保险消费者交予保险机构进行管理的理财资金。例如，在万能险和投资连结保险中，保险消费者所缴纳的保费一部

[①] 陈文辉. 中国寿险业的发展与监管 [M]. 北京：中国金融出版社，2002：352–353.

[②] 江朝国. 保险业之资金运用 [M]. 台北：财团法人保险事业发展中心，2003：36.

[③] 陈文辉. 中国寿险业的发展与监管 [M]. 北京：中国金融出版社，2002：353.

[④] 陈云中. 保险学 [M]. 台北：五南图书出版股份有限公司，2013：248–256.

分存入保障账户用于风险保障，而另一部分存入单独账户用于投资。2009
年之前，保户投资款这部分不具有风险保障功能的资金被计入"原保险保
费收入"，这显然不具有合理性，明显夸大了保险业分散社会风险的实际
情况，也促使一些保险机构为追求保费规模，过度开发投资型保险。2009
年，财政部印发了《保险合同会计处理规定》，将万能险、投连险中没有
实质风险保障部分的资金独立分拆，这部分资金不再纳入保费统计口径当
中。① 尽管保户投资款非属保险资金的范畴，也无法计入保费统计口径，
但这并不改变其由保险机构进行运用的现实状况。特别是在金融型保险的
背景下，保户投资款的规模快速增加，并颇具市场影响力。2015年，在我
国保险机构激进投资股票事件中，万能险所引发的舆论争议便是该问题的
集中反映。保户投资款所涉及的保险机构资产管理行为应如何界定，如何
在法律规则上加以应对，殊值进一步研究。

二、保险资金运用是投资型保险金融属性的现实吁求

溯及保险的本源，风险管理和分散才是保险制度存在的理由。在传统
保险市场上，保险商品的功能相当单一，仅仅作为风险分散和损失填补的
工具，早期的传统型保险并无金融属性。只是由于保险机构收取保费，累
积巨额资金，这如同银行收取存款一样，保险机构不得不将巨额资金进行
投资以保证未来的保险给付。此时，保险机构的金融属性仅指后端的资金
运用行为，而前端所贩售的保险商品仍不具备金融属性。然而，随着经济
环境的变迁以及保险技术的改进，单纯提供风险保障的传统型保险逐步发
展成具有金融理财和投资属性的投资型保险。

（一）投资型保险所衍生的金融属性有助于保单价值保值增值

投保大众购买保险这一无形商品，其目的就是在发生保险事故遭受损
失时，尽速获得保险赔偿金，尽快恢复生产和生活的正常状态。传统型保

---

① 黄蕾. 保监会细化保费统计口径 保险公司差异化"脸谱"曝光［N］. 上海证券报，2013-
05-28（7）.

险在契约订立时就已经约定好保险事故发生时保险公司所应给付的保险金额。因此，对保单持有人来说，保险事故一旦发生，他应得的保险金额是固定的。但是对保险机构而言，保险契约属长期继续性契约，存续期限一般在15~30年以上，有的甚至终身。[①] 经济环境的变迁往往难以预料，若干年后保险事故发生，保险公司所给付的保险赔偿金可能因通货膨胀而贬值，使其实质购买力大幅下降，保险的保障功能势必受到极大影响。

20世纪50年代，美国经济发生严重的通货膨胀，对保险公司而言，如何设计保单的实际价值不被通货膨胀侵蚀，成为寿险业的一大课题。为了保全保险给付的实质货币购买力，美国在1952年即有教师保险和年金协会（TIAA）成立大学退休人员持分基金（CERF）作为可以从事普通股票投资的组织，向TIAA的保户提供变额年金，这可以说是投资型保险商品的滥觞。[②] 投资型保险具有保障和投资双重功能，在提供被保险人基本保障的同时，更透过分离账户提供投资服务，分离账户资金通过与债券、基金、股票等投资工具相联结，使得保单最终给付金额可以随着投资绩效而变动，保单持有人有机会取得较高的投资收益。[③] 分离账户的设计使得保单价值可以随着经济发展趋势而浮动，实现抗通货膨胀的经济目的，进而最大限度地实现保险风险保障和损失填补的制度功能。

（二）投资型保险所衍生的金融属性能够提升保险业竞争力

寿险保单的长期固定利率，其优点在于稳定，不易受经济环境左右，但其缺点是无法随市场迅速变动，可能使保险商品失去竞争力。因为消费者不必然长期持有保险产品，当市场出现报酬较佳的新金融商品时，随时可以解除保险契约转而购买收益较高的金融商品。随着金融市场利率的自由化和衍生品的发展，对寿险商品的长期固定利率产生了强烈冲击。为了

---

① 陈文辉. 新常态下的中国保险资金运用研究［M］. 北京：中国金融出版社，2016：18.

② 汪信君，廖世昌. 保险法理论与实务［M］. 台北：元照出版有限公司，2017：432.

③ 财团法人保险事业发展中心. 投资型保险商品［M］. 台北：财团法人保险事业发展中心，2010：3.

与其他金融商品竞争，保险机构不得不推出重视投资收益的投资型保险商品。在投资型保险中，保单持有人有机会取得较高的投资收益，同时必须自行承担较大的投资风险。通过设置分离账户，保险机构可以将投资选择权和投资风险同时转嫁给保单持有人，以此规避利差损风险，保险机构亦可为保单持有人可能获得高收益创造想象空间，从而促进业务之增长。①

此外，保险机构提前收取保费，使得保单持有人的资金被占用，保险机构则承诺按照固定利率给予利息回报。对保险机构而言，累积的大量保费亦可能面临投资收益不足的风险。如果在投资利率走高的年代尚无问题，但若投资利率走低，而先前售出的保单预定利率较高，保险机构将会面临严重的利差损。②20世纪90年代以来，日本就已有多家保险公司因长期低利率所导致的利差损而倒闭。③ 因此，如何规避利率风险成为寿险业的一大难题。与传统保险相比，投资型保险不仅为保单持有人提供基本的风险保障，更为其创造了投资获益的机会，同时保险机构得以规避利差损风险，由此实现了主体间风险和收益的合理分配。我国投资型保险诞生和发展的历程也基本反映了这一规律。1999年以来，我国央行8次降息，导致我国寿险业遭遇巨大的利差损危机，中国人寿、平安人寿、太平洋人寿三大公司相继推出了"保险保障偏低、投资风险部分或者全部由投保人承担"的投资型保险，成为各家公司"上规模、冲保费"的利器。例如，1999年，平安保险（集团）股份有限公司（以下简称平安保险）推出了国内第一份投资连结保险——平安世纪理财投资连结保险；2000年，中国太平洋保险（集团）股份有限公司开发了国内第一款万能寿险——太平盛

---

① 财团法人保险事业发展中心. 投资型保险商品［M］. 台北：财团法人保险事业发展中心，2010：1.

② 利差损是指人寿保险资金运用的实际收益低于预定利率而产生的亏损。刘金章，王晓炜. 现代保险辞典［M］. 北京：中国金融出版社，2004：319.

③ 张正义. 日本协荣生命破产的省思：浅谈日本保险业危机分析［J］. 寿险季刊，2001（3）：119.

世·长发两全保险。[①]

1970年以来，世界多数国家医疗水准提升，死亡率平稳或是降低。在保险机构的组织经营当中，死亡危险事故风险的控制并没有太大难度，换言之，对保险商品的经营，在风险分散上已不具有相当的难度，倒不如投入保险资金运用和投资型保险的运作上。然而，投资型保险的发展趋势已经逐渐改变保险商品原有的本质，从分散风险的初始功能转向投资理财进而获取高收益的衍生功能。因此，目前保险经营的最大挑战在于资金运用，这是保险经营中较为重要的部分，虽然在理论上它应该是保险经营的附属品。[②]

综上所述，由于经济环境的变迁和保险业风险管理方法的改进，现代保险已不拘泥于风险管理和分散的传统功能，而衍生出金融理财和投资功能，成为广义上的金融工具。随着我国居民财富的日益增长，纯保障型的传统寿险受到挑战，消费者购买保险不再是单纯寻求保险保障，更多的是把保险当作投资的工具，对个人金融资产增值的欲望比预防疾病、养老储备更加强烈。近年来，我国投资型保险的市场份额不断扩大，保险业的业务结构也发生了巨大改变，保险公司投资业务的比重大大超过承保业务，承保业绩的高低更多取决于投资绩效，资金运用能力成为保险公司的核心竞争力。[③]

第二节　我国保险机构股票投资行为的法律定位

保险机构的资金运用是保险资金保值增值的必然要求，也是投资型保

---

① 陈恩. 迷失的盛宴：中国保险史（1978—2014）[M]. 杭州：浙江大学出版社，2014：59–60.

② 陈彩稚. 人身保险：人寿保险、年金与健康保险 [M]. 台北：沧海书局，2015：34–35.

③ 杨晓灵. 投资型寿险产品的发展研究 [J]. 保险研究，2002（10）：24.

险金融属性的必然延伸。保险机构股票投资是保险资金运用的重要领域，是提升保险资金运用效率、促进保险资金保值增值的重要渠道。我国保险机构并非一开始就被允许直接投资股票，而是在政策法规上经历了禁止、放松，直至完全放开的过程。保险机构是股票市场的重要机构投资者，是保险市场与股票市场的桥梁，必须从法律规则上予以特殊规制。

一、我国保险机构入市投资股票的政策法规沿革

自2004年以来，我国保险机构获准直接入市投资股票，保险市场与股票市场的互动更加密切。梳理我国保险机构股票投资的政策法规，在我国资本市场中，保险机构投资者实际上被主管机关赋予多重角色，此不仅关系到保险机构自身运行，更牵涉保险市场和股票市场的健康发展。

（一）分业监管背景下完全禁止保险机构投资股票（1995—1999）

制度变迁分两类：诱致性变迁和自发性变迁。[①]前者是由市场机制这一"无形之手"自发调节的，使主体在响应制度不均衡引致的获利机会时进行的自发性变迁；后者则是由政府或法律直接干预，迫使制度进行被动转型。我国自1980年恢复保险业务以来，保险业的发展就被深深打上了政府干预的烙印，保险业各项制度大多属于诱致性变迁范畴。保险资金运用的各项政策主要是根据政府在特定时期的整体经济部署制定，而不是依据法律的明文规定与市场自身的运行规律而制定。20世纪80年代，我国保险业还处于复业阶段，全国仅有一家中国人民保险公司经营保险业务，保险资金总体规模小，且大多存放在银行存款生息，并没有保险资金运用保值增值的经营理念。且当时我国的金融环境比较单纯，银行存款利率能够保证未来保险金的支出。当时有关保险业的法律法规也十分稀少，仅仅有1985年国务院颁布的《保险企业管理暂行条例》，其中规定了保险企业的

---

① 林毅夫．关于制度变迁的理论：诱致性创新与强制性变迁［C］//科斯，阿尔钦，诺斯，等．财产权利与制度变迁：产权学派与新制度学派译文集．上海：上海三联书店，上海人民出版社，1994：374.

设立、中国人民保险公司的业务、偿付能力和准备金、再保险等事宜，但并未对保险资金运用做出具体规定。

由于缺乏制度约束，加上利率上升周期的高收益诱惑，在1987—1995年间，我国保险业总体上呈现出混乱投资的局面。保险机构乱投资的领域极为广泛，主要包括信托、证券、信贷、拆借、担保和实体经济。这一时期，上至保险公司总公司，下至总公司以下的各级机构，甚至县级机构，都可以进行投资，导致保险资金投资管理混乱，进而也滋生了很多腐败现象，特别是实体投资，案件频发。在中央政府治理整顿、宏观调控等紧缩政策实施之后，保险资金的诸多投资项目收益骤降、损失严重。据统计，某保险公司在此期间实体投资45.57亿元，60%成为不良资产，无望收回；对外贷款56.5亿元，本息全部损失；拆出资金4.77亿元，损失2.82亿元，不良率59%。[①]基于保险资金直接用于投资放贷，形成大量不良资产，我国金融监管部门认为分业监管更适合我国金融行业的现状。因而在1995年颁布的保险法中，我国对保险资金投资行为进行了较为严格的限制。1995年保险法第一百零四条规定："保险公司的资金运用，限于在银行存款、买卖政府债券、金融债券和国务院规定的其他资金运用形式。保险公司的资金不得用于设立证券经营机构和向企业投资。"由此可见，在我国保险业复业时期，保险资金运用业务还处于起步阶段，保险资金投资乱象频出，也遭受了较大的亏损。为防范保险业风险，这一阶段法律禁止保险机构直接或间接投资股票。

（二）应对利差损危机允许保险机构间接投资股票（1999—2004）

1995年保险法对保险资金运用渠道严格限制的同时，也堵塞了保险资金多元化投资的通道。随着我国经济社会发展水平的迅猛提升，保险业也突飞猛进，彼时我国保险业的保费收入平均每年以37.6%的速度增长，保费规模由1980年的4.6亿元人民币增加到1999年的1393.22亿元人民币。

---

① 杨明生. 保险资金运用新规的历史跨越［J］. 保险研究，2011（6）：3.

保费规模的急剧扩张使得保险资金保值增值的压力进一步增大。然而，当时我国保险业在经营上仍主要依赖传统储蓄性保险产品，缺乏创新型（投资连接、基金连锁和利率敏感型）产品，保险产品结构单一、竞争力弱的问题凸显。2001年，我国正式加入世界贸易组织（WTO），国内保险市场即将被推到国际前沿。随着我国保险业加入WTO的时间日益临近，面对国际保险市场的竞争，如何改变我国保险业经营上的被动局面越来越迫切。①

同一时期，为应对经济中出现的通货紧缩现象，我国央行先后8次下调利率，一年期存款利率由1996年的10.98%降至2003年的1.98%，而当时寿险保单的平均预定利率均在7.5%~9%之间，保险资金的投资收益和承诺回报收益率出现严重的倒挂，保险机构面临着严重的利差损危机。与此同时，日本也正遭受着利差损之痛并造成一大批寿险公司倒闭。20世纪90年代，日本调整保险业政策，允许证券公司、银行经营保险业务，允许财产保险公司进入寿险市场，同时放松外资保险公司进入日本市场的限制，使得日本寿险业竞争加剧。而20世纪80年代泡沫时期，日本10年期以上的寿险产品的预定利率在6%以上，在巨额的利差损压力下，日本寿险公司积极进行投资活动，不仅购买大量债券、股票，还进行不动产投资。然而在1993—1995年，日元大幅升值导致股指急剧下跌，日本寿险公司所投资资产严重缩水，与此同时，日本政府采取零利率政策，加速了保险资产收益率的下降。在1997—2001年，日本多家寿险公司出现偿付能力危机，日产寿命、第百生命、东京生命等7家寿险公司相继倒闭。②

中日两国虽同样遭受利差损危机，然其背后的原因不同。日本寿险业利差损主要是因为市场泡沫破裂，资产价格下跌，从而诱发保险资金运用失败，其背后是市场供求关系所导致的，这体现了保险资金真实的市场价

---

① 张金林. 商业保险资金"入市"的理性思考［J］. 武汉金融，2000（9）：7-10.

② 郑静宜. 日本寿险经营失败对我国寿险资金入市的警示［J］. 福建金融，2005（10）：51-52.

格。而中国寿险业利差损的主要原因是诱致性变迁模式下政府严格限制保险资金的投资渠道，导致保险资金无法在市场上进行多元化投资，也无法获得市场化的收益，保险资金的市场价格因法律法规约束而无法真实地呈现出来。但是从另一角度来讲，我国寿险业利差损可以通过放松法规限制得以规避，即通过放宽保险资金运用渠道，鼓励保险资金在市场上进行多元化配置，从而提高保险资金的投资收益。

为提高保险产品的市场竞争力，防范利差损的进一步扩大，1999年10月，中国平安保险公司在上海率先推出了世纪理财投资连结保险。随后其他寿险公司也相继推出自己的投资连结保险产品，中国第一代投资连结保险产品虽然结构简单，但开辟了保险市场与资本市场融合的新路径。1999年10月，国务院颁布《保险公司投资证券投资基金管理暂行办法》，批准保险公司可以通过购买证券基金，间接进入股票二级市场，保险公司可以在二级市场买卖已上市的证券投资基金和在一级市场配售新发行的证券投资基金，投资比例为公司资产的5%。自此，保险市场与证券投资基金市场实现对接，保险资金可以间接进入股市投资，从股票市场上获取收益。

（三）多重政策目标下允许保险机构直接投资股票（2004年至今）

鉴于我国寿险业曾面临的利差损危机，实务界不断呼吁允许保险资金直接投资股票。同时，因我国加入WTO后保险业承诺开放的严峻形势，为迅速培养本土保险公司的资金运用能力，我国金融监管部门开始制定保险资金直接入市投资股票的一系列政策法规。2002年保险法修改，删除了第一百零四条中"保险公司的资金不得向企业投资"的规定。[①] 保险法的修改为推动保险资金直接入市消除了法律障碍。2004年1月31日，国务院出台的《关于推进资本市场改革开放和稳定发展的若干意见》明确提出"支

---

① 2002年我国修改保险法，将第一百零四条改为第一百零五条，同时将第三款"保险公司的资金不得用于设立证券经营机构和向企业投资"修改为"保险公司的资金不得用于设立证券经营机构，不得用于设立保险业以外的企业"。

持保险资金以多种方式直接投资资本市场，逐步提高商业保险资金投入资本市场的资金比例"。10月24日，原中国保监会和证监会联合发布《保险机构投资者股票投资管理暂行办法》，规定了保险机构投资股票的资格条件、投资范围和比例、资产托管、禁止行为、风险控制等事项，这一法规的出台标志着我国金融监管部门允许保险资金入市直接投资股票。2005年2月15日，"两会"又联合下发《关于保险机构投资者股票投资交易有关问题的通知》及《保险机构投资者股票投资登记计算业务指南》，建立了保险资金直接投资股票的配套制度，解决了保险资金独立入市操作的技术问题。自此，保险资金直接投资股票在法律法规和技术上的限制均被打破。2009年我国保险法修改、2010年原中国保监会颁布《保险资金运用管理暂行办法》在统合各种保险资金运用形式的基础上，对保险资金投资股票进行法律法规上的确认和细化。

二、我国股票市场中保险机构投资者的角色定位

2004年以来，我国金融监管机关在政策法规上允许保险机构直接入市，使得保险市场与股票市场的互动更加紧密。但在我国保险市场与股票市场长期互动的过程中，保险机构投资股票不能仅仅只考量保险业自身的发展，还要达成特定的政策目标。

我国金融监管机关允许保险机构直接投资股票的最初动因是为解决保险业所面临的利差损问题，同时提升保险机构资金运用能力，以应对入世后保险业将遭遇的高度竞争的严峻形势。除了解决保险业自身面临的问题，2004年，我国股票市场多年累积的问题集中爆发，一时间股市急剧下落。[①] 为了挽救低迷的股市，我国金融监管机关希望通过取消保险资金直接投资股票的渠道限制，为股票市场增加新的资金来源。同时期待保险机构作为重要的机构投资者，能够发挥长期价值投资的理念，成为股票市场

---

① 王国刚，曹红辉. 中国股票市场：2004年回顾与2005年展望 [J]. 经济理论与经济管理，2005（4）：31-37.

的"稳定器"和"压舱石",支持股票市场长期稳定发展。[①]2004年至今,在历次有关保险业自身发展及加强股票市场建设的政策文件中,均不同程度地提及要发挥保险机构对于股票市场的支持作用(如表1所示)。由此可见,我国保险业直接入市投资股票,其意义不仅在于拓宽保险资金的运用渠道,提升保险资金的投资收益率,而且我国金融监管机关更希望保险机构发挥长期价值投资的理念,充当股票市场的"压舱石"和"稳定器"。

表1　发挥保险机构对于股票市场的支持作用的相关政策

年份	政策名称	主要内容
2004	《国务院关于推进资本市场改革开放和稳定发展的若干意见》	支持保险资金以多种方式直接投资资本市场,逐步提高商业保险资金等投入资本市场的资金比例,使保险公司等机构投资者成为资本市场的主导力量
2006	《国务院关于保险业改革发展的若干意见》	在风险可控的前提下,鼓励保险资金直接或间接投资资本市场,逐步提高投资比例……不断拓宽保险资金运用的渠道和范围,充分发挥保险资金长期性和稳定性的优势,为国民经济建设提供资金支持
2014	《国务院关于加快发展现代保险服务业的若干意见》	促进保险市场与货币市场、资本市场协调发展,进一步发挥保险公司的机构投资者作用,为股票市场和债券市场长期稳定发展提供有力支持
2014	《国务院关于进一步促进资本市场健康发展的若干意见》	壮大专业机构投资者,支持商业保险资金等机构投资者资金逐步扩大资本市场投资范围和规模
2017	《国务院办公厅关于加快发展商业养老保险的若干意见》	促进商业养老保险资金与资本市场协调发展,发挥商业保险机构作为资本市场长期机构投资者的积极作用,依法有序参与股票、债券、证券投资基金等领域投资,为资本市场平稳健康发展提供长期稳定资金支持,规范有序参与资本市场建设

---

① 张春生.保险资金获准入市[N].中国保险报,2004-10-26(1).

　　然而，事实并不如我国金融监管者所期待的那样。我国保险机构经历了20年投资股票的实践，数据表明："对保险席位而言，趋势投资显然多于价值投资，波段操作常于长期投资。"① 在股市泡沫之时，保险机构投资者凭借资金的规模优势，掠夺新股利润，在二级市场短期炒作股票，而股市呈下跌趋势时，保险资金表现出商业资本的本性迅速抛售，使市场下跌压力进一步增大。作为长期投资、价值投资典范的保险机构投资者并没有成为稳定股票市场的重要力量。特别是在2015年，我国一些中小保险机构激进投资股票。甚至在"宝万之争"中，前海人寿保险股份有限公司（以下简称前海人寿）运用万能险资金作为深圳市宝能投资集团有限公司（以下简称宝能集团）的一致行动人收购万科，在股票市场上掀起了控制权争夺大战，也引发投资社会公众对保险资金的强烈质疑。此外，安邦人寿保险股份有限公司（以下简称安邦集团）、恒大人寿保险股份有限公司（以下简称恒大集团）在股票市场上"短炒"股票，保险机构的短期逐利行为严重颠覆了保险资金稳健投资、价值投资的理念。对保险资金在股票市场的角色定位和行为规则应进一步思考和研究。

三、对保险机构投资者股票市场角色定位的反思

　　保险机构投资者的市场行为同股票市场的发展程度息息相关。保险资金投资股票是保险资金运用的重要环节，保险资金入市更应关注的是保险业自身的风险，而不应毫无限制地附加其他政策目标。保险机构投资者在股票市场的角色定位在不同的国家及不同的历史阶段表现得非常不同。② 纵观国外保险业发达国家的实践经验，保险公司确实是作为机构投资者成为资本市场的主导力量。③ 但前提是资本市场比较完善，上市公司的投资

---

① 陈恳.迷失的盛宴：中国保险史（1978—2014）[M].杭州：浙江大学出版社，2014：164.

② ROBERT F M. Common Stocks as Life Insurance Investments [J]. Journal of the American Association of University Teachers of Insurance, 1947, 14（1）：48–54.

③ BADRINATH S G, KALE J R, HARLEY E. Characteristics of Common Stock Holdings of Insurance Companies [J]. The Journal of Risk and Insurance, 1996, 63（1）：49–76.

价值较高，保险公司入市可以分享经济增长带来的收益。① 在我国股票市场尚不完善的当下，保险资金入市不是解决保险公司的投资风险、金融风险的问题，是解决市场更加完整、更加健全的整体性问题。② 对于保险资金而言，入市限制的解除并不意味着要大规模集中配置股票，也不意味着可以借助规模优势炒作股票牟利。保险资金投资股票首先应当关注资产负债匹配，也即分散化、多元化投资，最终目的是确保保险资金安全，其次才是追求收益，如此才能提升保险业的抗风险能力。

我国自 1993 年起就确立了分业经营、分业监管的金融体制。允许保险资金直接投资股票，使保险市场与股票市场的互动成为常态，但实践中也带来了监管交叉和监管真空问题。例如，2015 年，宝能集团借助旗下保险子公司前海人寿的万能险资金在股票市场上争夺万科的控制权，在该事件中，保险行政监管范围局限于保险资金运用的比例合法性，而证券行政监管范围局限于股票交易行为，分业监管产生的监管真空问题越发严峻。金融控股集团所进行的跨行业的资本运作必然存在很多监管盲点和漏洞，传统的分业监管模式对此显然缺乏适用性。2018 年 3 月，我国进行金融监管体制改革，整合银监会和保监会的监管职能，成立银行保险监督管理委员会。③2023 年，为统一负责除证券业之外的金融业监管，强化机构监管、行为监管、功能监管、穿透式监管、持续监管，统筹负责金融消费者权益保护，加强风险管理和防范处置，依法查处违法违规行为，国务院在中国银行保险监督管理委员会基础上组建国家金融监督管理总局。国家金融监督管理总局的成立符合我国金融业向混业经营发展的趋势，使监管力量更加聚焦功能监管和行为监管，有助于填补监管真空。但不容忽视的是，证券监督管理委员会和国家金融监督管理总局的分立，使得证券监管和保险监管两者"各管一段"的问题依然存在，保险市场与股票市场的交叉风险

---

① 朱俊生，尹中立，庹国柱. 对保险资金入市的若干思考［J］. 财贸经济，2005（6）：54.

② 樊纲. 保险资金入市不是救世主［J］. 中国经济周刊，2004（Z1）：24.

③ 莫开伟. 银保监会正式挂牌开启金融监管新时代［N］. 证券时报，2018-04-10（3）.

没有得到很好的解决。随着金融控股集团的成立，越来越多的保险公司选择综合经营战略和集团化经营模式寻求规模经济和范围经济，实现资源整合和协同效应。① 然而，跨行业的金融融合使得市场信息的不完全性和不对称性进一步放大，金融消费者的保护和金融风险的防范将更加困难。

第三节　我国保险机构股票投资法律监管的目标

保险机构汇聚巨量的资金，不论在资本市场，还是在国家经济体，皆可谓规模庞大的投资团体。因此，其资金运用行为是否妥当不仅关涉广大保单持有人的利益，更会影响到整个社会的安宁与稳定。相较其他行业，保险业具有公共性，保险经营受到严格的法律限制，对保险机构资金运用行为的限制尤其严格。保险机构股票投资连接保险与股票两大市场，其牵涉面更广，产生的风险更大。对保险机构股票投资进行法律监管必须树立正确的价值目标。

一、确保保险机构偿付能力充足

保险资金运用中如何兼顾风险和收益是一对永恒的矛盾。在政府"父爱主义"之下，严格限制保险资金的投资渠道，虽然有助于保障保险资金安全，但难以使保险资金有效地分散风险，形成合理的投资结构。保险机构投资者应能够根据自身的产品结构、风险状况自由地选择市场上的投资组合，形成分散化、多元化的资产配置格局，促进保险资金保值增值。鉴于日本寿险业破产的经验教训和我国保险业曾面临的利差损危机，我国保险监管机关不断放开保险机构的投资渠道，不断增加保险机构可投资品

---

① 李心愉. 保险综合经营：历史经验、重要启示与未来发展［J］. 保险研究，2008（8）：34.

种，这既有助于保险资金多元化配置资产，提升保险资金的运用效率，更能赋予市场主体更大的自由选择权，增强市场活力。保险资金运用监管的基本思路应是遵循市场规律，把投资自主权和风险责任的承担更多地交给市场主体。

我国对保险机构股票投资的法律监管同样遵循以上思路。自2004年原中国保监会允许保险机构直接投资股票以来，我国保险监管的各项政策法规致力于从微观监管向宏观监管转变。2012年，我国开始实施以"风险为导向"的第二代偿付能力监管制度，保险监管的重点聚焦到保险公司的偿付能力。2014年，原中国保监会进行大类资产比例监管改革，大幅度减少保险资金投资的比例限制，根据资产性质，制定保险资金运用的比例上限。[①] 多年来，保险监管各项政策法规由粗放到精细，由简单到科学，然而保险监管的规律却是永恒不变的，其根本乃是找寻保险资金安全性和收益性的最佳平衡点，以及宏观监管和微观监管的合理界限。

值得注意的是，保险业可运用资金的来源除所有者权益是自有资金外，其他大部分都源于各项准备金等外来资金，因而保险业是高杠杆、高负债运作的行业。与银行资本充足率类似，保险业监管的核心指标是偿付能力充足率。所谓偿付能力是指保险资金运用必须保值增值，以保证未来能够偿付保单持有人的保险金请求，如此保险的保障目的才不至于落空。如若保险资金运用产生的利润较高，保险公司还可以调低保费，使广大保单持有人受益，这将形成良性循环，提升保险业的风险保障水平。反之，若保险资金运用失败，保险机构将陷入财务困境，不仅损及保单持有人的利益，而且可能需要政府机关出手救助，将破产成本转嫁给纳税人。概言之，保险资金运用的首要目的是确保偿付能力，一旦保险机构失去清偿能力，社会大众终究会成为间接或直接的受害者。因此，在保险业的发展历史中，世界各国莫不对保险资金运用施加各种限制，以确保保险业的偿付

[①] 有关大类资产比例监管改革的具体内容可参见原中国保监会《关于加强和改进保险资金运用比例监管的通知》(保监发〔2014〕13号)。

能力。近年来，随着保险业竞争加剧，承保业务利润不断下降甚至亏损，保险公司不得不通过提高保险资金运用水平来获取利差，弥补承保亏损。[①] 这对保险机构的资金运用能力提出了更高的要求。

二、最大限度地保护保单持有人

保险监管的基础是建立在市场失灵（market failure）的概念上。[②] 保险市场失灵源于保险交易信息的不对称，与其他市场交易不同的是，保险交易的信息不对称存在双向性。对保险消费者而言，表现在其缔约时无法完全了解定型化保险契约的内容，缔约后更无法评估保险人的财务状况，监督保险资金运用行为。因此，借助法律及政府机关代为进行契约规制和行业监管十分必要。[③] 但对保险机构而言，其对所承保风险的核保决策依赖于被保险人提供信息，若被保险人未能如实告知危险的重要事实，将影响保险费率的厘定。此外，契约订立后被保险人也可能存有道德风险，试图诈取保险金，上述二者皆会影响保险危险共同团体的持续运行。

由于保险业信息沟通和交流机制日益完善，核保水平也逐步提高，保险机构所面临的信息劣势大幅减弱。同时，伴随着全球消费者保护运动的兴起，保险消费者权益的保护受到日益强烈的重视。保险机构具有精算中介功能，汇集不同被保险人的事故风险而后加以分散，这是其他金融机构所缺乏的特质。[④] 可以说，保险机构乃众多保险消费者的"财产代管人"。如若保险机构资金运用失败，意外事故的风险未能得到分散，被保险人将遭受潜在损失，尤其是人身风险将随着年龄增加，当原先承保的保险机构数年之后无力清偿时，被保险人年老之时风险增加，可能无法再向其他

---

① 齐瑞宗. 保险理论与实践［M］. 北京：知识产权出版社，2015：284.

② 郑济世. 保险经营与监管［M］. 台北：财团法人保险事业发展中心，2017：11.

③ ABRAHAM K S. Distribution Risk：Insurance，Legal Theory，and Public Policy［M］. Connecticut：Yale University Press，1986：1-8.

④ 陈彩稚. 人身保险：人寿保险、年金与健康保险［M］. 台北：沧海书局，2015：400.

保险人转投保，因此必须自行承担事故风险。为保障保单持有人的合法权益，我国在2008年就出台了《保险保障基金管理办法》，设立保险保障基金用于救助保单持有人，处置保险业风险。[1] 保险的起源即在分散被保险人的风险，为实现保险填补损失的制度功能，必须由政府介入保险市场失灵。[2] 因此，对保险资金运用进行监管，其首要目标就是保护广大保单持有人的利益，保证保险风险保障和损失填补的功能能够顺利实现。

三、防止保险机构滥用资金优势

保险业作为四大金融支柱之一，发挥着资金融通和社会财富再分配的重要功能。保险资金运用的妥适性不仅对保险业自身，更能对整个金融市场产生重大影响。具体而言，保险机构坐拥庞大规模的资金是资本市场上不可小觑的机构投资者，保险机构携其巨量资金既能够支持实体经济的发展，也可能滥用其经济力量。

一方面，保险机构不仅能在股票市场上投资以获取报酬，而且能够作为上市公司股东参与公司经营，如运用投票权选举公司董监事或表决公司重要事项。但如果保险业集中大量资金从事股票投资而未加以限制，势必趁机控制被投资公司的经营管理，进而从事保险以外业务的经营。[3] 进一步来讲，如若保险机构凭借庞大的资金优势控制被投资公司的管理决策，大举介入经营一般实体产业，将引发不公平的市场竞争及潜在的利益冲突，金融业与实体产业的风险传染效应会变相放大。另一方面，我国股票市场尚不成熟，投资者大多以买卖价差获利，且以散户居多。由于保险

---

① 2008年9月，原中国保监会、财政部、中国人民银行共同颁布《保险保障基金管理办法》，其中第三条规定，本办法所称保险保障基金，是指依照《中华人民共和国保险法》和本办法规定缴纳形成，在本办法第十六条规定的情形下，用于救助保单持有人、保单受让公司或者处置保险业风险的非政府性行业风险救助基金。2022年10月，主管部门又重新对《保险保障基金管理办法》进行了修订。

② JULIAN B, KEVIN L. Research Handbook on International Insurance Law And Regulation [M]. Cheltenham：Edward Elgar, 2011：251-276.

③ 袁宗蔚. 保险学：危险与保险 [M]. 北京：首都经济贸易大学出版社, 2000：360.

机构财力雄厚，可能利用其资金优势在股票市场上使尽各种手段，低价买入股票而高价卖出，渔利其中。因此，金融监管机关对保险机构股票投资的法律监管必须防止保险机构滥用其资金优势，引导它承担一定的社会责任。为避免保险业滥用经济力量，各国法规皆对保险资金投资股票施加法规上的限制。此外，保险机构如同银行一样，具有资金融通的功能，即先收取保费而后进行各项投资来赚取利差。[①] 若保险机构资金运用失败，保单持有人先前的"储蓄"未能收回，将同银行挤兑一般，传导到其他金融机构，引发市场恐慌。

无论在承保端还是在资金运用端，保险业无不体现着社会大众间合作互助的精神。在承保端，保险业通过社会成员的团结互助，建立一种市场化的风险转移机制，实现对资源的有效配置，达成社会成本内化的高效率，使矛盾与争议事件无须过度依赖政府或法律诉讼程序，即可达成减少社会对立、降低社会成本的目的。[②] 政府因人力及财力有限而主动借助保险达成公共政策，如推行强制汽车责任险保障交通事故受害人的利益，以及推行长期照护保险缓解社会的老龄化难题。在资金运用端，保险业所集聚的庞大资金是国家社会及经济建设的重要资金来源。保险资金规模大、期限长及收益稳定，不仅能够支持国家大型基础设施建设，而且能成为一般工商企业的融资渠道。[③] 基于保险业对国民经济的重大影响，各国均致力于强化保险业法规上的引导，以发挥保险的社会功能。联合国环境规划署于2012年制定了《保险业促进可持续发展原则》(*Principles for Sustainable Insurance*，*PSI*)呼吁保险业应对社会、环境、经济的可持续发展等负责，践行保险业的社会责任。近年来，我国保险业资产规模迅速增长，最新数据显示，截至2023年年末，我国保险公司总资产已达29.96万

---

① 陈彩稚. 人身保险：人寿保险、年金与健康保险［M］. 台北：沧海书局，2015：400.

② 谢绍芬. 保险业资金投资股权选举董事及监察人表决权之行使研究："保险法"第146条之1第3项第2款之启示［J］. 核保学报，2017（4）：306.

③ 陈文辉. 新常态下的中国保险资金运用研究［M］. 北京：中国金融出版社，2016：52-53.

亿元。① 可见，保险机构已成为资本市场举足轻重的重要机构投资者，如何从法规上对保险机构资金运用行为加以引导与监管，使之弘扬保险合作互助的内在品格和社会责任，不仅有助于树立保险业自身的良好形象，更能提升整个社会大众的福祉。

---

① 于泳 . 保险业服务经济社会能力增强［N］. 经济日报，2024-02-05（1）.

第二章

保险机构激进投资股票衍生的风险分析

——以 2015 年险资激进举牌上市公司为例

　　自2004年我国保险机构获准入市直接投资股票以来，保险市场与股票市场的联系与互动日益密切。在股票市场中，保险机构坐拥庞大规模的保险基金成为重要的机构投资者，对上市公司治理及股票市场的稳定起到重要作用。在历次资本市场改革与保险业发展的政策规划中，我国金融主管机关也希望保险机构发挥长期价值投资的理念，成为股票市场的"稳定器"和"压舱石"。[①] 但20年的市场实践表明：我国保险机构并未达成金融主管机关预设的政策目标，反倒成为追涨杀跌的炒作者。[②] 特别是在2015年，我国保险机构激进投资股票，大量举牌上市公司，甚至引发了"宝万之争"，使整个资本市场为之震动。保险机构颠覆长期投资、价值投资的固有形象，成为社会舆论所指摘的"野蛮人""妖精""害人精"。本次事件是保险机构凭借庞大的资金优势，滥用经济力量，对股票市场造成负面影响的标志性事件，其中所涉及的诸多法律问题，值得进一步深入研究。本章以2015年我国保险机构激进投资股票，大量举牌上市公司事件为切入

---

①　例如，我国2014年《国务院关于加快发展现代保险服务业的若干意见》要求进一步发挥保险公司的机构投资者作用，为股票市场长期稳定发展提供有力支持。2014年《国务院关于进一步促进资本市场健康发展的若干意见》要求壮大保险等机构投资者，支持保险资金逐步扩大资本市场投资范围和规模。

②　徐高林和陈恳两位学者均指出：在市场实践中，保险机构存在追涨杀跌和炒作人气的倾向。徐高林. 保险资金长期价值投资的股市基础分析［J］. 保险研究，2008（10）：3；陈恳. 迷失的盛宴：中国保险史（1978—2014）［M］. 杭州：浙江大学出版社，2014：164.

点，着重分析保险机构激进投资股票所衍生的各种风险，为后文的进一步论述打下基础。

第一节　我国保险机构激进投资股票事件概述

长期以来，我国保险机构股票投资一直处于不温不火的状态，既未如主管机关所愿对股票市场起到明显的提振作用，也没有对股票市场造成太大的风险。2015 年年底，保险机构一系列股票投资行为震动了整个资本市场。例如，保险机构频繁举牌上市公司，宝能系旗下的前海人寿作为一致行动人参与争夺万科公司的控制权、前海人寿举牌南玻 A、恒大人寿"短炒股票"、安邦保险被原中国保监会接管等。本节拟回顾 2015 年我国保险机构激进投资股票事件，并解析背后的深层次原因，以向读者呈现我国保险机构股票投资的诸多乱象。

一、2015 年我国保险机构举牌上市公司事件

2015 年在多重因素叠加下，我国保险机构激进投资股票，并频繁举牌上市公司，"宝万之争"是其中的典型例子。下文将简述 2015 年我国保险机构举牌上市公司事件[①]，充分展现我国保险机构、上市公司和金融监管者三者间的互动博弈。

我国保险机构大量举牌上市公司起始于 2015 年的年中"股灾"。2015 年年中，我国股市出现大量抛盘和千股跌停的"雪崩"局面，上证指数从 2015 年 6 月 12 日最高的 5410.86 点在不足一个月中直线跌落到 3000 多点。

---

① 华生教授在其专著《万科模式：控制权之争与公司治理》一书中对 2015 年我国保险机构激进举牌上市公司事件的发生及发展过程有详细论述。华生 . 万科模式：控制权之争与公司治理 [M]. 北京：东方出版社，2017：101–172.

为挽救惨淡的股市，我国金融主管机关呼吁各类资金增持救市。[①] 其中，原中国保监会放宽保险资金投资蓝筹股票的监管比例限制，对符合条件的保险公司，将投资单一蓝筹股票的比例上限由占上季度末总资产的5%调整为10%，投资权益类资产达到30%比例上限的，可进一步增持蓝筹股票，增持后权益类资产余额不高于上季度末总资产的40%。[②] 利用国家救市的政策松动，宝能系旗下刚刚成立3年的前海人寿建仓万科股票。

2015年7月11日，前海人寿第一次举牌万科，持股比例达5%。前海人寿2014年年报显示：截至2014年，前海人寿持仓股票总价值约95.64亿元，此次投资万科股票约占2014年前海人寿在股市投资总额的83.07%。7月25日，前海人寿再度举牌万科，并与宝能集团旗下的非保险机构钜盛华结成一致行动人关系，宝能系持股达10%。8月26日，前海人寿和钜盛华增持万科股票，宝能系共持有万科15.04%的股份，超过华润（持有14.89%的万科股份）成为万科第一大股东。12月6日，钜盛华通过多家资管计划买入万科股票，占万科总股本的4.969%。此时，钜盛华和前海人寿合计持有万科20.008%的股权。然而，前万科董事长王石表示：不欢迎宝能系成为万科第一大股东。宝能系则表示其恪守法律，相信市场的力量。

从前海人寿举牌万科，再到安邦人寿一周内两度举牌中国建筑，阳光保险举牌伊利股份和吉林敖东等，一时间"险资举牌"成为令人瞩目的话题，并成为我国资本市场的高频词汇。[③] 据媒体统计，从2015年下半年至2016年年底，保险机构举牌次数达253次，共举牌了127家上市公司。2015年下半年保险机构举牌达到高峰，举牌次数达到130次。2016年受监管政策收紧的影响，保险机构举牌次数虽有所回落，但与2015年之前相比，依然处于较高的水平。其中举牌最为活跃的保险机构有宝能系、恒大

---

① 王兆寰. 救市首战告捷［N］. 华夏时报，2015-07-13（10）.

② 具体内容可参见2015年7月8日原中国保监会颁布的《关于提高保险资金投资蓝筹股票监管比例有关事项的通知》（保监发〔2015〕64号）。

③ 刘照普. 2016年险资举牌十大案例［J］. 中国经济周刊，2017（1）：48-51.

系、安邦系、阳光系、国华人寿系、华夏人寿系。[1]

保险机构除大量举牌外，还存在其他市场乱象。2016年下半年，恒大人寿短短一个月内买入梅雁吉祥股票，成为第一大股东，而后迅速清仓。恒大人寿短炒股票严重颠覆了保险资金稳定市场的良好形象，原中国保监会随后约谈恒大人寿主要负责人，明确表示：不支持保险资金短期大量频繁炒作股票。[2]2016年12月初，证监会原主席刘士余发表讲话，影射保险资金为"野蛮人""妖精""害人精"。随后，原中国保监会暂停前海人寿开展万能险新业务和恒大人寿委托股票投资业务，并派驻工作组开展调查。2017年2月24日，原中国保监会依据现场检查中查处的违法行为，对前海人寿及其工作人员罚款80万元，对前海人寿董事长姚振华做出撤销任职资格，并禁止进入保险业10年的行政处罚，[3]对恒大人寿做出限制股票投资1年、两名责任人分别行业禁入5年和3年的行政处罚。[4]

二、主管机关对险资举牌行为的针对性监管

针对我国保险机构激进投资股票，大量举牌上市公司的系列事件，我国保险监督管理机关积极做出回应，在全行业展开风险排查，并贯彻"保险姓保"的理念，制定和完善保险监管法规，遏止保险机构激进投资股票行为。具体而言，我国保险监督管理机关主要是从万能险资金问题、保险机构公司治理、保险机构股票投资行为三方面展开针对性的监管。

（一）针对万能险资金来源问题的监管措施

保险机构激进投资股票的资金多是源于万能险资金。为了解决部分

---

[1] 举牌上市公司逻辑全梳理：现状、方向与影响［EB/OL］. 澎湃新闻，2016-11-18.

[2] 陈婷婷，董亮. 保监会反对险资短期频繁炒股回归保险姓保［N］. 北京商报，2016-11-09（7）.

[3] 原中国保监会对前海人寿的违法行为、违法事实及处罚决定可参见《中国保险监督管理委员会行政处罚决定书》（保监罚〔2017〕13号）。

[4] 原中国保监会对恒大人寿的违法行为、违法事实及处罚决定可参见《中国保险监督管理委员会行政处罚决定书》（保监罚〔2017〕14号）。

保险机构过度开发万能险问题，原中国保监会出台一系列监管措施强化监管力度，重点加强投资型保险的"保障"属性，防范产品经营管理风险。2016年3月，原中国保监会颁布《关于规范中短存续期人身产品有关事项的通知》，将中短存续期产品的实际存续期间由不满3年扩大至不满5年，引导行业调整业务结构，鼓励保险机构发展长期业务。9月，原中国保监会又从提高保险产品风险保障额度入手，颁布《中国保监会关于进一步完善人身保险精算制度有关事项的通知》，提升人身保险产品的风险保障水平，将主要年龄段的死亡保险金额比例由120%提高到160%。12月，为防范人身保险产品经营风险，原中国保监会颁布《中国保监会关于进一步加强人身保险监管有关事项的通知》，建立人身保险公司保险业务分级分类监管制度，要求人身保险公司经营不同类型的保险业务，应当具备相应的管理能力。原中国保监会通过严控中短存续期产品的规模，强化保险产品的"保障属性"，禁止保险机构以"保险之名"行"理财之实"，不仅落实了"保险姓保"的要求，也从根源上断绝了保险机构筹措万能险资金入市的资金渠道，从资金来源上防范激进举牌行为。

（二）针对保险机构公司治理问题的监管措施

为健全保险公司治理结构，规范保险股东行为。2016年年底，原中国保监会发布《保险公司股权管理办法（征求意见稿）》并于2018年3月正式颁布。《保险公司股权管理办法》从三方面规范保险股东的持股行为。第一，进一步严格股东准入标准，并将保险公司股东分为财务类、战略类、控制类股东，分别规定严格的准入条件，并设定市场准入负面清单，提高准入门槛。特别是对控制类股东加强适当性核查，对其行业背景、履职经历、经营记录、既往投资等情况严格考察评估，确保其具备投资保险业的风险管控能力和审慎投资理念等。同时增加对投资人专业能力的要求，明确入股保险公司的数量限制和限售期，确保"保险姓保"，防止将保险公司作为融资平台。第二，根据股东的持股比例和对保险公司经营管理的影响，将保险公司股东划分为财务Ⅰ类、财务Ⅱ类、战略类、控制类四个类型，并将单一股东持股比例上限由51%回调至1/3，同时在风险隔离、关联交易、信息披露等方面，对保险股东提出明确要求，有效发挥保险股东的制衡作用，切实防范大股东滥用权力、进行不当利益输送等问题。第三，加强资本真实性监管。强调投资入股保险公司需使用来源合法的自有资金，并明确不得入股的资金类型，同时可以对资金来源向上追溯认定，防范保险机构通过理财方式自我注资、自我循环，以解决资本不实和虚假出资问题。

《保险公司股权管理办法》的发布一方面提高了保险业的准入门槛，让资本对于布局保险业的冲动进一步降低，有助于让真正想做保险的人进入保险业；另一方面对保险公司股权实施分类监管和穿透式监管，有助于健全保险公司治理结构，从根源上制衡保险机构股票投资行为，防止保险机构沦为实际控制人的融资平台。①

（三）针对保险机构股票投资行为的监管措施

为了管控保险机构股票投资行为，原中国保监会颁布一系列市场行为监管规则。2015年12月，原中国保监会颁布《保险公司资金运用信息披露准则第3号：举牌上市公司股票》规范保险公司股票投资的信息披露行为。2017年1月，原中国保监会颁布《关于进一步加强保险资金股票投资监管有关事项的通知》（以下简称《通知》）将2015年"股灾"时放宽的投资比例收回，将持有单一蓝筹股占上季末总资产比例上限由10%回调至5%，持有权益类资产占上季末总资产比例上限由40%回调至30%。同时，《通知》对保险资金股票投资行为进行分类监管，防范个别保险机构的激进投资行为和集中度风险，以贯彻落实"财务投资为主，战略投资为辅"的保险资金运用监管导向。具体而言，《通知》将保险机构股票投资分为一般股票投资、重大股票投资和上市公司收购三种情形，并根据持股份额变化，实施层层递进的差别监管。

---

① 许晨辉，张弛. 保监会的"黑名单"：过滤野蛮股东［N］. 北京商报，2018-03-08（7）.

第一，一般股票投资是指保险机构或保险机构与非保险一致行动人投资上市公司股票比例低于上市公司总股本20%，且未拥有上市公司控制权的行为。对占绝大部分不涉及举牌的一般股票投资行为，监管机关不增加限制性措施；开展一般股票投资涉及举牌的，应当在信息披露要求基础上进行事后报告。同时，保险机构与非保险一致行动人开展一般股票投资发生举牌时，保险监管机关可以采取暂停保险机构资金最终流向非保险一致行动人的直接或间接投资等监管措施。

第二，重大股票投资是指保险机构或保险机构与非保险一致行动人持有上市公司股票比例达到或超过上市公司总股本20%，且未拥有上市公司控制权的行为。《通知》规定保险机构与非保险一致行动人共同开展重大股票投资，超过20%的新增投资部分应当使用自有资金。对于达到重大股票投资标准的，应向监管部门事后备案，在获得重大股票投资备案意见前，不得继续增持该上市公司股票。

第三，上市公司收购是指通过取得股份的方式成为上市公司的控股股东，或者通过投资关系、协议、其他安排的途径成为上市公司的实际控制人，或者同时采取上述方式和途径拥有上市公司控制权。保险机构投资股票涉及上市公司收购的，实行事前核准，保险机构在获得上市公司收购核准文件前，不得继续增持该上市公司股票。保险机构收购上市公司，应当使用自有资金。保险机构不得与非保险一致行动人共同收购上市公司，不得以投资的股票资产抵押融资用于上市公司股票投资。

为促进保险资金对上市公司经营发挥良好协同作用，《通知》进一步提出保险机构应当做友好投资人，要切实与上市公司股东和经营层沟通。该《通知》的发布旨在加强对保险机构与非保险一致行动人重大股票投资行为的监管，防范个别公司的激进投资行为和集中度风险，维护保险资产安全和金融市场稳定健康发展。[①]

---

① 中国保监会发布《关于进一步加强保险资金股票投资监管有关事项的通知》[EB/OL]. 国家金融监督管理总局网站，2017-01-24.

三、我国保险机构激进投资股票的行为动因

我国保险机构激进投资股票并非心血来潮，而是多方因素叠加下的行为选择。梳理我国保险机构所面临的市场环境，其之所以会提升风险偏好，激进投资股票至少基于以下四方面的原因。

（一）行业层面：保险资金规模高增长与"资产荒"的矛盾

随着我国经济高速增长和居民财富的增加，社会大众对风险分散和保险保障的需求不断增加。与此同时，兼具风险保障和投资理财功能的投资型保险不断推出，受到金融消费者的普遍青睐，这都促使我国保险业保费规模快速增加。根据原中国保监会发布的《2015年保险统计数据报告》统计显示：截止到2015年年底，我国保险业总保费收入已达到2.4万亿，总资产规模达12万亿。保险业资产规模的快速增长，一方面展示出我国保险业强大的生命力，以及保险业在我国国民经济中的重要地位；但另一方面如何为保险资金寻找长期稳定、高收益的可投资资产成为保险业的现实难题。

观察世界各国保险业的资金运用状况，长期固定收益类资产，例如，银行存款、债券是保险资金的主要投资领域。但是保险资金是利率敏感型资金，资金运用的收益受银行利率调整影响较大。换言之，如果保险公司先期销售保单的预定利率高于同期银行存款利率就会产生利差损，且短时间内难以消化。20世纪末，我国央行连续8次降息，一年期存款利率从10.98%降至1.98%，导致我国保险业出现巨额的利差亏损。例如，平安保险在1996—1998年间销售的保单隐含的亏损超过200亿元。[1] 因此，我国保险业一直对利差损风险心有余悸，而热衷寻找高收益的资产。

恰巧在2015年，我国经济下行压力迹象持续显现，央行屡次降息降准，使得银行存款、债券等固定收益类资产的收益率持续下降，保险资金

---

① 陈恳. 迷失的盛宴：中国保险产业（1919—2009）[M]. 杭州：浙江大学出版社，2009：69-71.

配置的压力进一步增大。但是股票等权益类资产，尤其是长期股权投资，其平均收益率能够达到18%。在央行持续降息的预期下，保险机构投资者立即调整资产配置战略，降低银行存款、债券等固定收益类资产的配置比例，转而投向股票等权益类资产。

（二）战略层面：中小险企欲借资产驱动负债模式拓展市场

在本次保险机构激进投资股票事件中，股票投资行为激进，大量举牌上市公司的多是中小保险公司。例如，前海人寿、安邦人寿、恒大人寿，却鲜见中国人寿、中国平安等大型保险企业的身影。之所以如此是因为我国保险行业竞争加剧，各类保险企业发展模式大有不同，由此产生各自资金运用风格的差异。

各类保险机构资金运用风格的差异主要取决于资产负债管理方式的不同。资产端和负债端的匹配管理是保险资金运用的核心。通俗而言，保险机构经营的业务有两块：一是收进保费，承担保险责任；二是进行资金运用，获得收益。前者代表保险机构未来的现金流出，对公司来说是负债；后者代表未来的现金流入，对公司来说是资产。保险机构持续经营的前提是资产现金流能够满足负债现金流的需要。[1] 但是由于保险风险发生的时间点与赔付金额相当不确定，从而导致保险机构负债的时间与所要支付的金额也具有不确定性。另外，在复杂的市场环境下，保险资金运用的收益也不确定。这就要求保险机构加强资产负债管理，以合理化解不确定性带来的风险。[2] 保险机构资产负债管理的最优状态是资产负债匹配，即保险机构恰当运用各种投资渠道，使其资产和负债在数量、期限、币种以及成本收益上保持匹配。[3]

大型保险企业秉持负债驱动资产的理念，即先进行产品设计再进行资

---

① 陈文辉，丁昶. 寿险公司资产负债匹配管理［J］. 中国金融，2005（3）：50-51.

② 戴成峰. 论财产保险公司的资产负债管理与资金运用［J］. 保险研究，2007（7）：77-80.

③ 张祖荣，徐伟强. 我国保险资金运用渠道与策略分析［J］. 改革与战略，2008（11）：98-100.

产配置。在这类公司中，保障型保险产品占业务的比重大，对保险资金收益率要求不高，个人代理的渠道成本比较低，利差和费差也都比较稳定，因而可以进行比较稳健的投资。况且在我国，大型保险企业大多是国有股东，资金实力雄厚，能够承担巨大的时间成本和资金成本。但是保险业存在明显的规模效应，保费越大，则单位保费承担的费用越少。新设立的保险机构因为前期保费规模小，风险比较集中，赔付支出和保费收入不能平衡，甚至出现亏损，经过6~7年扩大规模之后，承保的风险能够分散，才能逐渐实现盈利。而中小险企的股东往往是民营资本，其更倾向于短期获利，风险偏好更加强烈，回报周期长，投资风险小的负债驱动资产模式难以满足其快速盈利的目标。

通过借鉴国外保险公司的成功经验，沃伦·巴菲特（Warren Buffett）所执掌的伯克希尔·哈撒韦公司开创的资产驱动负债模式恰恰迎合了中小险企的需求。[①]先通过投资将资产端总资产做大，再在负债端销售和吸收保单，积聚保费收入。中小险企保费规模短时间内难以迅速超越大型保险公司，只能借此先行开发高收益率的投资理财型保险，迅速积累保费并进行较为激进的投资，以资产端的高收益反哺负债端的高成本。资产驱动负债型险企的产品成本和销售成本都比较高。以前海人寿为例，其万能险结算利率基本保持在5%以上，而同期固定收益类资产利率却不到5%。[②]产品和渠道成本使得中小险企的负债端成本高，由此造成其整体投资策略和风险偏好更为积极，因而加大对股票这一高收益率资产的配置。

（三）业务层面：保险公司延长产业链和完善市场布局需要

现代保险经营已自事后填补损失，转向事前危险的预防和控制。例如，在医疗保险和人寿保险方面，由保险机构设立体检机构、医院和疗养

---

① 魏涛，郭晓露. 险资配置背后的行为逻辑［J］. 金融市场研究，2016（1）：69–78.

② 详解万能险与险资举牌的前世今生：万能险无序发展时代结束［EB/OL］. 澎湃新闻，2016–12–13.

院，及时对保单持有人进行健康检查和治疗，以维持身体健康或防止疾病恶化。由此，保险机构已真正成为社会危险的管理者。① 除保险的风险管理功能外，保险资金具有长期投资的独特优势，若能为重大基础设施或者新兴产业提供资金支持，必然能够促进我国经济提质增效。②

现阶段，我国居民养老、健康、零售和金融行业进入黄金发展时期。首先，保险业加快对这些关联产业的战略布局，能够同保险主业产生协同效应，延长保险业的价值链。③ 而保险机构新设企业的成本很高，比较便捷的途径就是收购品牌和管理都相对成熟的公司。保险机构大量举牌的上市公司大多属于地产、零售、金融等朝阳产业，正说明我国保险机构存在完善产业布局的需要。其次，被举牌的上市公司经过2015年年中"股灾"震荡后成为超低估值的标的，但是这些低估值的蓝筹股在往年都有稳定的现金流和资产回报率。媒体统计，被举牌的标的中净资产收益率高于 A 股平均净资产收益率值4.72% 的数量达到30个。④ 对保险资金而言，无论是短期的财务投资还是长期的价值投资，都可谓是"稳赚不赔"的好生意。最后，随着保险资金运用渠道的不断放开及我国资产证券化进程的推进，保险机构举牌房地产企业对今后参与房产抵押贷款和贷款支持证券（MBS）都具有重要的战略意义。⑤ 综上所述，基于延长产业链和完善市场布局的需要，保险机构大量举牌上市公司。

---

① 袁宗蔚. 保险学：危险与保险 [M]. 北京：首都经济贸易大学出版社，2000：158.
② 2014年，国务院颁布的《关于加快发展现代保险服务业的若干意见》(俗称保险业"新国十条")明确指出：要充分发挥保险资金长期投资的独特优势。在保证安全性、收益性前提下，创新保险资金运用方式，提高保险资金配置效率。鼓励保险资金利用债权投资计划、股权投资计划等方式，支持重大基础设施、棚户区改造、城镇化建设等民生工程和国家重大工程。鼓励保险公司通过投资企业股权、债权、基金、资产支持计划等多种形式，在合理管控风险的前提下，为科技型企业、小微企业、战略性新兴产业等发展提供资金支持。
③ 陈文辉. 新常态下的中国保险资金运用研究 [M]. 北京：中国金融出版社，2016：162.
④ 陈静. 解构2015举牌潮：捕猎目标呈四大特征 [N]. 证券时报，2016-01-06（4）.
⑤ 国泰君安. 举牌地产公司 中小保险公司的突围之路 [N]. 上海证券报，2015-12-23（4）.

（四）法规层面：监管新政成为保险资金大举入市的催化剂

我国保险监管政策的转变也促使保险机构更加激进地投资股票。2012年，原中国保监会正式启动建设以风险为导向的第二代偿付能力体系（以下简称偿二代）。相比于以规模为导向的偿一代，偿二代对保险机构的投资风险进行风险因子量化，从而影响保险机构资产和负债的配置策略。

首先，依据我国保险业的会计处理规则，保险机构持股上市公司达到5%并且派驻董事，其认可资产就可以由公允价值法转为权益法计算，由此可以分享上市公司的经营业绩，而不必受到股票价格涨跌的影响。[①] 其次，按照偿二代的风险计量规则，持有主板股票的基础风险因子是0.31，而对合营企业和联营企业的股权投资的基础风险因子是0.15。也就是说，如果保险机构举牌达到5%，那么这笔投资可以计入"长期股权投资"项下，不仅可以节约资金占用，也能够满足监管对偿付能力充足率的要求。[②] 偿二代将保险机构偿付能力充足率考核时间定在每季度末和每年度末，一旦偿付能力低于监管红线，保险机构承保和投资业务就会被暂停，这也解释了为何保险机构在下半年集中举牌。最后，一系列政策红利也推动了保险资金入市。2014年，保险业"新国十条"明确要求保险资金支持股市。2015年年中"股灾"，原中国保监会积极响应救市将投资单一蓝筹股票的余额占上季度末总资产的监管比例上限由5%提高到10%，投资权益类资产的余额占上季度末总资产的比例由30%提高到40%。这加速了保险资金入市的步伐，前海人寿也正是在此时顺势增持万科股票。综上所述，在我国保险监管政策的引导下及市场经济环境的刺激下，保险机构大量举牌上市公司是必然选择。

---

① 李画."险资举牌"并非一时冲动［N］.中国保险报，2016–03–02（5）.

② 方斐.险资举牌背后的无奈［J］.证券市场周刊，2016（2）：48–51.

第二节 我国保险机构激进投资股票衍生的风险

保险机构股票投资行为连接保险与股票两大市场，也事关保险资金运用的安全性和广大保单持有人利益的保护，更影响到我国股票市场的长期稳定发展。由此，我国金融主管机关必须对保险机构股票投资行为予以特殊关注。我国在2015年的保险机构激进投资股票事件和"宝万之争"虽然已逐步平息[①]，但保险机构凭借巨量的资金优势仍会对股票市场产生重大影响，衍生的风险不容小觑。本节以2015年事件为切入点，重点分析保险机构激进投资股票可能衍生的风险，以此阐述保险机构不当投资股票行为对保险与股票两大市场所产生的负面影响，也为下文更深入的讨论打下基础。

一、保险机构激进投资股票偏离风险保障的主业

保险机构激进投资股票的资金来源主要来自万能险，这引发了社会公众对保险机构偏离风险保障主业的强烈质疑。实际上，以万能险为代表的投资型保险与资本市场发展的关系十分密切，其本身并无任何问题。但由于一些保险机构扩张规模的内在动因，万能险被设计成中短存续期理财产品。万能险虽有"保险之名"但行"理财之实"，产品的风险保障功能大大降低，严重偏离了保险风险保障的本质要求。

（一）保险机构激进投资股票中的万能险争议

分散和转嫁危险事故所致的损失是保险制度设计的初衷，这也是保

---

① 2017—2019年间，宝能系旗下的钜盛华与前海人寿逐步减持万科A股份，截至2019年12月19日，钜盛华与前海人寿合计持有万科A股份已不足5%。

险制度最重要的贡献。而由于保险技术所衍生的资金融通功能，以及投资型保险所延伸的投资理财功能只能算是保险制度经营过程中的副产品或附带功能。从整个金融体系而言，这种汇集风险而后予以分散的中介功能是保险产品专有的特色，其他金融商品无法取代。[①] 由此，分散风险和保障社会安全才是保险机构经营的主业，切不可舍本逐末。但近年来，投资型保险的崛起逐渐改变了保险产品的本质，无论是保险消费者还是保险机构大多关注保险的投资收益，投资理财功能似乎成为保险机构经营的核心业务，保险机构激进投资股票事件是这一问题的集中反映。

在2015年保险机构激进投资股票事件中，万能险资金起到了举足轻重的作用。以"宝万之争"为例，宝能系利用旗下的保险子公司前海人寿作为一致行动人，前海人寿通过万能险产品持有万科股份约5%，并在双方的控制权争夺中起到关键性的作用。以万能险为代表的投资型保险也因此引发社会各界的广泛疑虑。例如，万能险资金能否用于敌意收购上市公司，万能险投资股票是否有悖于保险风险保障的本质，万能险产品投资上市公司股票是否有权行使表决权等。[②] 包括前海人寿在内，保险机构激进投资股票的资金多源于万能险资金。前海人寿所销售的万能险产品结算利率基本维持在5%~7% 之间，加上产品成本和渠道成本为4%~5%，实际资金成本在10%~12% 之间，远高于银行和传统保险公司所销售产品的利率。[③] 传统保险公司经过多年的经营，保费规模已相当庞大，所以保险产品一般以保障型为主，资金运用也比较稳健。而刚刚成立的中小险企，为实现保费的快速积累，只能过度开发预定收益率较高的投资理财型保险，以达到业务规模的快速扩张，实现"弯道超车"的目的。

实际上，在保险机构股票投资中，以万能险为代表的投资型保险本身

① 陈彩稚．人身保险：人寿保险、年金与健康保险［M］．台北：沧海书局，2015：33.

② 吴婧．万能险投票权争议未了局［N］．国际金融报，2016-08-01（9）.

③ 苏向杲．"举牌专业户"11月份万能险利率出炉：平均收益率5.2%［N］．证券日报，2016-12-08（B1）.

并无任何问题，并且已成为我国保险市场的主流产品，单纯提供保险风险保障功能的传统保障型保险反而大为逊色，市场占有率和业务增速相对较低。据统计，自我国保险监管机关细化保费统计口径以来，寿险公司未计入保险合同核算的保户投资款和独立账户新增交费的同比增长率一直高于原保险保费收入的同比增长率。^① 换言之，整个保险业承担风险保障功能的纯保费收入增长远逊于保户投资缴费（包括保户投资款和独立账户新增缴费）的增长。由此可见，投资型保险已在我国保险市场上占据了相当重要的地位。反观国外保险市场，投资型保险商品也已相当成熟，并占据相当高的市场比例。比如，澳大利亚市场目前销售的寿险保单几乎全部是投资连接产品。美国、英国和新加坡等国家的投资型保险产品在市场所占的比重一般都在40%以上。分红险也成为国际保险市场的主流产品，在北美地区，80%以上的产品有分红功能；在香港，这一比例高达90%；在德国，分红保险占该国人寿保险市场的85%。^② 由此可见，在国外保险市场，投资型保险产品相当繁荣。我国投资型保险的市场占有率高，投资型保险保费收入更是节节攀升，并成为保险机构资金运用的重要来源。

（二）投资型保险异化为中短存续期理财产品的内在动因

值得注意的是，投资型保险所延伸出的投资理财功能使其与资本市场的联系非常密切。我国金融主管机关为化解保险业所面临的利差损风险，确保保险业偿付能力充足，于20世纪末引进投资型保险。但2002年资本市场低迷时，投资型保险销量迅速下降，市场份额不到1%；2005年之后，资本市场再次升温，投资型保险再次成为市场新宠。^③ 在2008年金融危机之前，由于国内资本市场持续向好，投资型保险保持了较快的增长，但在此之后，股票市场暴跌使投资型保险的收益率持续下降，其市场份额也出

---

① 两项数据的对比源于原中国保监会在2014—2016年三年间公布的《保险统计数据报告》。

② 吴学军. 正确认识保险功能 驳所谓的保险业泡沫［EB/OL］. 新浪财经，2004-11-03.

③ 方力. 人身保险产品研究：机理、发展与监管［M］. 北京：中国财政经济出版社，2010：275-277.

现很大程度的下滑。2009年12月22日，财政部颁布了《保险合同相关会计处理规定》，投连险及万能险中用于投资的保费不再计入保费收入，使得不少保险公司纷纷调整产品策略，扩大分红险、传统险的比重，收缩万能险业务占比。[①]

但随着2012年我国保险监管机关大幅度放开保险资金的投资渠道，并且核准了一批中小保险公司的筹建，投资型保险再度受到青睐。由于中小险企自身实力较弱，短时间内无法同大型保险公司竞争，便借助投资型保险迅速积累保费，试图"弯道超车"，也因此将投资型保险设计成中短存续期的理财产品，其风险分散功能大大降低，完全偏离了保险风险保障的本源。原中国保监会统计数据显示：保户投资款占原保险保费收入的比重从2014年的30.8%跃至2016年的54.6%，有些中小寿险公司投资款甚至是原保费的两倍以上。

这一时期，中小险企所开发的投资型保险具有以下特征：其一，保险期间较短，保单持有人退保的限制条件较少。传统寿险存续期间一般较长，大多在15~20年，有的甚至终身。而中短存续期的投资型保险存续期限大多为3~5年，有的甚至不足1年，保险存续期间的缩短是为迎合社会大众对短期投资理财的需要，从而将保险产品设计成高流动性的理财产品。即使理论上年金、死亡等万能险产品期限会较长，但由于一定期后退保费用为零的条款存在，使得该类产品类同于短期理财产品。其二，预期结算收益率较高。相比整个寿险市场上传统万能险的结算收益率在3%~6%，而这类投资型保险的预期结算收益率大多在6%以上，与同期银行存款和其他产品相比可获得比较优势，能够迅速提升市场份额。[②]虽然该类产品表明的是"预期收益率"，但为最大限度地吸引客户，维持市场发行

---

① 张绍白. 万能险中国十五年［J］. 中国保险，2014（11）：44-46.

② 吴杰. 中短存续期万能险资金运用特点、风险防范与配置建议［J］. 中国保险，2016（10）：44-51.

规模，即便投资收益低于预期，保险机构也会按照该收益率进行赔付。[①]
其三，存续期间保单内含现金价值较高。依据我国保险监管机关对该类中
短期投资型保险的定义，该类保单在前4个保单中任一保单年度末保单现
金价值（账户价值）与累计生存保险金之和超过累计所缴保费。[②]由此可见，
该类中短存续期投资型保险的现金价值较高，但主要以非保障性的投资款
为主，而承担风险分散的保障性资金占比较低。中短存续期保险产品虽具
有保险之名，但无保险之实，使提供长期风险保障的保险产品完全异化为
中短存续期的理财产品，严重背离了保险制度的初始功能。

综上所述，保险经营的核心是风险分散，在保险机构股票投资中，以
万能险为代表的投资型保险本身并无问题，但一些中小险企为扩大保费规
模，完全将投资型保险设计成中短存续期理财产品，使其风险分散功能大
大降低，完全偏离了保险风险保障的本源。保险资金运用是负债端和投资
端联动，并兼顾其安全性、流动性和收益性的动态过程。中短存续期投资
型保险在展业之初便表现出高流动性、高投资收益率和存续期限较短的特
点，进而使其投资风险偏好大大提升。[③]也由此导致保险机构在股票市场
上大量举牌蓝筹股，希望获取较投资银行存款、债券等固定资产更高的收
益率。但是，一些保险机构盲目扩张所伴随的风险不容忽视，如若资金配
置不当或市场利率下行则会严重威胁保险资金的安全，严重危及保险机构
的偿付能力，损害广大保单持有人的利益。

二、保险机构成为大股东控制权争夺的融资平台

金融综合化经营的潮流下，各大金融集团如雨后春笋纷纷崛起，保险
业因具有风险分散的独特优势，成为各大金融集团布局的重点。我国2015

---

① 曾德彬. 浅析万能险的风险特征及其监管［J］. 金融经济，2018（2）：141–142.

② 中短存续期投资型保险的定义在原中国保监会颁布的《关于规范中短存续期人身保险产品有
关事项的通知》（保监发〔2016〕22号）中有明确的表述。

③ 吴杰. 中短存续期万能险资金运用特点、风险防范与配置建议［J］. 中国保险，2016（10）：
44–51.

年保险机构激进投资股票事件中，保险机构并非单独行动，而是与其他非保险机构结成一致行动人共同举牌上市公司。在金融集团的组织架构下，保险机构成为大股东控制权争夺的融资平台，并导致旗下保险子公司的治理结构失灵。

（一）金融集团利用旗下保险机构搭建融资平台

自20世纪80年代末，英国进行"金融大爆炸"改革以来[①]，国际金融市场经历了深刻的变革，各金融业之间的藩篱逐渐被打破，金融机构间开始出现自由融合和竞争的局面，由此金融混业成为新一轮热潮。金融混业不仅表现为金融工具的创新和金融衍生品的多样化，更明显的是金融机构业务多元化并朝向金融集团的方向发展。[②] 保险作为四大金融支柱之一，具有不可替代的优势，也引发了各大金融集团的觊觎。我国金融集团纷纷布局保险业，竞相取得保险牌照的原因有三：其一，保险具有分散风险的独特优势，这是其他金融商品所不具备的，且近年来我国保险业发展迅猛，社会大众对保险的需求日益提升，金融集团布局保险业是迎合产业发展方向，寻找下一个经济爆发点的明智之举。其二，更为重要的是，保险由于销售和理赔之间存在时间差，且保险契约存续时间长，因而保险机构能够沉淀大量资金，特别是寿险公司，其保费规模巨大，现金流较为稳定，可以作为集团低成本的长期融资平台。其三，近年来，我国保险监管机关不断取消保险资金投资渠道的限制，赋予保险机构更大的资金自主权，较银行、信托、基金等金融机构而言，保险机构的资金运用的自由度更大。[③] 由此，一些大型金融集团纷纷涉足保险行业，在旗下成立保险子公司，试图把保险公司作为汇聚资金的重要渠道。而新设立的保险子公司

---

① "金融大爆炸"是指1986年撒切尔政府以金融自由化为特征而推进的一系列激进改革措施。国务院发展研究中心课题组．"十三五"时期我国商业银行转型发展研究［M］．北京：中国发展出版社，2017：123–124.

② 李霖．金融集团化与金融法律变革［D］．上海：上海财经大学，2007：2.

③ 杨杨，孙跃跃．保险牌照，进入多元扩容时代［J］．金融博览（财富），2017（4）：57–59.

一方面过度开发高收益率的投资型保险，急剧扩充保费规模；另一方面在股票市场上激进投资，甚至进行控制权争夺以博取超高收益。

　　实质上，我国一些金融集团和中小险企的做法是借鉴巴菲特所执掌的伯克希尔·哈撒韦公司的经营策略。在该金融综合化集团中，保险子公司是重要组成部分，大多数股权和并购业务的资金都源于保险准备金。通过借鉴上述经验，持续不断地获取低成本资金，我国一些金融集团纷纷借鉴此模式以保险机构作为融资平台，为集团扩张筹措资金。然而，伯克希尔·哈撒韦公司的模式与国内金融集团和中小险企的模式存在本质差异。其一，伯克希尔·哈撒韦公司旗下的保险子公司遵循严格的保险经营规则，其保费规模的扩张并不以高预定收益率为支撑，所以其投资风格比较稳健。但反观国内中小险企的保费扩张，无论是渠道成本还是保单预定收益率都远远高于市场同类产品，导致其投资策略比较激进。其二，伯克希尔·哈撒韦公司善于在资本市场恐慌和风险偏好极低的情况下大胆买入长期看好的公司股权，且买入股权更多的是一种财务投资而非实现控股和收购。但我国部分保险机构举牌上市公司股票存在为单一控股股东利益所驱动、高昂成本买入的现象，这显然与巴菲特模式不同。①

　　我国金融主管机关允许保险机构直接投资股票本是希望使保险资金投资渠道多样化，最大限度地降低保险资金运用风险。但在我国金融集团的组织架构之下，一些保险机构过度开发投资型保险，不仅设定极高的预定收益率迅速扩张保费规模，而且利用保险资金炒作股票，帮助非保险机构进行上市公司控制权的争夺。在我国金融集团的组织架构下，保险子公司的主要功能并非为分散风险，保障社会安全，而是成为金融集团激进扩张的"吸金利器"。高成本销售保单、肆意炒作股票、开展敌意收购，这些行为严重颠覆了保险业长期树立的稳健形象。保险业以风险保障为本源，以广大保单持有人缴纳的微量保费汇聚形成庞大的保险基金。这一基金

---

① 吴杰. 中短存续期万能险资金运用特点、风险防范与配置建议［J］. 中国保险，2016（10）：44-51.

并非保险公司股东的自有资金，而是广大保单持有人委托保险公司代为保管。一方面为随时准备支应风险发生时的保险赔付，另一方面是确保保险基金保值增值，以抵抗通货膨胀，发挥最大之购买力。在金融集团的组织架构下，保险子公司沦为附庸和"提线木偶"，有鉴于此，原中国保监会也频繁表态："决不能让保险公司成为大股东的融资平台和提款机。"①

（二）金融集团架构下保险子公司治理结构失灵

保险公司股东和保单持有人是保险公司治理尤其应当关注的两类主体。保险公司股东在经营中承担的风险有限，广大保单持有人所缴纳的保费构成保险公司资产的主要部分，对保险公司运营的贡献远远大于股东。因此，保险公司治理的最高目标是最大限度地保护保单持有人的利益。②但是在金融集团的组织架构下，保险子公司服从于整个金融集团的指挥和调度，一旦出现利益冲突，极有可能做出与自身利益不相符的行为。在2015年保险机构激进投资股票事件中，频频可见背后金融集团的身影。比如，前海人寿作为一致行动人举牌万科便是受其母公司宝能集团的指挥与操纵。由此，在金融集团的组织架构下，保险子公司极有可能因利益冲突产生公司治理结构失灵的问题。

保险机构激进投资股票能够集中反映保险子公司所面临的治理结构失灵问题。首先，金融集团下保险公司治理可能受大股东或实际控制人操纵。和一般公司所不同的是，为防止保险公司一股独大，我国保险监管法规对保险公司单一股东持股比例有明确的限制。在原中国保监会颁布的《保险公司管理规定》中限制保险公司单一股东持股比例不得超过20%，2013年，保险监管机关为吸引优质资本进入保险业，在《保险公司股权管理办法》中将该比例上调至51%，后来为了防止"一股独大"，在2018年新修订的《保险公司股权管理办法》中又将单一股东持股比例上限由51%

---

①　陈婷婷. 关联交易频现险企成股东提款机遭监管斥责［N］. 北京商报，2016-08-19（7）.

②　郝臣. 中国保险公司治理研究［M］. 北京：清华大学出版社，2015：160.

回调至1/3。我国保险监管法规之所以设置单一股东持股比例上限是为防止保险公司股权过于集中，对保险公司经营产生不良影响。但一些保险公司的股东为了规避单一股东的持股比例限制，以股权代持的方式达到股权集中的实质目的。例如，在天策公司和伟杰公司股权代持纠纷一案中，天策公司和伟杰公司签订《信托持股协议》约定：天策公司通过信托的方式委托受托人伟杰公司代持君康人寿的股权，对此最高人民法院判决：双方签订的《信托持股协议》违反了《保险公司股权管理办法》第八条关于"任何单位或者个人不得委托他人或者接受他人委托持有保险公司的股权"的禁止性规定，损害了社会公共利益，依法应认定为无效。[①] 在"宝万之争"中，媒体调查也显示：前海人寿的4位股东都曾在宝能集团下属的子公司工作，但之后宝能集团却逐个将4家公司的股权转让给4位自然人控制下的企业，而这4位实际控制人也都曾与宝能集团有着千丝万缕的联系。[②] 由此可见，在金融集团组织之下，保险子公司股权极易通过代持的方式进行集中，从而衍生一股独大和实际控制人操控的现象。

其次，金融集团利用关联交易进行利益输送，损害保险子公司的利益。以前海人寿为例，自其于2012年成立以来，在保费规模突飞猛进的同时，更是大规模投资房地产领域。据前海人寿公开披露的信息显示，其仅在2014年一年间就进行了10宗重大关联交易，全部投向房地产领域，且很多都是与宝能集团旗下企业的关联交易。前海人寿之所以热衷房地产很可能与其背后的房地产股东有关。[③]

在我国金融集团的组织架构下，保险子公司存在治理结构失灵的风险。不仅会导致保险公司沦为金融集团汇集资金的融资平台，更造成其股票投资行为激进，甚至介入上市公司控制权争夺。这不仅背离了保险风险

---

① 邓纲，吴英霞. 穿透式监管如何嵌入合同治理：以"天策公司和伟杰公司股权代持纠纷一案"为例[J]. 安徽大学学报（哲学社会科学版），2019，43（3）：108-110.

② 深扒前海人寿股权结构：缘何老被质疑是一个人的公司[EB/OL]. 第一财经，2016-11-23.

③ 前海人寿关联交易40亿全投楼市 涉及宝能集团[EB/OL]. 每日经济新闻，2014-06-25.

保障的本源，更严重危及保险资金的安全。无独有偶，我国台湾地区曾相继发生金融集团成立保险子公司，大股东恶意掏空保险资金的事件。比如，在2005年，我国台湾地区国华人寿保险股份有限公司（以下简称国华人寿）遭董事长掏空被政府接管，保险安定基金为此赔付883.68亿元。2014年，我国台湾地区国宝人寿保险股份有限公司（以下简称国宝人寿）董事长利用公司丰沛的保险资金，与公司高管合谋，利用投资海外债券及股票的机会，以非法及违背交易常规的方式，套取不法资金10亿元，造成公司严重亏损。① 由此可见，保险资金运用的风险大小首先取决于保险机构内部的风险控制体系是否完善，而保险机构内部的风险控制体系的完善依赖于科学的公司治理结构。我国保险机构激进投资股票仅仅是市场乱象的外在表现，我国金融监管机关尤其要关注金融集团下保险子公司所面临的公司治理结构失灵问题。

三、保险机构挟庞大资金优势扰乱正常市场秩序

在股票市场上，上市公司股权变动不仅影响新老股东之间的利益分配，更会涉及新股东和公司管理层之间的权利博弈。比如，平安保险入主上海家化联合股份有限公司后同原公司管理层的冲突、新黄浦产业资本和控股股东的争议、雷士照明创始人与投资人之争。保险机构激进投资股票，大量举牌上市公司的深层动机往往是为收购上市公司，此势必会导致股权争夺战。例如，在"宝万之争"中，针对宝能系的连续举牌，万科董事长王石明确回应，指责宝能系是"野蛮人""信用不够""不欢迎宝能成为万科的第一大股东"等。② 随后双方的冲突进一步升级，在2016年年初，宝能系提起召开第二次临时股东大会，提出罢免包括王石在内的10位董事

---

① 黄俐. 股东表决权限制之研究：兼论"保险法"第146条之1妥适性［D］. 台中：东海大学，2015：179.

② 王石：不欢迎"宝能系"成为万科第一大股东［N］. 今日早报，2015-12-19（16）.

及2位监事的议案。① 事实上，万科作为国内地产龙头，一直是业内公认的好企业，即便在2008年金融危机时，万科的净资产收益率回报也高于同行业其他公司。② 而董事长王石带领的经理人团队对万科的发展战略、公司的经营管理起到了关键性的作用。宝能系与万科管理层交恶，势必会影响到一个优秀的上市公司的经营业绩。

除此之外，前海人寿对南玻A的收购更能展现保险资金不当举牌对上市公司经营的负面影响。在2015年，宝能系通过前海人寿所开发的万能险和其他非保险机构作为一致行动人连续举牌，强势入主南玻A，管理层与举牌方的矛盾开始显现。南玻管理层曾对宝能系的举牌有所警惕，并在2015年3月和4月将股票停牌并筹划非公开发行股票，并试图修改公司章程、股东大会和董事会的议事规则，但因前海人寿反对而作罢。2016年11月，南玻A公告称公司董事会集体辞职，南玻集团现有高级管理人员和宝能系的矛盾公开化。③ 南玻集团作为一家化工企业，其生产销售和经营管理具有极强的专业性，董事会成员的集体辞职势必会影响到南玻集团的正常经营管理。而作为金融资本的宝能系在短时间内无法迅速接手公司。而保险机构参与举牌上市公司对股票市场更为直接的影响是，许多上市公司开始有针对性地完善自身治理结构，在公司章程中制定反收购条款，预防保险机构的举牌。④

我国保险监管机关对保险机构激进投资股票，举牌上市公司的监管手段主要是通过比例限制和偿付能力指标来实现。只要达到保险监管法规所设定指标的要求，保险机构便可以自由配置股票的种类、金额和比例。但在"宝万之争"中，原中国保监会进行风险排查后表示："前海人寿举牌万

① 王石遭遇沉重一击 宝能系提议罢免董事［EB/OL］．千龙网，2016-06-27．

② 方斐．险资举牌背后的无奈［J］．证券市场周刊，2016（2）：48-51．

③ 任明杰，王兴亮．南玻A高管集体辞职"罗生门"［N］．中国证券报，2016-11-17（A6）．

④ 张敏．34家上市公司遭举牌 防"野蛮人"反收购条款盛行［N］．证券日报，2017-06-16（A01）．

科股票没有违反相关监管规定，压力测试的结果表明风险可控。"① 但是从整个资本市场的反应来看，保险机构举牌上市公司却广受批评，甚至被指摘为"妖精""害人精"。由此可见，保险机构激进投资股票，举牌上市公司陷入了"合法却不合理"的尴尬境地。

实质上，保险机构激进投资股票，大量举牌上市公司，不仅涉及单一上市公司控制权争夺的表象，更牵涉到我国金融资本和实体产业如何互动融合的深层次问题。金融业通过资金融通为实体企业提供资金支持，二者的关系应当是以实体产业为本，金融业为用，在发展中良性互动和相互支持。近年来，无论是金融集团还是阿里、腾讯等互联网巨头，纷纷布局保险业，一方面能够促进产业和金融的融合，提升服务效能；另一方面由于二者主营业务的异质性较大，可能存在公司治理缺失，不当干预金融机构经营和利益输送等问题，容易导致金融业和实体产业风险的交叉传染，不利于实体经济稳健发展。因而，保险机构凭借巨量资金优势控制上市公司，甚至被当作控制权争夺的融资平台仅仅是金融业和实体产业融合的小小缩影。我国金融主管机关应深入研究这一表象背后的法律问题，并构建金融业和实体产业风险传递的"防火墙"。

再者，保险资金的独特属性决定了保险机构是天然的长期价值投资者。我国保险机构股票投资应以财务投资为主，寻求股票投资的增值收益。保险机构参与上市公司治理的重点在于强化对大股东和管理层的监督，提升上市公司经营的业绩，而绝非集中大量资金进行股票投资，进而控制上市公司的经营管理，从事经营保险以外的业务。与其他金融机构不同，保险机构具有稳定社会经济秩序、促进社会发展的公共属性。若合理投资于生产事业，则有助于加速扩展工商业；若合理投资于公共工程，则有利于国家经济建设。② 而若保险机构受实际控制人操纵和利用，激进投

---

① 赵萍，李致鸿，杨崇．独家专访保监会副主席陈文辉：用"底线思维"监管保险资金［N］. 21世纪经济报道，2016-03-21（4）.

② 袁宗蔚．保险学：危险与保险［M］．北京：首都经济贸易大学出版社，2000：360.

资股票，将引发股票市场和实体产业的强烈恐慌，既颠覆自身长期价值投资的良好形象，也会对其他机构投资者起到负面的激励效果。

综上所述，保险机构是股票市场重要的机构投资者，如果通过正确的途径参与上市公司治理，不仅能够提升上市公司绩效，也能使保单价值得以进一步提升。然而，若保险机构凭借庞大的资金优势，集中大量资金投资股票，进而控制上市公司管理，则有滥用保险业经济权力与扰乱正常市场秩序的嫌疑，也无法对金融机构投资者正确参与上市公司治理起到正面的激励效果。

第三章

我国保险机构股票投资中利益冲突的法律控制

利益冲突是法律产生的基础。在生活实践中，利益并不是毫无关联地并列前行，而是相互处于冲突的状态，由此需要法律规范对各种利益形态进行比较和衡量，以形成共同的有价值的秩序。[①] 金融市场中存在的利益冲突更为普遍。目前我国越来越多的消费者通过购买基金和保险等形式把财产委托给金融机构管理，并且在上市公司的语境下，金融机构作为机构投资者广泛参与到上市公司治理当中。因此，金融消费者与上市公司的链条上出现双重委托代理关系。[②] 随着代理链条的延长和双方的信息不对称以及实力不对等，极易引发金融机构的利益冲突行为。[③]2015年，我国保险机构激进投资股票及"宝万之争"事件也是由利益冲突所驱动的，不仅表现为保单持有人与股东投资风险偏好的冲突，更掺杂着金融集团整体意志与旗下保险子公司独立决策的冲突。由此导致保单持有人无法对保险机构的股票投资行为实施监控。针对保险机构股票投资中的利益冲突现象，我国保险监管机关监管措施和手段仍存在偏差和疏漏，值得进一步深入研究。

本章即围绕我国保险机构股票投资中的利益冲突展开。首先，挖掘我

---

① 吴从周．概念法学、利益法学与价值法学：探索一部民法方法论的演变史［M］．北京：中国法制出版社，2011：247-249.

② 万俊毅．机构投资股东：理论、实践与政策［M］．北京：中国经济出版社，2006：53.

③ 蔡庆丰．金融市场的利益冲突：代理投资的利益冲突及其市场反应［M］．北京：光明日报出版社，2012：238.

国保险机构股票投资中利益冲突的双重表现。其次，以资本结构理论和金融集团为背景分析保险机构股票投资利益冲突产生的具体路径。最后，就保险股东和保单持有人利益冲突的平衡路径，以及金融集团中保险机构的自主性两个问题出发探讨保险机构股票投资中利益冲突的法律防控机制。

第一节　我国保险机构股票投资中利益冲突的具体表现

我国保险机构股票投资中的利益冲突有内外两个层面。内部冲突是由保险机构股东与保单持有人股票投资偏好的异质性所致，表现为保险机构股东竭力规避保险监管规则，试图集中持有保险机构股权，实施高风险的股票投资行为。而在现行法下，保单持有人基于信息不对称、自身实力弱小，以及集体行动力差等原因，无法对保险机构后端的投资行为实施有效监控，其权益有受损之虞。外部冲突是指在金融集团组织架构之下，保险业与其他金融行业进行组织上的结合，导致保险机构股票投资行为受金融集团的操纵和控制，而非基于自身利益进行独立决策，进而沦为金融集团的"融资平台"和"提款机"。

一、内部冲突：股东与保单持有人股票投资偏好的异质性

委托代理问题是现代公司治理的核心问题，其根源是由于公司所有和控制分离，导致公司所有者和实际管理者因行为偏好不同可能产生利益冲突。例如，作为所有者的股东希望公司管理者认真经营，提升公司经营绩效，使股东权益最大化；而管理层在经营公司时则倾向于利用各种机会逃避股东监控，攫取不当利益。上市公司股权相当分散，使得利益冲突更为明显，由此形成"强管理者、弱所有者"的局面。[1] 因而，在普通公司治

---

[1] 周群华. 内部资本市场协同治理研究［M］. 北京：光明日报出版社，2013：73-74.

理中，委托代理问题的重点是规制公司管理者的逐利行为以实现股东利益的最大化。

　　金融机构是资金融通的中介，此运作模式导致其委托代理问题与普通公司大有不同。除股东与经营者的代理问题外，金融机构还存在股东与储户之间的代理问题，这种代理关系牵涉层面更广，产生的风险更大，是金融机构治理需要重点关注的问题。^① 以保险机构为例，保险机构股东和广大保单持有人是保险机构治理的重要参与者，但股东在经营中只承担有限责任，广大保单持有人所缴纳的保费构成保险公司资产的主要部分，对保险公司运营的贡献远远大于股东。因此，保险机构治理的重点是防止保险机构股东对保单持有人利益的侵蚀^②，保险公司治理的最高目标是最大限度地保护保单持有人利益。以我国保险机构激进投资股票事件为分析对象，其中衍生的各种问题是由于保单持有人与股东风险偏好的差异，导致保险机构公司治理失范。具体表现详述如下。

　　（一）一些保险机构股东突破监管规定，滥用股东权利

　　第一，保险机构股东试图突破监管规定，集中持有股权，对保险机构进行实际控制。我国保险监管机关为防止保险机构股权过于集中，大股东一股独大，对保险公司治理造成不良影响，在《保险公司股权管理办法》中规定：保险公司单一股东持股比例不得超过保险公司注册资本的1/3。^③

---

①　亚历山大，都莫，伊特威尔. 金融体系的全球治理：系统性风险的国际监管［M］. 赵彦志，译. 大连：东北财经大学出版社，2010：258.

②　郝臣. 中国保险公司治理研究［M］. 北京：清华大学出版社，2015：160.

③　我国保险公司单一股东持股比例的上限经过了几次调整。2010年《保险公司股权管理办法》第四条规定：保险公司单个股东（包括关联方）出资或者持股比例不得超过保险公司注册资本的20%。中国保监会根据坚持战略投资、优化的治理结构、避免同业竞争、维护稳健发展的原则，对于满足本办法第十五条规定的主要股东，经批准，其持股比例不受前款规定的限制。2013年，原中国保监会发布《中国保监会关于〈保险公司股权管理办法〉第四条有关问题的通知》，对主要股东持股比例限制上调至51%，并附加限制条件。2018年，原中国保监会修订颁布的《保险公司股权管理办法》第二十九条第一项规定：单一股东持股比例不得超过保险公司注册资本的1/3。

但在市场实践中，一些保险机构股东为规避保险公司单一股东持股的比例限制，以股权代持、关联持股、信托持股等方式集中持有股权。以"宝万之争"中的前海人寿为例，虽然前海人寿声称各股东均相互独立，不存在关联和从属关系，但有媒体调查显示，前海人寿4位股东都曾在宝能集团下属的子公司工作，但之后宝能集团却逐个将4家公司的股权转让给4位自然人控制下的企业，而这4位实际控制人也都曾与宝能集团有着千丝万缕的联系。① 并且前海人寿每次增资前，其股东也都进行了巨额增资，这种关系的紧密性和行动的一致性，使得外界大多猜测前海人寿是实际控制人100%控盘的保险公司。② 除关联持股外，还有通过信托持股的方式规避监管规定的。例如，引发广泛讨论的君康人寿信托纠纷案中，天策公司将其持有的君康人寿股份信托给伟杰公司持有，双方发生纠纷后上诉至最高人民法院。最高人民法院认为：双方的信托协议因违反《保险公司股权管理办法》中关于"任何单位或者个人不得委托他人或者接受他人委托持有保险公司的股权"的禁止性规定，损害了社会公共利益，依法应认定为无效。若允许隐名持有保险公司股权，将使得真正的股东游离于金融监管之外，势必加大保险公司的经营风险，不利于金融稳定。③

第二，实践中一些保险机构股东虚增资本，使保险偿付能力监管指标虚置。偿付能力是保险机构在未来向保单持有人给付保险金的能力。偿付能力不足，意味着保险机构负债超过资产价值，从而无法履行保险契约载明的义务，使保单持有人权益受损。资本是保险机构股东对包括保单持有人在内的债权人承担有限责任的范围，保险机构的资本监管是偿付能力监管的核心和根本。④ 我国《保险公司股权管理办法》第三十二条规定："投

---

① 深扒前海人寿股权结构：缘何老被质疑是一个人的公司［EB/OL］. 第一财经, 2016-11-23.
② 陶娟. 前海人寿：首家实际控制人100%控盘的保险公司？［J］. 新财富, 2016（7）：58-66.
③ 杨巧伶. 最高法对险企股权代持说"不"［J］. 财新周刊, 2018（17）：64-67.
④ 陈文辉. 中国偿付能力监管改革的理论和实践［M］. 北京：中国经济出版社, 2015：16.

资人取得保险公司股权，应当使用来源合法的自有资金。中国保监会另有规定的除外。本办法所称自有资金以净资产为限。投资人不得通过设立持股机构、转让股权预期收益权等方式变相规避自有资金监管规定。"保险监管机关明确强调向保险机构"注资"应使用自有资金，意在确保保险机构偿付能力真实可靠，切实保障保险机构的风险防范能力。然而，实践中保险机构借助理财产品或资产管理计划自我注资、循环出资、相互出资的情况并不鲜见。[①] 所谓自我注资，是指保险资金通过投资银行理财产品或其他金融商品，经过多次绕道投资后，再通过关联企业向保险机构注资。而相互出资和循环出资是指同一控制人之下的两家公司及母子公司之间相互投资，并持有股权。通过上述手法，保险机构资本在短时间内迅速膨胀，偿付能力指标大大提升，也就能够进一步扩大保险机构的业务范围及经营区域。媒体调查显示，安邦人寿正是通过相互投资、自我注资的手法进行巨额增资，从而突破偿付能力限制，在海外大举并购。[②] 从表面上看，保险资金层层转化成了关联股东的自有资金，再向保险机构出资也符合法律规定。但从实质层面观察，这些出资根本上是保险资金变身而来，是资金的重复使用，绝非真实的出资，也由此导致对保险机构资本约束失效，偿付能力指标失真，无法准确反映保险机构的经营风险。我国保险监管机关也意识到入股资金的真实性问题，对于自有资金的概念，一个商业主体的现金流是在不断地进出的，一笔资金在企业活动中间流转，在什么时点上可以真正确定成自有资金，尤其是现在各种通道大量存在，给实践增加了许多变通的空间，如何确认自有资金对监管机关而言是一大挑战。[③]

第三，一些保险机构的民营股东风险偏好更大，倾向于激进投资，甚

①　陈文辉."偿二代"实施为平衡保险创新和监管起到了重要作用：中国保监会副主席陈文辉在财新峰会上的讲话及答问［J］. 上海保险，2016（12）：8-9.

②　郭婷冰. 穿透安邦魔术［J］. 财新周刊，2017（17）：30-40.

③　保监会介绍修订后的《保险公司股权管理办法》相关情况［EB/OL］. 中国保险报网，2018-03-07.

至将保险机构异化为"融资平台"和"提款机"。市场主体平等竞争的原则下，无论在立法上还是在执法上，绝不应以股东身份的差异对不同保险机构实施不公平的对待。但是，在我国保险行业实践中，民营股东和国有股东在投资风险偏好上存在重大差异，其所衍生的金融风险必须予以特殊关注。在保险机构激进投资股票事件中，大量举牌的保险机构大多为刚刚成立的中小险企，多为民营股东实际控制。以恒大、宝能、安邦为例，其背后的民营股东更倾向于高风险的股票投资，以加速资金循环，提升资金运用收益。通过股权代持及虚增资本，保险机构能够迅速实现业务扩张与保费的积累。但是保险业是一个长期经营的行业，特别是寿险业，人寿保险契约存续期间动辄在20年以上，甚至终身。因而需要保险机构股东长期稳定持股，而不是利用保险平台进行融资，从事保险业以外的其他行业。

（二）现行法下保单持有人对保险机构缺乏监督的渠道

随着我国大资管时代的到来，原本分业经营的格局被打破，银行、券商、保险、基金、信托、私募等机构纷纷开展资产管理业务。[1] 我国保险机构不仅为保单持有人提供单纯的保障服务，更拓宽到投资理财等综合性金融保险服务，是资本市场上重要的资产管理者。[2] 然而，与基金、信托等资产管理行业相比，我国保单持有人对保险机构缺乏有效监督的渠道，诱发保险机构坐拥庞大规模的保险资金在股票市场上激进投资，导致保单持有人权益有受损之虞。

其一，我国保单持有人对保险机构的资金运用行为缺乏有效监督的渠道。在我国证券投资基金行业中，基金份额持有人可以参加基金份额持有人大会，并就公告事项进行表决，以维护自身权益。《中华人民共和国证券投资基金法》更是以专章形式规定了公开募集基金的基金份额持有人权

---

① 中国人民大学信托与基金研究所. 中国信托业发展报告［M］. 北京：中国经济出版社，2015：173.

② 李江宁，殷晓松. 保险业在国家治理体系中的定位及发展研究［M］. 天津：南开大学出版社，2016：66.

利的行使。在信托公司所开展的集合资金信托业务中，信托受益人可以参加受益人大会，就信托文件未有事先约定的相关事项进行表决，原中国银监会颁布的《信托公司集合资金信托计划管理办法》更是以专章形式规定了受益人大会的相关事项。由此可见，在我国资产管理行业中，大多存在资产委托人对资产管理机构业务的参与和监督机制。反观我国保险业，无论是在法律法规中还是在保单条款中，并未有保单持有人参与监督保险机构资产管理行为的渠道和机制。①

　　其二，之所以我国保单持有人无法对保险机构的资金运用行为实施监督，其根源在于保单持有人与保险机构的基础法律关系并未有明确的界定。根据我国保险法第二条的规定，在传统保障型保险契约中，投保人向保险机构缴纳保费，保险机构则承诺在保险事故发生时，向投保方赔偿或给付保险金。由此可见，双方的权利义务关系是纯粹的债权债务关系，保险机构收取保费后可进行全权处置。②但随着投资型保险的兴起，保单持有人通过购买万能险和投连险投资股票、债券、基金等金融商品。保险已超越风险保障的基本功能，拓宽到向客户提供投资理财服务的领域，真正成为金融型保险。③以投资连结型保险为例，保单持有人所缴、交的保费会依保险契约分入保险保障账户和个人投资账户。保障账户所收取的保费属于保险机构，而个人投资账户的保费虽由保险机构享有所有权，但必须按照保险契约的约定管理，投资风险及收益全部由保单持有人承担。就个人投资账户而言，其信托属性至为明显。④我国台湾地区保险法学者施文

---

① 以平安 E 财富两全保险（投资连结型）产品为例，其在产品说明书中仅列明投资账户运作原理、不同账户风险程度、投资工具、投资组合限制，并未有保单持有人如何监督保险机构资金运作行为的条款。

② 王心怡. 我国机构投资者信义义务体系的反思与重构：以尽责管理义务的引入为视角 [J]. 法商研究，2017，34（6）：128.

③ 施建祥. 中国保险制度创新研究 [M]. 北京：中国金融出版社，2006：58.

④ 刘正峰. 兼业与分业：新《保险法》第 8 条面临的挑战：以投资连接保险信托性质的实证分析为例 [J]. 财贸研究，2010，21（3）：144–150.

森教授也认为：保险责任准备金为纯保险费的累积，在保期届满或约定承保事故发生时，须将之返还于要保人或其所定之受益人，因此此项资金具有信托资产之性质。① 无论投资型保险内在的基础法律关系在学理上应如何界定，但毫无疑问，单纯的保险契约关系已无法解释保单持有人透过保险机构这一金融中介从事投资理财的事实。不容否认的是，在投资型保险的语境下，由于保险契约的缔结，保单持有人与保险机构之间产生了一种类似信托的关系，保险机构扮演着类似于受托人的角色。②

其三，或有论者认为，由于保单持有人群体十分分散，力量薄弱，且存在集体行动的困境，他们委托金融监管机关对保险机构的投资行为加以监管即可，而不必亲自参与监督。但正如上所述，由于市场交易异常复杂，通过私下协议进行股权代持，保险机构股东集中持股很难被保险监管机关发觉。而且保险机构借助理财产品或资产管理计划自我注资、循环出资、相互出资导致保险机构资本虚增，偿付能力指标失真。由此，保险监管机关对保险机构后端投资行为的监管仍然存在力有未逮之处。因而，不可因存在保险监管机关施加的公权力就否定保单持有人行使私权的可能性。

综上分析可知，在我国保险机构股票投资中，保险机构股东囿于自身的利益动机，倾向于突破保险监管规则集中持股、虚增资本、实际操控保险机构，甚至将保险机构当成"融资平台"和"提款机"，进而从事保险业以外的业务。保险业发生的种种乱象，源于保险公司治理结构失序，关键是大股东滥权问题。而现行法下，保单持有人无法对保险机构后端的股票投资行为实施有效监督，导致其权益有受损之虞。

二、外部冲突：金融集团中保险机构股票投资受不当操控

由于保险机构股东的自利动机，保单持有人的利益极易受到侵害，因

① 施文森. 保险法论文：第二集［M］. 台北：三民书局，1988：88.
② 武亦文，杨勇. 保险人不当理赔行为的救济路径［J］. 保险研究，2018（7）：117.

而导致保险机构内部的利益冲突问题。然而，伴随着金融综合化经营的时代潮流，保险机构不仅面临着保单持有人和股东的内部利益冲突，保险机构更与其他金融行业存在外部利益冲突问题。典型例子是，保险业被纳入金融集团的组织架构下，金融集团的指挥与控制往往与保险子公司的独立自主决策发生矛盾。2015年，我国保险机构股票投资激进，时常可见背后金融集团的操控与指挥，此一外部冲突实在应该予以重视。

（一）金融综合化经营的潮流下，我国金融集团的兴起

随着全球金融市场竞争的不断加剧，世界各国金融业莫不加强对金融服务和金融机构的整合，以提升金融商品的供给效能。金融混业经营成为新一轮热潮，其中金融控股集团成为混业经营首选的集团组织模式。[①] 金融控股集团横跨银行、证券、保险、信托等金融领域，通过规模经济、范围经济和协同效应，一方面满足金融消费者多样化、一站式的服务需求，另一方面通过金融要素的集中调配，提升金融资源的配置效率。然而，金融控股集团在提升金融服务效能的同时，也不同程度地增大了金融监管的难度，容易产生"跨机构、跨区域"的系统性金融风险。[②] 金融控股集团衍生风险的根源在于利益冲突。金融控股集团旗下各子公司经营范围至少为银行、证券、保险等业务中的两种或两种以上。而这些金融领域彼此间的运营方式和监管目标有很大不同，极易产生利益冲突。例如，处于同一金融控股集团之下，银行极有可能降低核贷标准违规向其他子公司发放贷款，这将严重威胁广大储户的存款安全。再者，金融控股集团的组织架构之下存在大量交叉持股和关联交易，个别金融机构的风险可能传染和扩大，进而导致系统性的金融风险。

2002年，我国首选中信集团、光大集团和平安保险3家单位作为金融

---

① 贝政新，陆军荣．金融控股公司论：兼析在我国的发展［M］．上海：复旦大学出版社，2003：前言．

② 车迎新，等．金融控股集公司的公司治理、风险管理和监管［M］．北京：中信出版社，2009：16-17．

控股集团的试点。2008年金融危机后，我国金融控股集团更是如雨后春笋纷纷涌现。[①]但是，我国金融监管体制难以满足金融不断创新的要求，传统上一直沿用的"分业经营、分业监管"的金融政策，在法律规范和监管手段上都难以应对金融控股集团的复杂性。特别是在2015年我国保险机构激进投资股票，大量举牌上市公司事件中，频繁地见到金融控股集团通过旗下保险子公司进行资金调配，使保险机构被当作控制权争夺的融资平台，不仅违背了保险资金运用应贯彻的安全稳健理念，更揭露了保险机构背后的金融控股集团在实践运作中的诸多风险。

（二）金融集团中保险子公司股票投资行为受不当操控

在金融集团的组织架构之下，金融集团可能基于整体利益考量，利用保险子公司进行股票投资，进而操纵上市公司经营。金融集团的整体性特征和保险子公司股票投资的自主性两者极易发生冲突，具体表现在以下方面。

其一，我国保险机构激进投资股票，大量举牌上市公司很难说是为了保险资金保值增值，极有可能增加保险资金的运用风险。我国保险监管贯彻"保险姓保"的价值理念。但在金融控股集团之下，保险子公司以风险保障为主业的经营理念很容易被湮没。例如，在"宝万之争"中，母公司宝能集团为增持万科股票多方筹措资金，前海人寿作为其绝对控股的子公司自然责无旁贷。公开信息显示，前海人寿成立于2012年，通过销售万能险短短几年时间就累积了大量资金。万能险被设计成中短存续期产品，存续期限较短、退保费用低、预定结算收益率高、现金价值高，但保障功能资金占比较低。似乎前海人寿自设立之初，便有为金融控股集团筹措低成本资金的嫌疑。[②]所以，原中国保监会频繁表态："决不能让保险公司成为

---

① 郝臣，付金薇，王励翔. 我国金融控股集团治理优化研究［J］. 西南金融，2018（10）：58-65.

② 吴杰. 中短存续期万能险资金运用特点、风险防范与配置建议［J］. 中国保险，2016（10）：44-51.

大股东的融资平台和提款机。"① 保险资金源于广大保单持有人所缴交的保费，保险机构投资股票首先应确保保险资金的保值增值，以实现保险风险分散的制度功能。但是在金融控股集团之中，保险子公司的行为决策很难保持独立性，其中的利益冲突甚为明显。

其二，金融控股集团利用复杂的资金计划进行收购，极大地放大了风险。在"宝万之争"中，宝能系便是典型的金融控股集团，宝能系以深圳市宝能投资集团为核心平台，旗下子公司包括深圳钜盛华股份有限公司，又下设众多孙公司包括前海人寿、前海财险和前海基金。2015年年中"股灾"，我国金融监管机关为挽救股市呼吁各类市场主体增持救市，并放松监管政策，宝能系便利用前海人寿斥资80亿元，买入万科5%的股票。② 此后，前海人寿与其母公司钜盛华先后买入万科股票，并成为万科第一大股东。究其资金来源，钜盛华在增持万科期间灵活运用融资融券、收益互换、股权质押和资管计划4种杠杆手段，大大提高了资金运作效率。其中涉及的金融机构多达9家，由于存在循环杠杆融资，且跨越银行、保险和证券资管，实际的杠杆率难以测算。③ 宝能系动用旗下保险子公司和其他子公司进行敌意收购，不仅置保险资金的安全性于不顾，更导致资金运用杠杆率过高，容易引发金融风险，其激进的资金运用行为更是引发了社会公众的强烈质疑。

其三，包括保险资金在内的金融资本凭借巨量资金优势控制上市公司，可能扰乱市场秩序，使金融风险向实体产业传染。我国保险监管机关对保险机构股票投资的监管主要是通过比例限制和偿付能力限制来实现。换言之，保险机构经营上只要满足上述指标要求，便有权自由配置股票的种类、金额和比例。在"宝万之争"中，原中国保监会表示："前海人寿举

---

① 陈婷婷. 关联交易频现险企成股东提款机遭监管斥责［N］. 北京商报，2016-08-19（7）.

② 华生. 万科模式：控制权之争与公司治理［M］. 北京：东方出版社，2017：102.

③ 曾炎鑫. 九机构助攻 钜盛华杠杆融资有术夺万科［N］. 证券时报，2015-12-14（A2）.

牌万科股票没有违反相关监管规定，压力测试的结果表明风险可控。"① 然而，从整个资本市场的反应来看，保险机构举牌上市公司却广受批评，甚至被指摘为"野蛮人""妖精"和"害人精"。由此可见，保险机构举牌上市公司陷入了"合法却不合理"的尴尬。而反观宝能系对南玻 A 的收购，宝能系的入主导致南玻创始人及原有高管集体辞职，董事会成员完全由宝能系派驻。② 南玻作为一家化工企业，其生产销售和经营管理具有极强的专业性，董事会成员集体辞职势必会影响南玻的正常经营管理，作为金融资本的宝能短时间内无法迅速接手公司。③ 金融集团对保险资金的滥用不仅危及保险资金的安全性，更可能扰乱实体产业的正常秩序。保险机构是股票市场上重要的法人机构，不仅在股票市场上投资以获取报酬，而且能够对上市公司经营决策行使投票权。如若保险机构凭借庞大的资金优势控制被投资公司的管理决策，大举介入经营一般产业，将引发不公平的市场竞争及潜在的利益冲突，使金融业与实体产业的风险相互传导。

第二节　我国保险机构股票投资中利益冲突的产生原因

我国保险机构股票投资行为失序根本上是由利益冲突所驱动的。其一表现为保险机构股东和保单持有人的内部冲突，其二表现为金融集团和旗下保险子公司的外部冲突。透过保险机构股票投资所衍生的乱象，其实利益冲突的产生有其深刻的制度原因和发生路径。本节深挖利益冲突生成及作用的路径，并指出我国保险监管机关应在诸多方面予以特殊对待。

---

① 赵萍，李致鸿，杨崇．独家专访保监会副主席陈文辉：用"底线思维"监管保险资金［N］．21 世纪经济报道，2016-03-21（4）．

② 李永华．南玻控制权之争背后的实体经济尴尬［J］．中国经济周刊，2016（46）：25-27.

③ 任明杰，王兴亮．南玻 A 高管集体辞职"罗生门"［N］．中国证券报，2016-11-17（A6）．

一、资本结构理论下保险机构股东的代理问题

以资本结构理论为分析工具，保险机构是高负债和高杠杆运作，保险机构股东因而存在比一般公司更高的代理风险。股东治理是保险公司治理的关键，在自利性驱动之下，股东极易以保险资金进行豪赌从而投资股票，并且在保险机构发生财务危机时，股东也倾向于拖延增资，甚至掏空公司资产。欲化解股东与保单持有人的利益冲突，使保险机构股票投资行为导向正轨，必须回溯保险机构股东的代理问题，并以此考察保险机构法律监管的特殊之处。

（一）现代企业资本结构理论研究及其发展

企业资本结构是指在企业财务结构中，债务资本和权益资本的构成与比例关系。企业资本结构是否合理直接决定了企业资金成本的高低，并极大地影响企业的质量和寿命，同时也深刻影响着企业行为。[①] 企业资本结构理论便是研究债务资本和权益资本构成比例的变动对企业总价值的影响，试图找到最适合企业的融资方式和融资工具。[②] 企业资本结构理论能够清晰地解释保险机构股东的风险偏好，以及保险机构激进投资股票的原因。

现代资本结构理论始于1958年美国经济学家弗兰科·莫迪利安尼（Franco Modigliani）和米勒（Miller）提出著名的"MM定理"。其核心论断是：在完美市场假设下，企业资本结构不影响企业总价值。[③] 但是在现实中完美市场毕竟是不存在的，必须充分考虑实践中各种因素的交叉作用。由此，两位学者引入公司所得税和个人所得税的考量因素，并认为在绝大

---

① 向静，陶然，蒲云. 现代公司资本结构理论演变［J］. 西安交通大学学报（社会科学版），2004（2）：73.

② 陈珏宇，叶静雅. 现代企业资本结构理论研究及其发展［J］. 广西大学学报（哲学社会科学版），2008，30（6）：36.

③ 汤洪波. 现代资本结构理论的发展：从MM定理到融资契约理论［J］. 金融研究，2006（2）：70-71.

多数国家，企业债务融资所支付的利息可以在支付公司所得税前扣除，债务融资有助于减轻企业税负，增加股东的税后收益，企业因此会更多地选择债务融资，采取高负债率以实现股东价值最大化。[①] 米勒在1977年更进一步加入个人所得税的考量，推导出在各种股票投资利得税与利息收入税率下，资本结构如何透过税盾影响公司的价值。其结论是当（1– 利息收入税率）>（1– 股票投资利得税率）×（1– 公司营利所得税率）时，举债可以增加公司的价值。[②]

早期的资本结构理论因存在过多的假设条件，不符合现实状况，因而削弱了其应用价值。随着信息不对称、博弈论等新观点的产生，引入个人行为动机的新资本结构理论日益流行，其中具有代表性的有，代理成本理论、信号传递理论和控制权理论等。[③]

1. 代理成本理论

事实上，在公司治理中，不仅仅存在股东和经理人的利益冲突。由于股权和债权的性质不同，也会导致公司股东和债权人的利益冲突问题。债权人向公司投入的借款越多，其所承担的风险越大，最终可能因公司经营失败而无法按期实现债权。但公司的经营和决策恰恰掌握在股东和经理人手中，债权人无法干预公司经营，因而股东和经理人有足够的动力拿债权人的钱从事高风险投资，从而提升股权价值，特别是在公司出现财务危机时，股东更加倾向进行高风险投资和赌博行为。[④] 股东和经理人、股权和债权人的利益冲突皆会产生代理成本，若不进行合理安排将降低公司运营绩效。

---

① 陈珏宇，叶静雅. 现代企业资本结构理论研究及其发展［J］. 广西大学学报（哲学社会科学版），2008，30（6）：37.

② 张士杰，蔡政宪. 从学术理论到监理实务［M］. 台北：财团法人保险事业发展中心，2009：249.

③ 王艳茹，赵玉洁. 现代资本结构理论的演进及评析［J］. 商业研究，2005（15）：54–57.

④ 王艳茹，赵玉洁. 现代资本结构理论的演进及评析［J］. 商业研究，2005（15）：56.

2. 信号传递理论

信号理论是在讨论投资者事前投资时，资本结构对投资者决策的影响。在信息不对称之情况下，企业经营的信息完全由经理人和股东掌握，而外部投资人无法确切得知企业经营状况，企业欲顺利融资必须通过适当方式将自身信息传递给投资人。负债比例便是传递企业经营状况的信号之一。申言之，若企业经营持续利好，则股权价值很高，股东和经理人自然不希望通过股权融资使自身股权稀释，而宁愿向外举债来缓解资金压力。从这个意义上讲，企业负债比率越高，其传递的信号是企业经营状况越好。也不难理解企业发行新股时往往会引起投资者的猜测，还会导致股价下跌。为避免上述状况发生，经理人往往不使用股权融资，而宁愿向外举债。[①]

3. 控制权理论

控制权理论主要研究企业的控制权如何在股东和债权人之间分配。具体而言，在信息不对称和契约不完全的市场条件下，股权融资和债权融资的构成比例会影响企业控制权的分配。若企业经营状态良好时，此时企业全部资产的所有权属于股东，股东同时享有企业的控制权。若企业出现严重亏损，甚至资不抵债时，企业剩余所有权应属于全体债权人，企业的剩余控制权也应由股东向债权人转移。最优的负债比例是在该负债水平上导致企业破产时控制权能够从股东转移给债权人，如此能保证最优的融资结构，使社会总收益最大化，而不是某一部分投资者的收益最大化。[②]

（二）资本结构理论视域下保险公司治理的特殊性

企业资本结构理论完全能够解释保险公司股东的风险偏好，以及利益

---

① 陈珏宇，叶静雅. 现代企业资本结构理论研究及其发展［J］. 广西大学学报（哲学社会科学版），2008，30（6）：36—44.

② 王艳茹，赵玉洁. 现代资本结构理论的演进及评析［J］. 商业研究，2005（15）：57.

驱动之下保险公司股东高风险投资行为产生的具体路径。① 具体而言，保险公司资本结构是由债务资本和权益资本两类构成。保险公司的权益资本主要来自股东向保险公司投入的来源合法的自有资金②，此与一般公司无异。而保险公司债务资本的来源与其他公司有很大不同。申言之，保险公司主要通过销售保单向广大保单持有人收取保费，从而汇聚形成保险基金进行投资，等到保险事故发生或保险契约到期时，再向保单持有人理赔保险金。保险公司销售保单等同于向广大保单持有人"借债"，而理赔保险金等同于"还钱"给保单持有人。值得注意的是，这里保费与理赔金并不相等，保险公司在"举债"前更多地考虑了保险事故的发生概率和对价平衡关系，因此，保险公司向保单持有人的借贷与一般意义上的借贷关系不同。但从实质层面观察，保险公司发行保单可视为向外举债，自然可以运用资本结构理论来剖析保险公司的经营行为。③

随着金融危机的爆发，原来以利润最大化为衡量依据的金融机构治理已不合时宜。④ 企业资本结构理论持续不断地更新和发展，已成为解释公司治理结构及公司相关主体行为的强有力工具。资本结构理论视角下保险公司治理表现出极大的异质性，此既与一般公司治理不同，又与银行、证券等其他金融机构治理有异。因此，运用资本结构理论剖析保险公司治理的特殊性是规制保险公司股东行为的逻辑起点。

首先，保险公司治理目标的特殊性。传统股东至上理论认为：股东是

---

① HUANG L Y, HSIAO T-Y. Does Corporate Governance And Ownership Structure Influence Performance？ Evidence from Taiwan Life Insurance Companies［J］. Journal of insurance issues, 2007, 30（2）: 123-151.

② 原中国保监会于2018年3月颁布的《保险公司股权管理办法》第四章专章规定了保险公司的入股资金。

③ 张士杰，蔡政宪. 从学术理论到监理实务［M］. 台北：财团法人保险事业发展中心，2009: 248-249.

④ 哈米德·迈赫兰，林赛·莫林纽可斯，钟帅. 金融机构的公司治理［J］. 金融市场研究, 2012（6）: 104.

公司的所有者，公司存在的首要目标是追求股东利益最大化。[①] 然而，以股东个体利益最大化为主导可能侵蚀人性尊严和社会整体利益，例如，剥削劳动者、侵害消费者权益、带来环境问题等。由此，股东至上理论无法因应超越股东个体利益而扩及社会整体利益的时代趋势。公司治理的目标有必要考量社会责任，及其与利益相关者的关系。[②] 然而，自我国公司法将企业承担"社会责任条款"写入法律条文以来[③]，围绕该条文的争议便一直不断。[④] 如果股东至上主义和利益相关者理论的争议在一般公司治理领域还难分高低，那么在保险公司治理的问题上，我们应该坚决支持利益相关者理论的观点。[⑤] 具体而言，从资本结构的理论视角观察，保险公司资本主要源于债务资本，股东投入的权益资本仅占很小一部分，广大保单持有人对保险公司的贡献远远超过股东，但保险公司的实际运营权掌握在股东及经理人手中，极易侵蚀保单持有人的利益。因此，保险公司治理的首要目标应是维护广大保单持有人的利益，确保保险公司在未来能够按时足额偿付保单。

其次，保险公司治理风险的特殊性。保险公司治理所面临的风险既与一般公司不同，也与其他金融机构有异。具体而言，其一、银行、证券等金融机构对客户的债务是确定的，而保险公司经营风险具有较大的不确定性。虽然事前经过严格的统计和精算，但仍无法确知事故实际发生概率和损失额度，特别对新设立的保险公司而言，其承保共同体还不够大，风

---

① 李维安，郝臣. 公司治理手册［M］. 北京：清华大学出版社，2015：54.

② 沈敏荣，姚继东. 企业社会责任及其法律化［J］. 社会科学战线，2018（2）：215-226.

③ "社会责任条款"起初是规定于公司法第五条："公司从事经营活动，必须遵守法律、行政法规，遵守社会公德、商业道德，诚实守信，接受政府和社会公众的监督，承担社会责任。" 2023年12月，我国公司法修改，将"社会责任条款"修改为第二十条："公司从事经营活动，应当充分考虑公司职工、消费者等利益相关者的利益以及生态环境保护等社会公共利益，承担社会责任。国家鼓励公司参与社会公益活动，公布社会责任报告。"

④ 朱海坤. 企业社会责任立法研究回顾与展望：基于1990—2015年相关文献的研究［J］. 法学杂志，2018，39（11）：92-106.

⑤ 李维安，郝臣. 金融机构治理及一般框架研究［J］. 农村金融研究，2009（4）：11.

险短时间内可能无法有效分散。其二，银行、证券等金融机构对客户的负债以短期债务为主，而保险公司负债具有长期性的特点，特别对于寿险保单，契约存续期可能长达终身，这使得保险公司必须面对保险资金保值增值的压力，以在长久的未来随时满足保单持有人的索赔请求。保险业以经营风险为主业，具有经济补偿、资金融通和社会治理等功能[①]，由此决定了其风险发生机制与其他金融机构有很大不同。因而，保险公司治理应围绕偿付能力展开，尤应当关注保险公司的资产负债匹配问题。

最后，保险公司治理机制的特殊性。保险公司治理以维护保单持有人利益为主要目标，但保单持有人十分分散，且处于信息劣势，实力较弱，更存在集体行动的困局，并未有效参与到保险公司治理当中。基于此，保单持有人对保险公司的监督权主要委托给保险监管机关行使，保险监管机关基于维护公共利益的意旨出台保险监管法规促使保险公司完善治理结构，善尽风险管理人职责。一般公司仅需要满足公司法所规定的公司治理的基本要求即可，而保险公司内部组成部门的设置和架构还需要满足保险监管法规的特殊要求。例如，必须设置独立的资产负债委员会、建立独立的稽核审计部门等。2006年，原中国保监会发布《关于规范保险公司治理结构的指导意见（试行）》，正式将保险公司治理监管引入我国保险监管体系当中。随后原中国保监会又出台了一系列配套文件，对保险公司独立董事、关联交易、内部审计、风险管理等事项做出规范。鉴于保险业明显区别于普通商业，保险公司不仅是风险管理者，更成为风险制造者，因而我国保险监管机关对保险公司制定了较为严格的风险治理机制。[②]

---

① 李江宁，殷晓松. 保险业在国家治理体系中的定位及发展研究［M］. 天津：南开大学出版社，2016：65.

② FEKADU G W. Corporate Governance on Financial Performance of Insurance Industry［J］. Corporate Ownership & Control, 2015, 13（1）: 841-849.

（三）资本结构理论视角下保险公司股东的行为偏好 [1]

我国台湾地区张士杰、蔡政宪两位教授在《从学术理论到监理实务》一书中指出："在保险公司出现财务危机时，股东可能出现豪赌、拒绝增资、拖延、掏空等行为。"之所以会产生此类行为，其根本诱因是保险公司资本结构失衡，提升了股东的风险偏好。我国保险机构股票投资行为激进，并大量举牌上市公司也能够从中找到答案。在资本结构理论下，保险公司治理具有诸多特殊性，需要保险监管法规进行框架性规范。但保险公司股东的行为风险也不应忽视，特别是保险公司出现经营问题，乃至发生财务危机时，股东行为可能更加激进。张士杰和蔡政宪两位教授以资本结构理论为视角分析保险公司股东行为风险产生的逻辑进路，颇具有启发意义。

1. 豪赌

保险公司股东之所以会出现豪赌行为，其理论溯源于以资本结构为基础的控制权理论。当保险公司出现财务危机时，股东的经营心态与正常公司有所不同。进言之，保险公司若处于资不抵债状态，这已然表明股东权益即将归零。倘若债权现在就到期，那么保险公司马上就会破产，债权人进入清算程序分配公司剩余财产。但若债权还有几个月到期，甚至是更长的时间到期，股东权益的价值可能不会归零，因为破产之前都是股东掌握公司营运，把公司剩余财产拿去运用，或许还有机会翻身。股东可能会放手一搏，将资金投放到高风险的投资项目当中。近年来，保险公司极力主张开放各种投资渠道，放宽各类投资限制，本质上仍是出于以风险换报酬的动机。但从另一个角度来看，保险股东其实不是追求公司整体价值的最大化，而是拿债权人的钱去赌博，追求股东自身利益。

---

[1] 本书以资本结构理论分析保险公司股东的行为偏好主要参考我国台湾地区张士杰、蔡政宪两位学者的研究成果。张士杰，蔡政宪. 从学术理论到监理实务 [M]. 台北：财团法人保险事业发展中心，2009：253-264.

2. 拒绝增资

当保险公司出现财务危机时，可能公司的资产价值已经为负，倘若要继续运营，就必须提升公司的价值，而股东也必须增资来填补之前的亏损。但股东的增资必须填满债权之后，利益才能流向股东。除非股东愿意"牺牲自己，照亮别人"，所以一般来讲股东是不愿在这种情况下增资的。更何况公司继续运营的风险也非常大，股东增资后一无所得的风险极高。实践中，可能存在账面净值大于零，但经济净值可能接近零或小于零的公司，还得到陆续增资的案例，这可能是增资的股东看重其销售渠道、品牌价值、客户资源等无形资产，而希望通过增值维持这些无形资产的价值。

3. 拖延

身处财务危机之中的保险公司行为倾向于"以时间换取机会"，从而采取拖延战术。例如，变更入账方式或要求改变会计原则、信心喊话以及减少必要支出来延缓债务不能兑付的情况等，甚至会要求破产重整，以防止进入清算程序，让债权人瓜分公司剩余财产。股东之所以采取拖延战术，是因为或许可以等到时机反转，也或许这段时间内可能豪赌成功。此时债权人和股东利益出现了明显的冲突，股东倾向于利用对公司的控制权谋取自身利益。而债权人却希望公司尽快进入破产清算程序，特别是债权有担保的情形。如此，股东多半会损害债权人的利益，延缓公司进入清算的时间，不能再拖了就象征性地增一点资，表示诚意，以换取更多时间。另外，要求放开更多的投资渠道，积极寻找豪赌的机会。

4. 掏空

保险公司出现财务危机时，股东最有可能出现的行为是掏空公司。股东会趁还掌握保险公司控制权时，能捞多少就捞多少。掏空公司的恶劣行为是非法的，但通过各种关联交易进行掩饰就不一定会被主管机关发现。2008年金融危机时，美国国际集团（American International Group，AIG）进行破产重整，同时开始处分海外资产。我国台湾地区南山人寿保险股份有限公司是 AIG 百分之百持股的子公司，在 AIG 财务风暴下，市场不断传出处分海外资产部分的消息，也包括南山人寿。为增进南山人寿与广大保单持有人的信任，我国台湾地区金融监管机构要求南山人寿承诺其与 AIG 及从属公司、利害关系人间的所有交易是基于维持正常的商业模式，并均符合法令规定。同时对南山人寿资产进行托管，要求未经主管机关许可，不得将资产转移至关联方。① 由此可见，当保险公司出现经营问题时，股东和债权人的利益冲突达到顶峰，保险监管机关必须采取必要措施防止股东掏空资产。

5. 政府的隐性担保

为避免陷入财务危机的保险公司破产损及保单持有人利益，政府往往设置保险保障基金监测重大风险，对保单持有人进行及时救助。即便如此，社会大众一般也都相信政府不会让保单持有人受到损害，因而产生对保险公司的隐性担保。政府的隐性担保大幅降低了财务危机对保险公司所产生的成本，会诱使股东计划更大的财务杠杆，并降低增资的边际效益。另外，处于财务危机的保险公司的股东仍进行豪赌、拖延增资、掏空资产，导致更大的副作用。如果政府能够对保险公司收取和公司风险及预期行为对价的担保成本，那么隐性担保的副作用就不会出现。这种担保成本一方面表现为金融监管机关对违法行为的处罚，另一方面表现为及时启动问题保险公司的破产程序，及时对财务结构严重失衡的保险公司进行接管和清算，防止保险公司股东蚕食剩余资产。

综上所述，透过资本结构理论的分析，保险公司资产主要由债务资本和权益资本构成，而债务资本是保险公司资产的主要构成部分，由此决定了保险公司治理应以保护保单持有人为首要目标。但由于保险公司实际运营权掌握在股东和经理人手中，股东极易侵蚀广大保单持有人的利益，进

---

① 张士杰，蔡政宪. 从学术理论到监理实务 [M]. 台北：财团法人保险事业发展中心，2009：217.

而提升风险偏好。特别是在保险公司陷入财务危机时，保险公司股东更倾向于拿保单持有人的钱进行豪赌、拒绝或拖延增资，甚至掏空保险公司资产，而政府的隐性担保更使得股东滥权行为肆无忌惮。保险公司是高负债和高杠杆运作，保险公司治理结构失衡源于资本结构理论之下保险公司股东和保单持有人风险偏好的异质性。我国保险机构股票投资行为失序，以及在资本市场中造成的一系列乱象也遵循相同的行为发生路径。

二、金融集团架构中保险机构的公司治理失灵

2015年，我国保险机构激进投资股票，大量举牌上市公司事件的背后频繁见到金融控股集团的身影。在金融控股集团的组织架构下，保险子公司与非保险子公司作为一致行动人举牌上市公司，保险机构颠覆稳健投资者的形象而被指摘为"野蛮人"。在金融控股集团中，保险子公司股票投资行为异化有其更深层次的原因。在金融综合化经营的时代潮流下，各金融行业包括银行、证券、保险等，乃至实体产业，皆通过持股金融机构的方式进行组织上的结合，希望建立金融控股集团，进而达到跨业经营的目的。① 保险子公司被纳入金融控股集团的组织架构之中，虽有助于提升经营效率，但也会产生不少风险。例如，保险子公司与其他子公司及整个金融控股集团的利益冲突，此利益冲突会加重保险机构的经营风险，损害保单持有人利益。我国保险机构股票投资行为异化便是保险子公司沦为金融控股集团附庸的典型例子。因此在金融控股集团之中，如何识别保险子公司的风险，以及在保险监管上如何进行特殊应对，是本部分讨论的主要议题。

---

① 不完全统计显示，目前我国的金融控股集团有53家，但事实上的数量远超于此。无论是传统金融机构、国企或民企，抑或是互联网公司都非常热衷于布局金融控股集团。李国辉.金融控股公司：全牌照路径下的暗流涌动［N］.金融时报，2018-01-18（5）.

（一）金融集团的组织架构之下保险业风险的特殊性

国际金融市场的演变，使得金融机构间的区隔及差异日渐模糊，原本壁垒分明的银行业、保险业、证券业的藩篱也逐渐被撤除。20世纪90年代，英美金融发达国家率先改革法律并进行金融组织方式上的创新，从而掀起新一轮混业经营的浪潮，横跨银行、证券、保险、信托等多个金融领域的金融控股集团如雨后春笋，纷纷崛起。金融机构多样化经营金融业务，有助于发挥金融资源整合优势，达到资源共享、跨业服务、节约成本的规模经济和范围经济。特别是自我国2001年加入WTO以来，各个金融领域加速开放，引进金融控股集团制度也有助于提升我国金融业在国际上的竞争力。然而，金融控股集团这一组织形态却也衍生出不少弊端，包括经济势力过于集中、金融机构对不同业别的客户提供服务时产生的利益冲突、金融监管更趋困难与复杂、金融机构倒闭产生更大成本等。[①] 因此，有必要梳理金融机构跨业经营中的风险及其监管的特殊性，以维持各金融子公司及整个金融控股集团的安全运行，并健全整个金融监管体系。

保险业具有分散风险的独特优势，又衍生出投资理财及资金融通等现代功能，因而成为金融控股集团不可或缺的金融牌照。[②] 借助金融控股集团的组织形态，保险业与其他金融业别进行组织上的结合有助于增进保险消费者福利，提升金融效率。例如，平安保险集团提出综合金融的发展模式，通过一站式解决方案，满足客户多元化金融需求，实现客户与公司的价值最大化。[③] 但需要强调的是，在金融控股集团之下，保险子公司的核心目标是保持经营稳健，确保偿付能力，若保险人失去清偿能力则无法分

---

① 李晗. 论我国金融控股公司风险防范法律制度［M］. 北京：中国政法大学出版社，2009：31–47.

② 近年来，无论是金融资本还是产业资本纷纷布局保险业，保险牌照一时"洛阳纸贵"。李致鸿，杨崇. 保险牌照争夺正酣：15家持牌入场2家折戟而归［N］. 21世纪经济报道，2016-08-09（11）.

③ 朱艳霞. 坚持把综合金融做深做透：中国平安披露综合金融模式发展脉络［EB/OL］. 中国保险家，2023–11–13.

散风险，导致保险的制度功能落空。实践中，金融控股集团和其他金融子公司可能会基于自身利益进行考量，在出现利益冲突时，忽视全体保单持有人的利益，诱使保险子公司决策失灵，进而导致行为异化。详言之，利益冲突导致保险子公司可能遭受的风险有以下几种。

1. 保险子公司的承保风险

其一，保险子公司的核保风险。在同一金融控股集团之下，若其他子公司所有相关的保险业务交由其保险子公司承保，保险子公司对其他子公司的风险评估可能较为宽松。若以较集团外的客户相对低廉的保费加以承保，不但违背了公平对待消费者原则，也可能减少保险机构的营业收入。其二，信息不对称风险。保险的长期性、无形性及复杂性远超其他金融商品，因此依赖保险业务员明确说明，否则无法获取保险消费者的信赖，而银行业、证券业与消费者互动交流较为密切，容易获取消费者的信任，因此使得保险子公司陷于竞争劣势地位。其三，同类型金融商品的竞争风险。寿险在分散风险的功能之上，衍生出投资理财功能，因此寿险可纳入金融资产的范畴当中。金融消费者在购买寿险时，也普遍将其视为投资工具，与股票、债券等其他投资商品相比较。[①] 而流动性是金融资产的核心属性，导致金融资产之间具有较强的替代性。[②] 缺乏流动性正是长期寿险的内在缺陷。在同一金融控股集团下，银行子公司、证券子公司所开发的多元化金融商品必将与寿险产品相互竞争。且目前保险子公司商品通过银行渠道销售，形成"银行保险"的合作模式，此种合作模式虽然可以节约保险子公司的营销成本，但银行子公司仰仗其销售渠道要求高额佣金，也可能压缩保险子公司的经营利润，危及保险子公司的竞争优势。

---

① 赵立航. 非传统寿险理论与实践：叩开通往财富的保险之门［M］. 北京：中国金融出版社，2004：45.

② 王向楠. 中国人寿保险需求的微观实证研究［M］. 北京：经济管理出版社，2015：166–167.

2. 保险子公司的保险资金运用风险

金融控股集团是资金运用的联合体，各子公司的资金按照金融控股集团统一的发展战略和发展规划运用，进行项目的选择、时期的调度、风险的控制等，从而发挥资金运作上的整体效应。[①] 金融控股集团所建立的弹性资金调度机制与保险子公司的财务风险息息相关。例如，世界各国均通过法规明确限制保险业的投资范围，避免保险业集中大量资金从事股票投资，进而控制上市公司经营，防止保险机构经营保险以外的业务。[②] 但金融控股集团极有可能利用保险子公司的保险资金从事投资事业，特别是对能够短时间内汇集巨额资金的寿险公司而言则更为明显。如此一来保险子公司成为金融控股集团汇总资金的渠道，导致保险业的经济权力被滥用。我国在金融混业的进程中同样存在类似的风险。一些上市公司通过设立或收购的方式使保险机构成为其子公司，致使保险牌照一时"洛阳纸贵"。之所以如此，一方面是因为保险销售和理赔之间有时间差，可以确保为金融控股集团提供长期稳定的低成本资金；另一方面因保险资金运用渠道不断放宽，保险资金运用的自由度远超银行、信托等金融机构。[③] 但保险业肩负着保障社会大众生命和财产安全的神圣使命，如若成为金融控股集团的附庸和"提线木偶"，被当作融资渠道和投资工具，则会使保险子公司经营蒙受损失，势必损害保单持有人及社会大众的权益。

3. 保险子公司自身资产的安全性风险

依据《保险资金运用管理办法》第二十二条之规定："保险集团（控股）公司、保险公司应当选择符合条件的商业银行等专业机构，实施保险资金运用第三方托管和监督，具体办法由中国保监会制定。"若保险子公司将向保单持有人收取的庞大保费均存放于金融控股集团下的银行子公司，倘

---

① 贝政新，陆军荣. 金融控股公司论：兼析在我国的发展 [M]. 上海：复旦大学出版社，2003：20.

② 袁宗蔚. 保险学：危险与保险 [M]. 北京：首都经济贸易大学出版社，2000：360.

③ 杨杨，孙跃跃. 保险牌照，进入多元扩容时代 [J]. 金融博览（财富），2017（4）：57–59.

若银行子公司发生挤兑现象，或将影响保险资金的安全性。除此之外，金融控股集团为增加资金流动性及灵活度，能够统合调度资金，此也给经营金融控股集团的有心人士掏空保险子公司资金的机会。2000年，日本大正生命保险公司被入主经营的金融控股集团通过旗下子公司的运作，逐步掏空资产从而导致停业倒闭，这一案例可以获得印证。① 在金融控股集团之中，正常的业务往来行为往往可以节省经营成本，提升交易效率，监管者无须进行干预。但若涉及利益输送进行不当的利益配置，从而掏空保险子公司的资产，则属于干扰金融秩序，甚至是财经犯罪，金融监管机关有必要进行介入和干预。在全球金融集团化的趋势下，金融控股集团进行利益输送等不法行为具有长期性、巨额性、隐藏性等特征，集团经营被少数内部人操控，极易引发巨大的资金掏空和贪渎弊案，对国家财经秩序影响甚巨。②

（二）金融集团组织架构中保险业监管的特殊性

若金融控股集团所衍生的弊端隶属于单个金融行业，那么运用单一金融监管机关的手段实施监管便能够解决问题。但组织复杂性是金融控股集团的显著特征，金融控股集团为达成某一事务，动辄由旗下数个子公司共同行动，保险子公司势必要服从整个金融集团的目标，而难以确保维护保单持有人利益的最高目标，如何协调利益冲突是保险监管机关的一大难题。特别是我国目前不仅存在大量金融主导型金融控股集团，更有大批产业资本参股或控股金融机构，形成产业型金融控股集团。③ 在传统金融主导型金融控股集团中，保险子公司能够在其中发挥业务互补优势。但在产业型金融控股集团中，母公司经营范围是实体产业，与保险主业相去甚

---

① 廖淑惠．从日本第四宗寿险公司倒闭事件探讨金融跨业经营之盲点：论2000年大正生命因资产掏空所引起之倒闭事件［J］．保险资讯，2000（3）：183.

② 陈志龙．集团化公司治理与财经犯罪预防［M］．台北：台湾大学出版中心，2017：39–71.

③ 陈华，陈荣．我国产业资本型金融控股集团关联交易风险、监管现状与监管策略［J］．武汉金融，2018（7）：36–39.

远。且从风险角度考虑，母公司与保险子公司的关联交易甚多，设立保险子公司大多是为融资便利，由此对保险子公司形成巨大的风险。[①] 因此，在金融控股集团的组织架构中，必须跳脱对保险业个别监管的制度框架，以"整体性"作为实施保险业监管的准则。

基于金融控股集团的"整体性"特征，对保险子公司的监管应重点关注以下三方面：

其一，资本真实性监管。保险公司资本是股东应对保单持有人承担有限责任的范围，资本监管是保险公司偿付能力监管的核心和根本。[②] 我国《保险公司股权管理办法》第三十二条规定："投资人取得保险公司股权，应当使用来源合法的自有资金。中国保监会另有规定的除外。"2020年，中国人民银行颁布的《金融控股公司监督管理试行办法》第十二条也明确："金融控股公司应当以合法自有资金投资控股金融机构，不得对金融机构进行虚假注资、循环注资，不得抽逃金融机构资金。"中国人民银行对金融控股公司的资本合规性实施穿透管理，会同其他国务院金融管理部门核查金融控股公司投资控股金融机构的资金来源。但监管规则与实践情况往往存在一定的差距，金融控股集团一旦成立，其资本就有相互流通甚至被双重利用的可能。例如，母子公司之间相互投资，纵使各金融子公司均符合各个行业监管的资本充足率要求，但资金双重利用未能反映出各子公司乃至集团真实的财务状况。保险子公司和其他金融子公司资本虚增，使资本充足率指标失真，对应的监管手段失效。值得注意的是，在商业实践中，资金流在金融控股集团的各个主体之间不断流入和流出，很难判断是不是自有资金，确保保险子公司资本真实迫切需要从监管准则乃至法律

---

① 姚军. 我国金融控股集团发展模式选择及治理结构的再造［J］. 暨南学报（哲学社会科学版），2015，37（8）：17.

② 陈文辉. 中国偿付能力监管改革的理论和实践［M］. 北京：中国经济出版社，2015：16.

规则上进行特殊认定。①

其二，风险集中度监管。"金融外部性理论是指金融行为中的私人成本或收益向第三方溢出的外部经济效应。"② 在金融控股集团的组织架构之下，保险子公司的风险并非与其他子公司完全隔离，其外部性集中表现为各个子公司破产风险的传染效应。例如，银行子公司破产不仅有损于自身客户的权益，更会减损保险子公司的信誉，广大保单持有人产生恐慌进而导致"羊群效应"，加速"退保潮"的爆发，保险子公司经营由此蒙受不利影响。在传统金融业条块化分割的格局之下，个别行业经营风险所波及的仅是该行业自身和关联行业而已。但这些行业风险一旦在金融控股集团集中，其可能产生跨部门的风险传染和交互。2021年，原中国银保监会颁布的《保险集团公司监督管理办法》第四十一条明确规定："保险集团公司应当在并表基础上管理集团的集中度风险。"第四十二条明确规定："保险集团公司应当建立和完善集团内部资金管理、业务运营、信息管理以及人员管理等方面的防火墙制度，防范保险集团成员公司之间的风险传递。保险集团成员公司之间开展业务协同的，应当依法以合同等形式明确风险承担主体，防止风险责任不清、交叉传染及利益冲突。"当然保险子公司也可能属于其他类型的金融控股集团，2020年，中国人民银行颁布的《金融控股公司监督管理试行办法》第三十二条规定："金融控股公司应当在并表基础上管理集团风险集中与大额风险暴露。"同时，第二十二条也规定："金融控股公司与其所控股机构之间、其所控股机构之间在开展业务协同，共享客户信息、销售团队、信息技术系统、运营后台、营业场所等资源时，不得损害客户权益，应当依法明确风险承担主体，防止风险责任不清、交叉传染及利益冲突。"由此可见，我国金融监管机关已经注意到

---

① 保监会介绍修订后的《保险公司股权管理办法》相关情况［EB/OL］. 中国保险报网，2018-03-07.

② 高田甜，陈晨. 金融消费者保护：理论解析、政府职能与政策思考［J］. 经济社会体制比较，2015（1）：81.

了金融控股集团下不同类型的金融机构之间的风险传染效应以及集中度风险，并基于"整体性"思维强化金融控股集团中不同类型金融机构的风险隔离，防范大额集中风险的暴露。

其三，利益冲突之下的行为监管。金融控股集团风险衍生与传递的根源在于相关主体利益的结构性差异和冲突。[①] 在金融控股集团内，某一成员可能基于集团整体发展与营利的考量，牺牲特定消费者的利益。在我国保险机构大量激进投资股票事件中，频频可见保险机构隶属于某一金融控股集团。保险机构股票投资行为激进并未带来保险资金运用效率的显著提升，反而威胁到保险资金的安全性，不得不令人怀疑保险机构服从于金融控股集团的指挥与操控。股票市场是保险资金投资的重要领域。保险机构本应提升保险资金运用效率，使保险资金保值增值，最大程度维护保单持有人利益，实施股票投资行为。然而，保险机构置于金融控股集团的组织架构中，受到金融控股集团和其他子公司的控制和影响。此控制与从属关系导致保险子公司丧失经营决策的自主性，其股票投资行为也并非依据市场竞争机制而进行，有时也并非最具效率和安全的决策。为防止金融控股集团滥用控制权，2020年，中国人民银行颁布的《金融控股公司监督管理试行办法》第二十条明确规定："金融控股公司不得滥用实质控制权，干预所控股机构的正常独立自主经营，损害所控股机构以及其相关利益人的合法权益。金融控股公司滥用实质控制权或采取不正当干预行为导致所控股机构发生损失的，应当对该损失承担责任。"第二十一条也规定："金融控股公司的高级管理人员原则上可以兼任所控股机构的董事或监事，但不能兼任所控股机构的高级管理人员。所控股机构的高级管理人员不得相互兼任。"2021年，原中国银保监会颁布的《保险集团公司监督管理办法》也

---

① 康华平. 金融控股公司风险控制研究 [M]. 北京：中国经济出版社，2006：130.

有类似的禁止滥用控制权[①]、限制交叉持股[②]及限制交叉任职[③]的规定。在金融控股集团的组织架构下，保险子公司与集团及其成员之间正常的业务往来本无可非议，但在利益冲突之下，如何找到保险子公司行为决策的独立性和受金融控股集团控制的平衡点，以兼顾安全与效率的法律价值，是我国金融监管机关努力的方向。

（三）金融集团组织架构下保险机构股票投资行为监管之缺漏

以"宝万之争"为代表的保险机构激进投资股票，并大量举牌上市公司事件反映出我国金融监管领域的新问题。针对保险业出现的新情况，我国保险监管机关及时出台一系列监管措施，例如，规范中短存续期保险产品、强化保险机构举牌的信息披露、对保险机构投资上市公司股票实施差异化监管等。然而，我国保险监管机关的监管措施仅立足于保险监管领域，却无法从根本上解决在金融集团的组织架构当中，保险公司治理失范进而成为金融集团的附庸，也丧失了股票投资决策自主性的问题。在金融集团化和"泛资管"的时代趋势下，保险公司治理已不仅仅局限于保险机构内部的委托代理问题，更扩展到保险子公司外部的金融集团整体金融风险的防范问题。我国正处于分业监管向混业监管转型的初级阶段，尚未全面建立应对金融综合化经营的法律法规体系，导致金融集团中保险子公司的风险隔离机制不健全。

深挖保险机构大量举牌上市公司的表象背后，无论是关联交易还是资

---

① 《保险集团公司监督管理办法》第十四条规定：在尊重子公司及其他成员公司独立法人经营自主权的基础上，保险集团公司应当对全集团的股权投资进行统筹管理，防止无序扩张。第二十三条规定：保险集团公司对子公司履行管理职能过程中，不得滥用其控制地位或采取其他不正当措施，损害子公司及其他利益相关者的合法权益。

② 《保险集团公司监督管理办法》第三十二条规定：保险集团成员公司之间原则上不得交叉持股，子公司及其他成员公司不得持有保险集团公司的股权。

③ 《保险集团公司监督管理办法》第三十三条规定：保险集团公司高级管理人员原则上最多兼任一家保险子公司的高级管理人员。子公司及其他成员公司高级管理人员原则上不得相互兼任。

金调配，抑或是一致行动人配合举牌，大多是在金融集团的操弄下进行。我国金融主管机关曾表示：只要资金来源合规合法，监管不会干预。[①] 但问题在于在分业监管的背景下，我国保险监管机关的监管范围仅限于保险机构的偿付能力、资产负债、市场行为和公司治理。证监会的监管范围仅限于确定保险资金和其他主体是否属于一致行动人。银行监管机关的监管范围仅限于确定是否有银行存款被保险机构用作举牌上市公司。对同一金融控股集团实施的同一交易行为的监管被人为划分成独立的三块，此种条块化分割的监管格局已不适应金融综合化经营的时代趋势。为统合监管力量，适应金融混业的发展趋势，2023年，国务院在中国银行保险监督管理委员会基础上组建了国家金融监督管理总局，希冀国家金融监督管理总局能够打破条块化分割的传统监管格局，真正实现功能监管和行为监管。

在金融集团化趋势下，保险公司治理失序，保险资金被恶意利用成为敌意收购的资金来源。如何规制金融控股集团的行为，并构筑保险子公司的风险"防火墙"是保险监管机关必须关注的问题。当前，金融综合化经营的实践在我国愈演愈烈，2020年我国颁布了《金融控股公司监督管理试行办法》，2021年颁布了《保险集团公司监督管理办法》，这两项部门规章有利于规范金融控股公司的行为，防范金融风险。但我国尚未出台更高位阶的"金融控股公司法"，无法全面有效地规制金融控股集团的滥权行为。金融控股公司法是规范金融控股集团市场行为的基础性法律。为此，美国先后通过了《银行控股公司法》《金融服务业法案》《金融现代化法》等，英国制定了《金融服务法》，日本颁布了《金融体系改革一揽子法案》。我国台湾地区早在2001年就颁布了所谓"金融控股集团法"。[②] 实践中，我国金融集团数量日益增长，政府在政策层面也积极鼓励金融综合化经营。但是配套的"金融控股公司法"却付之阙如，导致金融控股集团所蕴含的风

---

① 江南莺，傅盛宁. 合法合规就不会干预［N］. 深圳商报，2015-12-19（A3）.

② 田静婷，仇萌. 我国金融控股集团的立法问题研究［J］. 西北大学学报，2013，43（4）：113-117.

险难以得到有效释放。因此，有必要尽快制定和出台"金融控股公司法"，健全金融控股集团的治理结构，并构筑金融子公司之间的"防火墙"，以防止风险进一步放大和交叉传染，这也是防范化解保险机构股票投资行为外部冲突的根本之策。

第三节　我国保险机构股票投资中利益冲突的法律控制

由上分析可知，利益冲突是我国保险机构激进投资股票的根源。基于保险机构高负债的资本结构，以及金融控股集团中保险子公司的从属性，极易导致保险公司治理结构失灵，保险公司股东从而提升风险偏好，滥用股票投资权限。风险衍生的特殊路径需要特殊的监管手段，但在我国现行保险监管规则之下，无法从根源上化解保险机构股票投资中的利益冲突，也无法发挥保险公司治理对股东行为的制衡作用，亟须进一步反思和研究。本节即梳理我国保险监管规则的不足之处，并提出利益冲突法律控制的具体路径。

一、我国保险监管规则对利益冲突防控力度不足

保险业是高负债的资本结构，保险机构股东和保单持有人两者间极易发生利益冲突。为保护保单持有人，在保险公司治理中必须重点加强股东治理。我国保险监管机关自成立以来便出台多项关于保险公司治理的监管规则，并特别强调保险机构股东的监管与治理。自2015年保险机构激进投资股票，大量举牌上市公司后，针对实践中出现的一致行动和实际控制人问题，原中国保监会又及时出台监管规则，试图进行堵漏。关于保险公司股东的监管规则具体包括以下方面。

（一）我国保险监管规则对保险公司股东的规定

2004年，原中国保监会出台《保险公司管理规定》，其中第四十三条规定："单个企业法人或者其他组织（包括关联方）投资保险公司的，持有的股份不得超过保险公司股份总额的20%。"由此可见，最初我国保险监管机关对保险公司单个股东的持股比例严格限制，导致保险公司股权较为分散，大股东及实际控制人无法实施滥权行为。但随着我国保险业对外开放，以及保险市场化改革的不断推进，我国保险监管机关不断提升保险公司单一股东持股比例限制，以更好地吸收优质资本。2006年，我国颁布《关于规范保险公司治理结构的指导意见（试行）》正式确立"保险公司治理监管"的新支柱。随后在2010年颁布《保险公司股权管理办法》，开始对保险公司股东进行系统性的规范。2015年，我国保险机构激进投资股票，并大量举牌上市公司，针对"宝万之争"等事件中出现的一致行动人和实际控制人等新问题。2016年年底，原中国保监会大幅修改《保险公司股权管理办法》并两次征求意见，后于2018年4月正式实施。《保险公司股权管理办法》以当前保险行业的问题为导向，对保险公司股东的监管架构做了大幅度的调整，其要点罗列如下。

其一，对保险公司股东进行类型化区分，实施差异化监管策略。我国保险法第六十八条对保险公司"主要股东"的资质做出规定。[①]2010年颁布的《保险公司股权管理办法》第十五条进一步明确"主要股东"的定义：持有保险公司股权15%以上，或者不足15%但直接或者间接控制该保险公司。2018年新修订的《保险公司股权管理办法》则摒弃"主要股东"的规制方式，转而根据持股比例、资质条件和对保险公司经营管理的影响，将保险公司股东分为四类，分别为财务Ⅰ类股东、财务Ⅱ类股东、战略类股

---

① 我国保险法第六十八条规定：设立保险公司应当具备下列条件：（一）主要股东具有持续盈利能力，信誉良好，最近三年内无重大违法违规记录，净资产不低于人民币二亿元。

东和控制类股东。[①] 上述四类股东对保险公司经营管理的影响依次递增，各类股东滥权的风险也逐渐加大，因此，我国保险监管机关从财务实力、业务状况、出资能力等方面不断加大对四类保险股东的资质限制。与此同时，为贯彻"保险姓保"的理念，引入理性稳健投资人，让真正做保险的人来做保险[②]，新修订的《保险公司股权管理办法》第五十条依次对不同类型的股东设定了1~5年不等的持股锁定期。[③] 此一类型化、差异化的保险股东治理策略一方面有利于维持保险市场的竞争，提升保险公司吸收资本的效率；另一方面通过精准监管防范保险公司大股东的滥权风险，有助于防范和化解利益冲突问题。

其二，对关联关系和一致行动人做出规定。在我国保险市场的实践中，有通过资产管理计划或信托产品购买股票投资上市保险公司的现象。保险公司股东名册上记载的为××资管产品或××信托产品，但事实上该名义股东并不具有任何意义，无法追溯到背后的实质股东。针对此类现象，《保险公司股权管理办法》第七条规定："资产管理计划、信托产品可以通过购买公开发行股票的方式投资上市保险公司。单一资产管理计划或者信托产品持有上市保险公司股票的比例不得超过该保险公司股本总额的百分之五。具有关联关系、委托同一或者关联机构投资保险公司的，投资

---

① 原中国保监会2018年最新修订的《保险公司股权管理办法》第四条根据持股比例、资质条件和对保险公司经营管理的影响，保险公司股东分为以下四类：（一）财务 I 类股东。是指持有保险公司股权不足百分之五的股东。（二）财务 II 类股东。是指持有保险公司股权百分之五以上，但不足百分之十五的股东。（三）战略类股东。是指持有保险公司股权百分之十五以上，但不足三分之一的股东，或者其出资额、持有的股份所享有的表决权已足以对保险公司股东（大）会的决议产生重大影响的股东。（四）控制类股东。是指持有保险公司股权三分之一以上，或者其出资额、持有的股份所享有的表决权已足以对保险公司股东（大）会的决议产生控制性影响的股东。

② 赵广道，梁涛：深入推进"三维度"公司治理监管改革［N］. 中国保险报,2017-09-18（1）.

③ 2018年最新修订的《保险公司股权管理办法》第五十条："投资人自成为控制类股东之日起五年内不得转让所持有的股权，自成为战略类股东之日起三年内不得转让所持有的股权，自成为财务 II 类股东之日起二年内不得转让所持有的股权，自成为财务 I 类股东之日起一年内不得转让所持有的股权。经中国保监会批准进行风险处置的，中国保监会责令依法转让股权的或者在同一控制人控制的不同主体之间转让股权等特殊情形除外。"

比例合并计算。"与此同时,《保险公司股权管理办法》第二十九条还引入"一致行动人"概念,并规定股东与其关联方、一致行动人的持股比例合并计算。我国对关联关系的认定主要在《企业会计准则》中,而对一致行动人的认定主要依据《上市公司信息披露管理办法》。《保险公司股权管理办法》引进"关联方"和"一致行动"人这两个概念,并合并计算持股比例。这样能够防止利用资管计划、委托或信托等关联关系分散持股或通过一致行动规避监管对股东资质限制的行为,从而在实质层面上认定股东对保险公司的影响力。

其三,在保险公司股权管理中全面贯彻穿透式监管原则。穿透式监管在2017年的经济规制中成了热门概念,甚至成为与资本市场相关部门的指导性主张。[①] 我国保险监管机关在对保险公司的股权管理中也积极引入穿透式监管策略,并在《保险公司股权管理办法》第三条中规定:"按照实质重于形式的原则,依法对保险公司股权实施穿透式监管和分类监管。"穿透式监管也反映到股权监管的具体措施上:第一,引入关联关系和一致行动人概念,并合并计算持股比例;第二,对自有资金来源向上追溯认定,禁止重复出资、循环出资的行为;第三,保险公司实际控制人实行备案报告制度,同时要求保险公司应在章程中约定若实际控制人未备案,则其股东不得行使股东会参会权、表决权、提案权等股东权利。上述穿透式监管措施是为了应近年来保险业出现的新问题所做出的针对性调整,在一定程度上有助于将保险公司股东的行为导向正轨。

（二）我国对保险公司股东及实际控制人的监管疏漏

金融监管法律总是不完备的,并且总是落后于商事实践。原中国保监会负责人在介绍修订后的《保险公司股权管理办法》相关情况时,也很无奈地承认:"所有监管规则在成文法中列明了以后,往往变成逃避监管的说

---

① 邓峰．"一人生病,全家吃药",穿透式监管或概念滥用 [EB/OL]．北京大学经济法,2018-04-04.

明书，你不是直系亲属三代里面不让做吗？他改成了叔伯兄弟，在规则以外有生存空间了。立法需要逐步通过法律条文加以详细规定和列举以后才能产生约束力，而在实践当中会出现各种各样的变形与创新，而立法的细化和完善则需要时间，这对监管机关来说是极大的挑战。"①笔者认为，新修订的《保险公司股权管理办法》虽然针对保险业的突出问题做了针对性调整，但对保险公司股东及实际控制人的监管仍存在不少缺漏，兹分析如下。

首先，我国保险公司股权管理中的一些规定有逾越上位法之嫌。我国现行保险法对保险业法部分的立法失之简略，关于保险公司股权管理的重大制度更是付之阙如。但就法律位阶而言，保险法仍是保险监管机关制定监管措施的法源依据，各类部门规章不可逾越上位法规定的限度。然而，《保险公司股权管理办法》在诸多监管措施上缺少法源依据，有逾越上位法之嫌。其一，《保险公司股权管理办法》限制保险公司股权转让于法无据。我国保险法并未规定保险公司股东持股的锁定期。从法理上讲，保险公司股权是独立的财产权，其包括占有、使用、收益、处分权能。《保险公司股权管理办法》第五十条规定了财务Ⅰ类、财务Ⅱ类、战略类和控制类股东分别在1~5年不等的期间内不得转让股权。此举虽然有助于保证保险公司股权结构的稳定，但并未取得充足的法律依据。其二，《保险公司股权管理办法》中存在一些"许可式备案"的规定。所谓"许可式备案"是指在我国金融监管法规中，存在着许多以备案形式存在的规范，而实际上却起着行政许可作用的行为。②例如，《保险公司股权管理办法》要求保险公司股东、股东的实际控制人变更必须向保险监督管理机关备案。备案作为一种程序性事项有利于保险监督管理机关掌握行业信息，便于实施监管。但值得注意的是，备案本身并不具备任何法律效力。但保险监管机

---

① 保监会介绍修订后的《保险公司股权管理办法》相关情况［EB/OL］. 中国保险报网，2018-03-07.

② 张博. 法治政府视野下的行政许可式备案：特征、成因与弊端［J］. 南海法学，2017,1（4）：33-43.

关却要求保险公司在章程中强制约定：未经备案，股东不得行使股东大会的参会权、表决权、提案权等股东权利，并承诺接受保险监管机关的处置措施。保险公司章程以股东意思自治为主导，以股东等相关主体的权利义务为内容。备案条款与股东权利义务毫无关系，却被粗暴地纳入保险公司章程当中，实质上是以金融监管机关的监管意志取代了股东的意思自治，这无异于将备案这一程序性事项异化为行政许可，或有违法的嫌疑。总之，上述监管规定虽然有助于提升监管效能，遏止当前保险业存在的突出问题，但监管手段未免过于随意，也使难以使监管规则体系化、成熟化地表达在保险法规范中，可能导致监管权的滥用，更偏离金融监管法治化的轨道。

其次，对保险公司实际控制人的监管规范亟待完善。《保险公司股权管理办法》对实际控制人的规制方式有三：其一，明文规定了保险公司实际控制人的资质条件。《保险公司股权管理办法》第十一条规定，保险公司控制类股东应当具备的资质条件；第十九条从反面列举在十种情形下，投资人不得成为保险公司的控制类股东，并于第二款明确保险公司实际控制人适用前述反面规定。但实际控制人的资质条件能否适用第十一条关于控制类股东的正面规定仍有疑问。实践中，控制类股东和实际控制人均能够对保险公司经营产生控制性影响，两者资质的限制性条件应适用相同的规则。再者，从实际操作上看，对实际控制人相关信息如何查实也是实践中可能面临的难题。《保险公司股权管理办法》第五十三条第三款规定："保险公司股东的实际控制人变更，保险公司股东持有的保险公司股权价值占该股东总资产二分之一以上的，实际控制人应当符合本办法关于股东资质的相关要求，并向保险公司及时提供相关材料，保险公司应当在变更前二十个工作日内将相关情况报中国保监会备案。"该规定似乎认为，若股东所持股权价值构成自身总资产的主要部分，则其实际控制人应当具备相关股东资质，但具体应具备四类股东类型中的哪类股东的资质条件似乎模糊不清。由此可见，《保险公司股权管理办法》对实际控制人的资质要求仍应进一步明确。其二，尝试规定保险公司实际控制人信息披露制度。我国保险法第一百五十条规定："国务院保险监督管理机构有权要求保险公司股东、实际控制人在指定的期限内提供有关信息和资料。"《保险公司股权管理办法》中对上述规定进一步细化。第三十七条规定："保险公司应当向中国保监会说明实际控制人情况。"除此之外，第四十六条规定，保险公司股东也应当如实向保险公司通知实际控制人的信息。第五十七条、第五十九条均规定，保险公司应当及时真实、准确、完整地披露实际控制人的相关信息。由上可见，现行制度对实际控制人的信息披露仅要求保险公司及其股东主动进行报告，若在保险公司及其股东有意隐瞒股权架构及实际控制人的情况时，保险监管部门必然力有未逮。其三，缺乏对实际控制人的处罚措施。我国保险法第一百零九条规定："保险公司的控股股东、实际控制人、董事、监事、高级管理人员不得利用关联交易损害公司的利益。"此是对实际控制人的义务性规定，但保险法在第一百七十一条和第一百七十七条仅仅涉及对"直接责任人员"的处罚，"直接责任人员"是否包含实际控制人未予明确。而《保险公司股权管理办法》对实际控制人更没有明确规定任何处罚措施。

再次，我国保险监管法规对保险公司股东及实际控制人滥权的处罚力度偏弱、手段偏软、威慑力不足。资本结构理论视角下保险公司股东及实际控制人存在极高的代理风险，诚如张士杰教授所言："制定适当的最低资本要求就可以釜底抽薪地抑制保险机构股东拉高财务杠杆的动机，也可以因为降低破产概率而降低股东滥权的可能性。若进一步假设法规要求保险公司的自有资本必须是准备金的九倍以上，这时任何监管措施都不需要了，股东自然会乖乖、正派地经营，因为无钱可贪，并且做错决策的后果几乎都是由自己来承担。"[①] 上述假设在实践中虽然不可能发生，但也从本

---

① 张士杰，蔡政宪. 从学术理论到监理实务［M］. 台北：财团法人保险事业发展中心，2009：261.

质上揭示了保险机构股东及其实际控制人的滥权问题源于保险业高杠杆、高负债的典型特征。同时，这也为我国保险监管机关提供了另一种监管思路——课予保险公司股东及实际控制人相应的违法成本。也即，加大对保险公司股东及实际控制人滥权的处罚力度，使其预期成本大于预期违法所得，如此便可最大限度地消除保险公司股东及实际控制人滥权的动机。我国保险法在一百七十一条规定，保险监督管理机构可对"直接负责的主管人员和其他直接责任人员给予警告，并处一万元以上十万元以下的罚款；情节严重的，撤销任职资格"。同时在第一百七十七条规定："违反法律、行政法规的规定，情节严重的，国务院保险监督管理机构可以禁止有关责任人员一定期限直至终身进入保险业。"参照我国证监会颁布的《证券市场禁入规定》，保险行业禁入应指被保险监督管理机关采取禁入措施的人员，在禁入期间内，不得担任保险公司的董事、监事和高级管理人员。[1]由此可见，被禁入的股东或实际控制人虽不得担任经营管理人员，但仍可以作为股东或者实际控制人直接或间接投资保险公司，也可直接或间接影响保险公司经营，此种可能性或许会减损行业禁入的规制效果。且罚款的最高限度仅在10万元，与保险公司股东及实际控制人滥权所获得的巨额收益相去甚远，更无法起到威慑作用。反观我国台湾地区所谓"保险法"规定直接责任人员应对公司之债权人负无限连带清偿责任。此条规定虽然突破了公司有限责任原则，但也彰显了我国台湾地区保险监管机关对保险违法行为的处罚力度和决心。我国保险法虽然不能偏激地规定股东及实际控制人的无限连带责任，但也应提高对保险公司股东及实际控制人违法行为的罚款上限，使其违法的预期成本远远高于预期收益，从根本上消除违法的动机。

---

① 《证券市场禁入规定》第四条："被中国证监会采取证券市场禁入措施的人员，在禁入期间内，除不得继续在原机构从事证券业务或者担任原上市公司董事、监事、高级管理人员职务外，也不得在其他任何机构中从事证券业务或者担任其他上市公司董事、监事、高级管理人员职务。"

最后，在保险监管领域实施的"穿透式监管"策略在理论认知和实践操作上仍待进一步研究。股东治理是保险公司内部治理的关键。[①]首先，应确保股东出资是来源合法的自有资金，不得利用保险资金循环出资、自我注资，使偿付能力监管指标虚化。其次，应确保保险机构的股东持股比例符合监管限制，防止大股东和实际控制人操纵保险公司。为此，《保险公司股权管理办法》按照实质重于形式的原则对保险公司股东身份及资金来源实施穿透式监管。穿透式监管兴起于金融混业的时代背景之下，其理论来源是功能监管和行为监管。具体而言，"在资本端，穿透式监管要向资本金的最终来源穿透，识别金融企业的最终控制人；在资产端，穿透式监管要向最终的底层资产穿透，识别金融资产的最终投向，判断其是否符合特定资产管理的监管规定，其风险是否经过评估；在负债端，穿透式监管要向最终客户方向穿透，识别最终风险收益承担者，防止风险在不同风险承受能力人群中的错配"[②]。然而，穿透式监管在实践操作中存在诸多困境。正如监管者所言："商业主体的现金流在企业活动中是不断的进出和流转的，什么时点上可以真正地确定为自有资金，常常难以判断，尤其是各种通道大量存在的时候，又增加了很多变通的空间。"[③]更为重要的是，穿透式监管"用谁是股东来鉴别公司好坏，实质上用监管手段刺破了公司的面纱"[④]，这可能颠覆传统公司法人格独立的基石，可能引发股东和公司责任相分离的制度危机。由上分析，穿透式监管虽有助于提升监管效能，但也可能引致更大的监管成本。[⑤]当前在保险监管领域乃至整个金融领域，

---

① 郝臣. 提升我国保险公司治理能力的思考：标准引领与监管推动的视角［J］. 保险理论与实践，2018（7）：1-31.

② 王福凌. 穿透式监管理念在保险监管中的应用［N］. 中国保险报，2017-12-15（4）.

③ 原中国保监会负责人介绍修订后的《保险公司股权管理办法》相关情况［EB/OL］. 中国保险报网，2018-03-07.

④ 邓峰. "一人生病，全家吃药"，穿透式监管或概念滥用［EB/OL］. 北京大学经济法，2018-04-04.

⑤ 叶林，吴烨. 金融市场的"穿透式"监管论纲［J］. 法学，2017（12）：21.

应进一步研究穿透式监管的理论架构和实践运作，以摆脱"按下葫芦又起瓢"的尴尬局面。

二、保险股东与保单持有人利益冲突的平衡路径

防范和化解保险机构股票投资中的内部利益冲突，关键是平衡保险机构股东和保单持有人的利益，重点加强保险机构股东及实际控制人治理，以健全保险机构的治理结构，使保险机构能够做出科学的股票投资决策。

（一）围绕"控制权转移"这一核心，构建对实际控制人的监管规则

实际控制人行为的规制也是一般公司治理中亟待解决的问题。根据公司法第二百一十六条第三款之规定："实际控制人是指虽不是公司的股东，但通过投资关系、协议或者其他安排，能够实际支配公司行为的人。"通过上述定义可知，实际控制人虽非公司股东，但对公司行为的支配力和影响力并不逊色，可能损害公司及相关主体的利益，因而立法对实际控制人才要予以重点关注。保险业高负债和高杠杆的资本结构下，保险公司实际控制人的道德风险比一般公司有过之而无不及。反观我国最新颁布的《保险公司股权管理办法》却并无对保险公司实际控制人的直接规定，大多是对实际控制人的间接监管措施。例如，第四十六条规定，保险公司股东应当及时、真实、准确、完整地向保险公司报告实际控制人信息。第五十七条和第五十九条规定，保险公司应当如实披露实际控制人的信息。第五十三条和五十六条规定，保险公司应及时将实际控制人情况向原中国保监会备案或报告。上述条文大多是通过保险公司或保险公司股东来了解实际控制人的相关信息，并无针对实际控制人的直接监管措施。只有第五十七条规定了原中国保监会对保险公司股权取得或者变更实施行政许可，必须审查其实际控制人的有关情况。但实际控制人和股东相互分离，实际控制人发生变动并不必然发生保险公司股权的转让行为。由此可知，我国保险监管机关对实际控制人的监管规范并不完善。

国际保险监督官协会（IAIS）制定的《保险监管核心原则》(*Insurance Core Principles*) 对世界各国保险监管工作具有重要的指导意义。在《保险监管核心原则》第六章（ICP 6）专门规定了保险公司"控制权转移"的相关事项。《保险监管核心原则》第六章开篇即指出："对于计划取得保险公司大量股权或其利益之法人或自然人，若此计划可能导致该人直接或间接，单独或与他人合计，能对保险公司行使控制权，此计划必须得到保险监管机关的评估和许可。"所谓"控制权"是指持有保险公司、其中间人或最终受益人超过一定比例的股份或其他金融工具（ICP 6.1.1）。对于保险公司控制权转移的具体规制措施是，"保险公司必须在控制权可能会发生变动时通知监督官，由监督官决定是否许可保险公司控制权变动方案"（ICP 6.2）。由上述分析可知，国际保险监督官协会并不区分控制权是由股东掌握还是由非股东的实际控制人掌握，而围绕着"控制权转移"（Change of Control）这一核心概念展开，对"控制权转移"的监管规则同等适用于股东和实际控制人。也可以说，国际保险监督官协会采用"行为规制"策略，围绕保险公司"控制权转移"制定监管规则。

反观我国，《保险公司股权管理办法》采用"主体规制"策略，且以保险公司股东行为为规制重点，对保险公司股权变更行为实施行政许可，而对保险公司实际控制人主要以信息披露和备案为主，从而使实际控制人对保险公司的支配行为游离于监管之外。有鉴于此，我国保险监管机关应借鉴国际保险监督官协会的做法，围绕保险公司"控制权转移"这一核心概念展开，并规定凡涉及保险公司"控制权转移"的事项必须经过保险监管部门的评估和许可，如此才可避免可能出现的监管漏洞，也使得保险机构股东和实际控制人适用相同的监管规则。

（二）加强保险公司大股东适格性监管，维持保险公司股权结构的稳定性

基于保险业经营涉及核保、理赔、精算、法律、投资及会计等专业知

识，如果公司大股东的诚信和财务能力遭到质疑，或是保险公司主要负责人不符合专业与诚信等消极与积极资格，基于信息不对称及道德风险所引发的代理成本，将影响公司治理制度的执行。[①] 此外，保险业是一项长期事业，要引入具有理性稳健理念的投资人，让真正懂保险的人来做保险，因此必须将保险机构大股东的适格性监管纳入保险监管规则当中。

1. 大股东的持股锁定期

为维持保险公司股权结构的长期稳定，《保险公司股权管理办法》第五十条强制要求保险公司的控制类股东五年内不得转让所持有的股权，战略类股东三年内不得转让所持有的股权，财务 II 类股东两年内不得转让所持有的股权，财务 I 类股东一年内不得转让所持有的股权。通过持股锁定期，一定程度上能够保持股权结构的稳定。但细观察之，持股锁定期也并非万无一失。试想若保险公司股权结构表面上保持不变，但保险公司股东的控股股东或实际控制人频繁变动，这一样可以达到股权转让的实质效果，并支配和影响保险公司的行为，无非是多做几层架构而已。这也从另一角度印证了《保险监管核心原则》中保险公司"控制权转移"规则的科学性。因控制权与股权无涉，不论保险公司股权架构多么繁杂，控制权的认定都具有相当穿透力。

2. 大股东长期经营的承诺

我国台湾地区保险监管机关认为，寿险公司收取大众保户资金承做各式保单业务，保单期限动辄二十年以上，若无法提供相对应的经营承诺，无法有效保障保户权益。因此主管机关在法规中要求保险公司大股东应出具长期经营承诺书说明取得保险公司股份的动机及目的，并提供具法律拘束力之证明文件说明如何确保股东适格性及结构稳定性。若有关系企业，还应提交其与关系企业之投资架构图并说明关系企业各成员所从事之业

---

① 张士杰. 价值创造与风险管理：理论、迷思与实务［M］. 台北：沧海书局，2012：108.

务。① 对于我国保险监管机关通过设定持股锁定期这一硬性规定来保持保险公司股权结构的稳定性，我国台湾地区要求出具长期经营承诺书的方式更加灵活，也反映出监管者与投资人的合意。另外，长期经营承诺书包含股权架构、业务范围、经营方针等内容，使这一具有法律拘束力的文件更加具体，易于执行，能够为各方提供稳定的预期。我国对保险公司控制权变动的监管可借鉴这一方式，由此使股东长期经营理念真正纳入保险监管规则。

3. 大股东的财务能力

经由资本结构理论的分析，当保险公司出现财务危机时，股东往往拒绝和拖延增资。由此我国保险法第一百三十八条规定："对偿付能力不足的保险公司，保险监管机构可以责令其增加资本金。"《保险公司股权管理办法》第四十二条进一步规定："保险公司需要采取增资方式解决偿付能力不足的，股东负有增资的义务。不能增资或者不增资的股东，应当同意其他股东或者投资人采取合理方案增资。"然则，增加资本金必须考量大股东的财务能力，如若大股东入股时便不具备经营保险业的财务能力，那么增加资本金这一监管措施便成为空谈，因此投资人入股保险公司时即应严格审核其财务能力，特别是在未来较长时期内应具备稳健的财务能力，以确保保险公司出现危机时及时予以救助。观察《保险公司股权管理办法》所列举重要股东的财务资质要求，战略类股东仅要求净资产不低于10亿元和最近3个会计年度持续盈利，而控制类股东要求总资产不低于100亿元和最低一年末净资产不低于总资产的30%。而我国台湾地区保险监管机关并不仅仅考量股东自身的资产状况，而是立足于股东财务能力是否足以应

---

① 我国台湾地区保险监管机关在2011年1月21日发布《同一人或同一关系人持有同一保险公司已发行有表决权股份总数超过一定比率管理办法》第八条第三款明确规定：持有同一保险公司已发行有表决权股份总数超过一定比率者所做出的长期经营承诺，至少应包含：（一）长期经营承诺书；（二）取得保险公司股份之动机及目的；（三）提供具法律拘束力之证明文件说明如何确保股东适格性及结构稳定性；（四）如有关系企业者，应检附其与关系企业之投资架构图并说明关系企业各成员所从事之业务。

对未来3年乃至10年的增资需求，在程序上要求说明未来所需之增资金额及其他可能之潜在负担，实质且具体之增资来源。上述规定更符合保险公司未来增资的实际需求，而且要求大股东在程序上必须进行明确具体的说明，足以体现保险公司大股东应具备长期经营的资质条件，必须做长期经营的计划。

（三）强化保险公司股东及实际控制人的法律责任

资本结构理论表明："保险公司股东与债权人在保险公司决策产生利益冲突时，股东倾向于选择风险性高的投资项目。"[①]"甚至于保险公司出现财务危机时，股东倾向于牺牲债权人的利益进行豪赌、拒绝或拖延增资、掏空公司资产。"[②]为惩治损害保险公司利益的违法行为，实现保护保单持有人利益的长远目标，有必要编织我国保险公司股东及实际控制人的法律责任网。

我国台湾地区所谓"保险法"从民事责任和刑事责任两个层面强化保险公司股东及实际控制人的法律责任，相关经验或值得大陆地区保险监管机关借鉴。我国台湾地区所谓"保险法"第一百五十三条规定："保险公司违反保险法令经营业务，致资产不足清偿债务时，其董事长、董事、监察人、总经理及负责决定该项业务之经理，对公司之债权人应负连带无限清偿责任。"本条设定了保险公司负责人的民事责任，要求掌握保险公司经营权的股东负连带无限清偿责任。此虽将能有效抑制股东的自利行为，一举解决保险公司高负债所带来的副作用，但若施行不当可能影响到保险市场的供给面，导致投资人都不敢来开保险公司了，还可能"误杀"专业经理人，或让股东可以躲在法人投资人的背后，使效果大打折扣。[③]此外，

---

① 张士杰. 价值创造与风险管理：理论、迷思与实务［M］. 台北：沧海书局，2012：173.

② 张士杰，蔡政宪. 从学术理论到监理实务［M］. 台北：财团法人保险事业发展中心，2009：253–264.

③ 张士杰，蔡政宪. 从学术理论到监理实务［M］. 台北：财团法人保险事业发展中心，2009：263.

就法理而言，使股东负连带无限清偿责任严重违背了公司股东有限责任这一现代公司制度的基石，不利于保险业吸收优质资本。由此可见，连带无限清偿责任这一做法不值得大陆借鉴，抑制股东的自利行为应另辟蹊径。该条第二项进一步规定：主管机关对前项应负连带无限清偿责任之负责人，得通知有关机关或机构禁止其财产为移转、交付或设定他项权利，并得函请入出境许可之机关限制其出境。该条第二项乃针对负连带无限清偿责任的负责人所采取的财产及人身的限制措施。上述无限清偿责任虽无法适用于保险公司股东，但当保险公司出现财务危机时，对保险公司股东的财产及人身进行限制实有必要。我国保险法及《保险公司股权管理办法》仅规定当保险公司出现偿付能力不足时，股东负有增资义务，但并未对确保股东增资义务的履行设定任何程序性事项。大陆保险监管者应借鉴我国台湾地区的做法，对负有增资义务股东的财产及人身采取限制性措施，并将该监管措施明文规定于保险监管法规当中。

我国台湾地区所谓"保险法"第一百六十八条之二规定："保险业负责人或职员或以他人名义投资而直接或间接控制该保险业之人事、财务或业务经营之人，意图为自己或第三人牟取不法之利益，或损害保险业之利益，而违背保险业经营之行为，致使损害于保险业之财产或利益者，处三年以上十年以下有期徒刑，得并科新台币一千万元以上二亿元以下罚金。其因犯罪获取之财物或财产上利益达新台币一亿元以上者，处七年以上有期徒刑，得并科新台币二千五百万元以上五亿元以下罚金。"本条称为台湾地区所谓"保险法"上之特别背信罪，其规定意旨乃为保险业负责人或职员，或以他人名义投资而直接或间接控制该保险业之人事、财务，或业务经营之人利用职务之便挪用公款或利用职权掏空公司资产者。背信行为之本质，乃事务处分权限之滥用或信托义务之违反，申言之，掌握保险公司经营权及控制权之人受托为广大保单持有人处理事务，本应依诚实信用原则，忠实履行其受托义务，倘若其滥用事务处理权限，或违背其信托关系所应履行之义务，即属具有可罚性之背信行为。[1] 我国在2006年通过的《中华人民共和国刑法修正案（六）》中增定"背信损害上市公司利益罪"和"背信运用受托财产罪"两项罪名。保险公司股东或实际控制人的背信行为似乎可以归入背信运用受托财产罪之范畴。但仔细深挖发现，保险公司背信运作保险资金只是其损害保险公司及保单持有人利益的行为类型之一，背信运用受托财产罪无法涵盖保险公司股东及实际控制人在保险公司治理中的所有背信行为。有学者认为，应在财产犯罪中增设普通背信罪，以囊括所有背信行为，即为他人处理事务者，出于为自己或第三者牟取利益，或者损害委托人利益的目的，滥用其权限，或者违反其义务，致委托人的财产利益遭受现实损害。[2] 上述见解殊值赞同，在财产犯罪中增定普通背信罪同我国台湾地区所谓"保险法"中的保险特别背信罪的内涵和外延一致，能够囊括保险公司股东及实际控制人形态各异的滥权行为，此做法值得我国大陆借鉴与引入。

三、金融集团中保险机构股票投资行为的自主性

金融控股集团以"整体性"为其突出特征，有利于达成规模经济和范围经济。但也常常出现不同主体间利益彼此对立的情形。保险子公司融入金融控股集团的组织架构之下，势必衍生出与整个集团及其他子公司的利益冲突问题。在金融混业经营的时代背景下，我国金融控股集团热衷于搭建保险平台，一方面乃通过保险子公司汇集资金，另一方面是利用保险机构灵活的资金运用渠道，甚至借助保险子公司庞大的资金优势作为收购上市公司的一致行动人。[3] 保险业出现的一系列乱象表明：我国保险子公司在金融控股集团下的利益冲突问题尤为明显。因此，如何在金融集团内构建保险子公司的风险隔离机制，维持保险子公司股票投资的独立与超然地

---

① 廖世昌，郭姿君，洪佩君．保险监理实务［M］．台北：元照出版有限公司，2017：226–229.

② 王骏．论增设普通背信罪［J］．河北法学，2018，36（12）：88–101.

③ 杨杨，孙跃跃．保险牌照，进入多元扩容时代［J］．金融博览（财富），2017（4）：57–59.

位则是我国保险监管机关监管的重点。

　　保险业经营成败攸关全体保单持有人的利益，对社会金融秩序影响甚大。为防范金融控股集团中的利益冲突，世界各国在保险子公司与其他金融子公司间设立了一道"防火墙"，以维持保险业务经营的独立地位，避免保险子公司成为金融控股集团的附庸。为维护保险子公司股票投资行为的独立与超然地位，我国金融监管领域是否也有必要引入"防火墙"制度，以减少金融控股集团对保险子公司的负面影响，下文将着重研讨这一重点问题。

　　（一）金融集团中利益冲突的防范——"防火墙"的兴起

　　"防火墙"（fire wall）滥觞于美国经济大萧条后的银行、证券分离年代。因金融机构经营本身就有其风险，而在跨业经营后更将产生脆弱性，为避免金融风险在不同类型的金融机构间发生溢出和传染，势必要在金融监管层面上对不同金融业务进行区隔，这一系列制度统称为"金融防火墙"。

　　目前普遍被提及的"防火墙"概念源于1987年美国联邦准备理事会主席艾伦·格林斯潘（Alan Greenspan）在众议院银行委员会的证词。其针对银行和证券业之间风险隔离提出设立"防火墙"的构想，具体是指：（1）银行子公司不得贷款给证券子公司，也不得自证券子公司购入资产；（2）银行不得对证券子公司承销的证券提供保证；（3）银行不得对承销的证券发行公司提供支付还本或付息的贷款；（4）银行不得对其顾客提供贷款以购买证券子公司承销的证券；（5）银行子公司与证券子公司间董监事及高级职员的兼任应予适当限制；（6）证券子公司的债券并非银行子公司的债务，以免客户产生混淆；（7）证券子公司的资本要充实。[①]

　　格林斯潘所提出的"防火墙"构想的核心目的在于设计一套分离架构，防范利益冲突和利益输送，以免银行或证券业风险的相互波及。如若拓展到金融控股集团的视角之下，"防火墙"应指"将经营银行、保险、证券

――――――――――

　　① 施敏雄. 美国银行与证券业务分离制度及防火墙［J］. 台北市银月刊，1992（6）：10.

等不同业务的机构分离，禁止或限制同一控制权下的银行、证券、保险等金融机构在资本、业务、资金和信息上的不当联系，防范利益冲突，防止经营不同业务的金融机构的风险相互传染，特别是保护银行不受其他机构的风险传染"[1]。

（二）我国金融集团中保险子公司"防火墙"设立之必要性

"防火墙"可进一步区分为"内部防火墙"和"外部防火墙"两种。[2]所谓"内部防火墙"是指金融机构间银行、证券、保险业务之间的区隔，以及各金融业内部业务之间的区隔。[3]金融监管机关希望通过设置"内部防火墙"，防范业务兼营可能产生的利益冲突与风险的相互波及。"外部防火墙"亦称为"金融与商业分离原则"，指金融机构和实体产业之间的隔离措施，通过限制金融机构对实体企业的投资，对二者进行区隔。之所以如此系基于金融机构与实体企业的业务范围与经营风险不同。金融机构应专注于经营金融业务，避免传递金融风险于实体产业，也避免实体产业风险波及金融业。再者，由于金融机构具有庞大的资金优势，如若跨业经营非金融业务，可能破坏市场的竞争秩序。在我国金融监管的诸多论述中，分业监管多指在金融业内部构建"内部防火墙"，而对金融业与实体产业之间的"外部防火墙"则鲜有深入的研究和论述。

深入挖掘保险机构激进投资股票事件背后的法律问题，其应涉及"内部防火墙"和"外部防火墙"两个方面。其一，保险机构大量举牌上市公司并非单独行动，而是在金融控股集团的组织架构下，充当其他子公司敌意收购的一致行动人，甚至被社会公众频繁质疑是"融资平台"和"提款机"。因此在金融控股集团中，隔绝保险子公司风险的"内部防火墙"被突破。其二，保险机构激进举牌上市公司，甚至全面替换上市公司管理

---

① 姜立文. 金融控股公司法律问题研究 [D]. 上海：华东政法学院，2005：95.

② 胡峰宾. 新金融秩序下金融控股集团监理法制之再建构 [D]. 台北：台湾大学，2010.

③ "内部防火墙"是保险行业不同业务之间的区隔，例如，我国保险法第九十五条规定：保险人不得兼营人身保险业务和财产保险业务。

层，已严重影响到上市公司正常的经营管理。保险机构投资股票不仅没有支持企业的发展，反而有损实体经济的健康稳定。[①] 由此可见，金融机构与实体企业间的"外部防火墙"也没有发挥应有的规制作用。

综上分析可知，我国金融主管机关对保险机构股票投资行为的法律监管必须从"内部防火墙"和"外部防火墙"两个方面着手。"内部防火墙"关系到金融控股集团的治理问题，本质而言是保险公司治理问题的延伸和升华。而"外部防火墙"涉及保险子公司等金融机构投资实体企业的行为边界，以及金融机构与实体企业互动的法律路径。金融监管的最终目标是使保险机构股票投资行为既符合法律要求，又满足公众的一致预期。本部分主要探讨金融控股集团中保险子公司"内部防火墙"的建制，以期维持保险机构股票投资决策的科学性与行为的独立性，阻绝或限制金融控股集团对保险子公司行为的不当影响和控制。"外部防火墙"在本书第四章着重探讨，在此不做赘述。

（三）我国金融集团中保险子公司"防火墙"的具体内容

参照金融发达市场的实践经验，金融控股集团中"防火墙"主要包括以下类型：法人防火墙、资金防火墙、人事防火墙、业务防火墙和信息防火墙。[②] 法人防火墙是指金融机构若要跨业经营其他金融行业，就必须通过设立子公司的方式进行兼营。比如，保险公司若要跨业经营银行业务，就必须设立银行子公司。法人防火墙利用公司法法人人格独立以及股东有限责任的规定，通过设置独立的法人实体从事不同金融业务的经营，不仅构造起了利益冲突防控机制，更区隔了母子公司间风险的传递。[③] 在我国分业经营的传统格局中，大多是通过在母公司的平台上新建或兼并子公司

① 潘刚. 防止资本大鳄冲击实体经济 [N]. 经济参考报，2017–03–10（1）.
② 黎四奇. 金融企业集团法律监管研究 [M]. 武汉：武汉大学出版社，2005：224–226.
③ 李霖. 金融集团化与金融法律变革 [D]. 上海：上海财经大学，2007：65.

的方式来组建金融控股集团。① 典型的例子是我国平安保险集团，其最初是以保险起家，而后又通过设立证券、银行、信托等子公司，成为横跨银、证、信、保等金融领域的大型金融集团。因此，法人防火墙在我国金融控股集团的组织方式中天然存在，各金融子公司间是相互独立的实体，一定程度上能够隔绝风险的传递，防范利益冲突。业务防火墙指在金融控股集团的组织架构下，子公司间经常利用共同的渠道或进行合作营销，以强化业务协同和提升组织效率，为此业务人员必须明确提示产品的实际提供者，向客户充分披露销售的金融产品或服务的内容、风险和收益。② 信息防火墙是为防止内部信息在集团内相互扩散，导致利益侵占和不公平竞争，从而建立起的保密程序。③ 人事防火墙是为防止管理人员兼任可能会带来的利益冲突，从而要求金融控股集团内实施竞业禁止，分设账簿，实现管理机构和人员的分离。④

在金融控股集团中，隔绝保险子公司的"防火墙"不仅包括法人防火墙、业务防火墙、信息防火墙和人事防火墙，更为重要的是资金防火墙。观诸保险机构激进投资股票行为的表现，金融控股集团的行为恰恰是越过资金防火墙操控保险机构的投资行为。资金防火墙主要针对金融集团的内部交易行为，主要在限制或禁止各个金融子公司或其关联机构间的非常规交易。⑤ 金融控股集团是资金调配的联合体，为提高资金运用效率，加速资金流动，在各个子公司之间进行资金调配是常态。但是资金的流动也会导致风险的交叉传染。比较典型的是，在金融控股集团中，银行子公司降低核贷标准贷款给其他子公司，使储户权益受损。同理可知，在金融控股集团之中，保险子公司与集团及其他子公司也易产生利益冲突。保险机构

① 郑明高. 中国金融业混业经营的路径选择 ［M］. 北京：中国经济出版社，2012：83.

② 梁远航. 金融控股公司内部治理机制研究 ［M］. 北京：法律出版社，2014：218.

③ 康华平. 商业银行综合经营及风险控制研究 ［M］. 北京：中国金融出版社，2012：74.

④ 李霖. 金融集团化与金融法律变革 ［D］. 上海：上海财经大学，2007：69.

⑤ 姜立文. 金融控股公司法律问题研究 ［D］. 上海：华东政法学院，2005：95-96.

使用保险资金投资股票可能并非基于自身利益最大化和市场竞争机制而做出的理性选择。因此必须从根本上消除保险机构股票投资决策中的利益冲突。

　　我国台湾地区所谓"金融控股公司法"为隔绝银行和保险等子公司授信以外交易的风险，在第四十五条规定了金融控股公司从事授信以外交易的对象及限制。[①] 详言之，该条是防止金融控股公司中的董事、监察人、公司大股东及其关系人利用职务之便，与公司进行违反常规的资产交易，从而损害公司或其股东或债权人的利益，因而明定金融控股公司或其子公司与利害关系人从事授信以外的其他交易时，须经由董事会重度决议的特别决议程序，即必须经公司三分之二以上董事出席及出席董事四分之三以上之决议为之，且条件不得优于其他同类对象。对于金融控股公司利用旗下保险子公司进行股票投资，甚而保险子公司与其他非保险机构作为一致行动人举牌上市公司，这属于第四十五条第二项第六款后半段"与第三人进行有前项各款对象参与之交易"，已构成保险子公司与金融机构及其利害关系人从事非常规交易。因此完全适用第四十五条所定特别程序的限制。因此，我国大陆金融主管机关有必要借鉴我国台湾地区的相关经验，在金融控股公司利用旗下保险子公司进行股票投资时，适用特别程序行使表决权。在我国现行公司法下，董事会议事方式和表决程序大多由公司章程规定。因此，我国台湾地区所谓"金融控股公司法"关于董事会的特别决议程序无法融入公司法之中。为此，有必要仿效我国公司法第十五条第

---

① 我国台湾地区"金融控股公司法"第四十五条（从事授信以外交易之对象及限制）：金融控股公司或其子公司与下列对象为授信以外之交易时，其条件不得优于其他同类对象，并应经公司三分之二以上董事出席及出席董事四分之三以上之决议后为之：一、该金融控股公司与其负责人及大股东；二、该金融控股公司之负责人及大股东为独资、合伙经营之事业，或担任负责人之企业，或为代表人之团体；三、该金融控股公司之关系企业与其负责人及大股东；四、该金融控股公司之银行子公司、保险子公司、证券子公司及该等子公司负责人。

二款和第三款，公司为公司股东或者实际控制人提供担保之规定。[1] 若金融控股公司和旗下保险子公司共同持股同一上市公司，宜由保险公司股东会进行决议，且利害关系人所支配的股东不得参加表决，该项决议由出席会议的其他股东所持表决权的过半数通过。借助严监管之下的保险公司治理机制以及股票投资事项的决议程序，双管齐下能够最大限度地维持金融控股集团中保险子公司股票投资行为的独立性，最终防范保险资金被滥用的风险。

值得注意的是，我国金融控股集团的法律监管体系正逐步建立"防火墙"制度。例如，中国人民银行于2020年颁布的《金融控股公司监督管理试行办法》第三十四条明确规定："金融控股公司应当建立健全集团整体的风险隔离机制，包括金融控股公司与其所控股机构之间、其所控股机构之间的风险隔离制度，强化法人、人事、信息、财务和关联交易等'防火墙'，对集团内部的交叉任职、业务往来、信息共享，以及共用销售团队、信息技术系统、运营后台、营业设施和营业场所等行为进行合理隔离，有效防控风险，保护客户合法权益。"原中国银保监会于2021年颁布的《保险集团公司监督管理办法》第四十二条也规定："保险集团公司应当建立和完善集团内部资金管理、业务运营、信息管理以及人员管理等方面的防火墙制度，防范保险集团成员公司之间的风险传递。保险集团成员公司之间开展业务协同的，应当依法以合同等形式明确风险承担主体，防止风险责任不清、交叉传染及利益冲突。"

---

[1] 公司法第十五条第二款：公司为公司股东或者实际控制人提供担保的，应当经股东会决议。第三款：前款规定的股东或者受前款规定的实际控制人支配的股东，不得参加前款规定事项的表决。该项表决由出席会议的其他股东所持表决权的过半数通过。

第四章

我国保险机构股票投资行为的法律边界

——以"金融与商业分离原则"为视角 [①]

　　保险机构对外投资决策并非完全自由，一则要秉持维护保单持有人利益的最高目标，确保自身偿付能力充足；二则要避免保险机构凭借庞大的资金优势，滥用经济力量。因而世界各国皆对保险机构的资金运用行为施以高度管制，以防范保险资金运用风险，并激励与引导保险资金配合社会需要与经济发展。[②] 目前，我国股票市场并不十分成熟，上市公司治理结构尚不健全。因此，我国保险机构自2004年获准直接入市投资股票以来，便被预设了支持股票市场长远发展的政策目标。具体而言，保险机构要发挥长期价值投资者的优势，做股票市场的"压舱石"和"稳定器"。[③] 同时保险机构投资股票的价值导向是"以财务投资为主，战略投资为辅"。但纵观我国保险机构在股票市场的行为表现，其不仅背离上述角色定位，更在2015年激进投资股票，并大量举牌上市公司，甚至引发了"宝万之争"，也引发了社会公众对保险机构的强烈质疑。我国保险机构在股票市场上出现角色错位，其行为边界实应予以重新划定。

　　本章旨在解决我国保险机构股票投资行为的法律边界如何划定这一

---

① 本章主要内容曾发表于《法学》2018年第4期，本书定稿时又对该内容进行了部分修订与更新。参见李伟群，胡鹏．保险机构股票投资行为的法律规制：以"金融与商业分离原则"为视角［J］．法学，2018（8）：182–192.

② 袁宗蔚．保险学：危险与保险［M］．北京：首都经济贸易大学出版社，2000：360.

③ 张春生．保险资金获准入市［N］．中国保险报，2004–10–26（1）.

核心问题。首先，拟论证我国金融监管机关的预期目标与保险机构股票投资实践的背离，并探寻我国保险机构在股票市场角色错位的制度根源。其次，以我国台湾地区"中信入主开发金控"事件为例，介绍我国台湾地区如何在所谓"保险法"上回应保险机构滥用股票投资权限的现象，并指出此规定背后所蕴含的"金融与商业分离"的精神。最后，剖析"金融与商业分离"原则的制度源流及实践，以此提出我国保险机构股票市场角色合理归位的具体路径。

第一节　我国保险机构股票市场的角色错位及法制根源

自2004年我国保险机构获准直接入市投资股票以来，我国金融监管机关便希望保险机构发挥长期稳健价值投资者的优势，做股票市场的"压舱石"和"稳定器"，支持股票市场长远发展。但纵观我国保险机构入市以来在股票市场上的表现，其并未实现金融监管机关所设定的预期目标，甚至在2015年，我国保险机构激进投资股票，大量举牌上市公司，对股票市场造成了不小的冲击。在我国股票市场中，保险机构投资者出现角色错位，并与金融监管机关的预期目标相去甚远，实有必要从制度层面寻找背后的逻辑。

一、我国保险机构投资者在股票市场中的角色定位

在金融市场上，保险资金的运用和其他金融资金一样，都必须遵循流动性、安全性和收益性三项原则的有机统一。[1] 但保险资金的特殊性也尤为明显。其一，保险机构所收取的保费并非其收入，而是保险机构的长期

---

[1] 朱南军. 保险资金运用风险管控研究 [M]. 北京：北京大学出版社，2014：10.

负债。换言之，在未来很长一段时期内，如果发生了保险事故，保险机构必须能够随时履行保险金给付责任。保险机构的负债性决定了保险资金运用必须以安全性为前提，追求相对稳定的收益，不得肆意炒作股票，否则无法履行按期赔付义务。其二，普通财产险和短期意外险的保障期间一般在1~2年，保险契约存续时间短，保费积累所形成的保险基金要随时准备应对突发的保险金赔付请求，所以很难长期运用。对寿险产品来讲，其保障期限一般很长，传统寿险的保障期限通常在15年以上，分红险的期限一般10年以上，而万能险、投连险等险种的投资期限相对灵活，但在实践中期限通常也在5年以上。[①]保险资金的长期性和安全性特征决定了保险资金能够实现长期投资和价值投资，因而保险机构一向被视为长期稳健的价值投资者。

（一）保险机构作为股票市场的长期价值投资者

金融机构投资者投资股票有利于健全上市公司治理结构，并支持资本市场长远发展。特别是在我国股票市场中，上市公司治理结构不完善，长期存在"一股独大"和"内部人控制"现象，大股东或管理层利用关联交易侵占公司利益等违法行为屡禁不止，中小股东权益无法得到保障。并且我国股票市场长期盛行"炒题材""炒概念"等短期投资理念，而缺乏长期价值投资理念。针对我国股票市场发展的短板与不足，2000年，我国证监会历史上首次提出"超常规发展机构投资者"，并将其作为改善资本市场结构的重要举措。[②]保险资金的独特属性决定了保险机构是天然的长期价值投资者，能够满足我国股票市场建设的现实需要，因而其直接入市投资股票备受我国金融监管机关的重视与期待。

2004年，我国保险机构获准直接投资股票有其特定的历史背景。其一，为拓展保险资金的投资渠道，以化解我国保险业所面临的利差损危

---

① 陈文辉. 新常态下的中国保险资金运用研究 [M]. 北京：中国金融出版社，2016：53.

② 王林. 开创机构投资者发展新局面 [J]. 中国金融，2013（22）：62-64.

机。其二，2004年，我国股票市场急剧下跌，充足的保险资金能够为股票市场提供流动性，以挽救低迷的股市。2004年，《国务院关于推进资本市场改革开放和稳定发展的若干意见》明确提出支持保险资金以多种方式直接投资资本市场，逐步提高商业保险资金投入资本市场的资金比例，使保险公司等机构投资者成为资本市场的主导力量。在历次关于资本市场改革及保险业发展的战略规划中，均不同程度地提及保险机构投资者对资本市场的支持作用。例如，2014年，国务院印发《关于加快发展现代保险服务业的若干意见》要求进一步发挥保险公司的机构投资者作用，为股票市场长期稳定发展提供有力支持。2014年，《国务院关于进一步促进资本市场健康发展的若干意见》要求壮大保险等机构投资者，支持保险资金逐步扩大资本市场投资范围和规模。特别是在2015年"股灾"之中，保险机构支持股票市场的行为表现最为明显。原中国保监会为响应救市，促进资本市场长期稳定健康发展，将保险机构投资单一蓝筹股票监管比例上限由5%调整为10%，将增持蓝筹股票后权益类资产监管比例上限由30%调整为40%。[①]2015年，我国保险机构激进投资股票，并大量举牌上市公司，原中国保监会的主要领导为此在不同场合表态："保险机构一定要做长期资金的提供者，而不是短期炒作者，促进资本市场稳定健康发展。"[②]

综上分析，保险资金的独特属性决定了保险机构是天然的长期价值投资者。我国保险机构直接入市投资股票，其意义不仅在于拓宽保险资金运用渠道，金融监管机关更希望保险机构发挥长期价值投资的理念，在股票市场上发掘长期稳定的优质资产，充当股票市场的"压舱石"和"稳定器"，促进我国资本市场健康发展。

（二）保险机构股票投资应以财务投资为主，战略投资为辅

除了要求保险机构秉持长期价值投资理念，在投资目的上，我国金融

---

① 《中国保监会关于提高保险资金投资蓝筹股票监管比例有关事项的通知》[EB/OL]. 国家金融监督管理总局，2015–07–08.

② 张炜. 险资坚持长期投资和价值投资大有可为 [N]. 中国经济时报，2016–12–15（3）.

监管机关认为保险机构资金运用还应落实"财务投资为主，战略投资为辅"的价值导向。所谓财务投资是重视单纯的财务收益，较少参与投资上市公司的经营管理，而战略投资则更关注战略利益，会适当介入经营管理。[①]金融监管者希望保险机构对绝大部分股票的投资以获取稳定收益为主，对于少量保险关联行业可以进行战略投资。即便是进行战略投资，也要以参股为主，而非绝对控股。[②]

　　我国金融监管机关之所以持此态度，主要基于以下三方面原因：其一，追求长期稳定的绝对收益，实现保险资金保值增值是保险资金运用的首要目标。保险机构入市投资股票也应秉持上述理念，优选价格被低估的蓝筹股长期持有，从而获得稳定的财务收益。其二，保险主业是风险管理和分散，服务保险主业是保险资金运用的前提与基础。保险机构投资"与保险业务相关的企业"和"非保险类金融企业"所追求的并不仅仅是单纯的财务收益，更多是延伸上下游产业链，促进保险机构整体发展的战略性举措。保险机构进行战略投资，不仅要对被投资企业所属行业较为熟悉，还需要投入大量资金和人力对被投资企业进行管理和控制。如果保险机构对不熟悉的非保险业务领域进行战略投资，不仅不利于保险机构专注于保险主业，也不利于维护保险资金安全，实现稳定收益。[③]其三，保险业凭借庞大的资金优势，是股票市场上举足轻重的资金体。若集中大量资金从事股票投资，进而控制发行股票公司的管理，经营保险以外的业务，实为滥用保险业的经济权力，扰乱正常的市场秩序。[④]特别是当金融控股公司跨业经营保险业时，金融监管机关多持产业与金融分离原则，以防范金融产业利用其庞大经济力介入经营一般产业，造成不公平市场竞争与潜在的利益冲

---

①　陈文辉.新常态下的中国保险资金运用研究［M］.北京：中国金融出版社，2016：172.

②　李致鸿.保监会专题会议明确保险资金运用三大原则［N］.21世纪经济报道，2016–12–14（1）.

③　陈文辉.保险资金股权投资问题研究［M］.北京：中国金融出版社，2014：193.

④　袁宗蔚.保险学：危险与保险［M］.北京：首都经济贸易大学出版社，2000：360.

突，同时避免风险的交叉传染，以确保金融体系稳定和防范系统性风险。①

二、我国保险机构财务投资与战略投资角色的背离

2004年，我国保险机构获准入市直接投资股票，金融监管机关、投资者和理论界皆希望保险机构投资者从保险资金的安全性和长期性的特点出发，采取长期价值投资理念，帮助解决我国股票市场的痼疾，并成为我国股票市场的"压舱石"和"稳定器"。然而，保险机构并未如期实现政策所预定的目标。长期以来，我国保险机构股票投资行为异化，严重背离了财务投资者和战略投资者的应然逻辑，由此衍生了一系列市场乱象。

（一）财务投资者抑或消极炒作者？

保险机构投资股票应以财务投资为主，着重挖掘股票市场上价格被低估的绩优股并长期持有，从而获得长期稳定的收益。但有学者通过观察我国保险机构在股票市场上的行为发现：一些保险机构投资者存在违背长期价值投资理念，跟风追涨杀跌、炒作人气，参与零和博弈的倾向。② 以中国人寿为例，Wind资讯统计，中国人寿2005年四季度持有49只股票，到2006年年初已经抛售31只，留下18只，简单换股率为63.26%。2006年一季度，中国人寿持有的43只股票中，只有16只股票保留到了二季度，其余27只股票悉数被抛出，简单换股率为62.79%，如果加上二季度中国人寿增加的新股，这两者相加得出的换股率将超过100%，媒体因此热炒"中国人寿引领短线王"。研究表明：在我国股票市场中，对保险席位而言，趋势投资显然多于价值投资，波段操作常于长期投资。③ 在2016年下半年，恒大人寿更是在短短一个月内买入梅雁吉祥股票，成为第一大股东，而后迅速清仓。恒大人寿短炒股票严重颠覆了保险资金稳定市场的形象，引发

---

① 张士杰. 台湾保险市场发展、监理与评论［M］. 台北：财团法人台湾金融研训院，2015：7-18.

② 徐高林. 保险资金长期价值投资的股市基础分析［J］. 保险研究，2008（10）：3.

③ 陈恳. 迷失的盛宴：中国保险史（1978—2014）［M］. 杭州：浙江大学出版社，2014：164.

了市场的强烈质疑，原中国保监会随后约谈恒大人寿主要负责人，明确表示：不支持保险资金短期大量频繁炒作股票。[①] 由此可见，我国保险机构并未发挥保险资金的独特优势，成为稳定股票市场的重要力量，反而如同散户一样成为热衷于瞄准价位、偏好炒作获利的消极炒作者，严重背离了保险机构财务投资应具备的稳健形象。

（二）战略投资者抑或积极介入者？

2012年下半年开始，原中国保监会颁布一系列保险资金运用的改革文件，以放宽各类金融产品的投资限制为主要手段，在拓宽资金投向范围、增大资金投资自由、防范资金运用风险等方面推行保险资金投资的各项新政。[②] 在保险资金运用市场化改革的大环境之下，又适逢2015年年中"股灾"，我国保险机构由消极炒作者向积极介入者角色切换，大量激进投资股票，并频繁举牌上市公司。媒体调查显示：在2014—2016两年间，A股共发生262次举牌，涉及150家上市公司，举牌方耗资近3000亿元。在各路举牌方中，保险机构、私募基金、PE成为主要力量。其中，保险机构举牌48家，占比1/3，耗资超过1700亿元。[③] 但是与先前热衷于短线牟利、消极炒作股票的特点不同，这一阶段保险机构倾向于积极介入上市公司治理，并企图谋求上市公司控制权。在"宝万之争"中，宝能系和万科管理层的控制权争夺战便是明证。除此之外，宝能系利用前海人寿的保险资金强势入主南玻A，并与其管理层发生激烈冲突，最终导致其高级管理人员集体辞职。[④] "宝万之争"与南玻A事件触发了A股数百家上市公司纷纷在章程中增设各类反收购条款。[⑤]

---

① 陈婷婷，董亮．保监会反对险资短期频繁炒股 回归保险姓保［N］．北京商报，2016–11–09（7）．

② 陈文辉．新常态下的中国保险资金运用研究［M］．北京：中国金融出版社，2016：24．

③ 龚奕洁．险资举牌图谱［J］．财经，2016（33）：8–11．

④ 李永华．南玻控制权之争背后的实体经济尴尬［J］．中国经济周刊，2016（46）：25–27．

⑤ 张敏．34家上市公司遭举牌，防野蛮人反收购条款盛行［N］．证券日报，2017–06–16（A1）．

保险机构介入上市公司治理本应遵循战略投资的逻辑，以上下游产业为主，重点投资"与保险业务相关的企业"和"非保险类金融企业"，以延长产业链服务保险主业。但2015年我国保险机构大量举牌，并积极介入上市公司治理，非基于保险机构自身的战略需要，也非由于上市公司治理结构混乱，出于维护自身利益而必须进行干预。其根本目的是控制上市公司经营管理，进而从事保险业之外的业务，以满足所属金融控股集团的投资需求。此有违保险资金运用应服务保险主业的宗旨，使保险机构异化为融资平台和附庸，放大了保险资金运用风险，损害了保单持有人的利益。

值得注意的是，保险机构角色的背离还源于我国股票市场的制度性缺陷。观察国外保险业发达国家的实践经验，保险公司确实是作为机构投资者成为资本市场的主导力量，但前提是资本市场比较完善，上市公司的投资价值较高，保险公司入市可以分享经济增长带来的收益。但我国股票市场存在内生的制度性缺陷，具体而言，我国股票市场的参与主体：政府、机构投资者和散户投资者，这三个主体行为相互作用，扭曲了股价的正常形成机制。如果不改变政府行为和机构投资者行为，就会复制以前的泡沫化轨迹，股价将重新走向不合理。因此，在股票市场系统风险还没有完全释放完毕的前提下，投资股票对保险资金运用的积极意义不大。[1] 正如樊纲教授所言："在我国股票市场尚不完善的当下，保险资金入市不是解决保险公司的投资风险、金融风险的问题，是解决市场更加完整、更加健全的整体性问题。"[2] 对保险资金而言，入市限制的解除并不意味着要大规模集中配置股票，也并不意味着可以借助规模优势炒作股票牟利，更不意味着可以积极介入上市公司的经营管理，扰乱被投资企业的经营秩序。

三、我国保险资金运用安全性与收益性的矛盾冲突

保险机构的利润来源包括承保利润和投资利润两部分。近年来，保

---

① 朱俊生，尹中立，庹国柱. 对保险资金入市的若干思考［J］. 财贸经济，2005（6）：54.

② 樊纲. 保险资金入市不是救世主［J］. 中国经济周刊，2004（Z1）：24.

险业竞争激烈，承保利润大幅下降，甚至亏损。保险机构越来越倚重保险资金运用的投资利润。但分析保险业的资本结构可知，保险机构所运用的资金并非全是自有资金，而主要源于保单持有人所缴交保费所提存的责任准备金。因保费多为预收性质，在会计科目上列为保险机构的负债。因此在传统保障型保险中，保险机构与保单持有人之间的基础法律关系是债权债务关系，当保险机构向保单持有人收取保费后，也同时获得了保险资金的全权处置权。[①] 各国保险监管机关往往通过偿付能力指标对保险机构进行监管，确保其在未来能够按期足额履行保险金给付责任，而保单持有人并无有效渠道对保险机构后端的资金运用行为进行监督。保险机构股东在自利性的驱动之下，往往极力主张开放各种投资渠道，并放宽投资比例限制，倾向于以风险来换取收益。[②] 而对保险监管者来说，则需要考量法规的松绑可能造成保险资金的滥用，危及保险机构的偿付能力。由此可见，安全性和收益性是保险资金运用的内在矛盾。

保险机构股东和保单持有人的利益冲突是保险资金运用风险产生的根源，在法律法规上需要构建适当的区隔机制，以防范保险机构股东侵蚀保单持有人的利益。但我国现行保险资金的来源上，虽然有保险机构股东和保单持有人之分，但在资金运用监管限制上，并无自有资金和外来资金之分。依照我国《保险资金运用管理办法》第三条所称保险业资金运用的"资金"，包括股东权益等自有资金和各种准备金。[③] 由此可见，我国保险机构运用资金的限制皆以此为计算基础，并无内外之分。[④]2012年，原

---

① 王心怡. 我国机构投资者信义义务体系的反思与重构：以尽责管理义务的引入为视角 [J]. 法商研究，2017，34（6）：128.

② 张士杰，蔡政宪. 从学术理论到监理实务 [M]. 台北：财团法人保险事业发展中心，2009：255.

③ 根据原中国保监会于2018年颁布的《保险资金运用管理办法》第三条：本办法所称保险资金，是指保险集团（控股）公司、保险公司以本外币计价的资本金、公积金、未分配利润、各项准备金以及其他资金。

④ 郑济世. 保险经营与监管 [M]. 台北：财团法人保险事业发展中心，2017：215.

中国保监会颁布《保险资产配置管理暂行办法》实施"资产配置分账户管理"，也就是说，保险公司应当根据保险业务和负债特点，划分为普通账户（general account）和独立账户（separate account），实行分账户资产配置和投资管理。普通账户，由保险机构部分或全部承担投资风险；而独立账户，是独立于普通账户，由保单持有人直接享有全部投资收益。

在投资连结型保险中，具有理财性质的保费这一外来资金分入独立账户中运用，保险机构应遵循资产隔离、公平交易和防范利益输送等法规要求。[①] 但在传统保障型保险、万能险和分红险中，自有资金和准备金均被置于保险机构普通账户之中进行无差别运用。自有资金和准备金并无清楚公平的分配原则，极易诱发道德风险和利益输送。以保险机构举牌为例，保险资金源于普通账户，保险机构对每次增持时选择的资金来源性质也并不进行区分，有时来自自有资金，有时来自准备金，有时二者兼具。[②] 保险机构利用万能险资金举牌并购，满足自身资产规模、收入和利润快速增长的需要，而风险却由广大保单持有人承担[③]，这加剧了保险机构股东和保单持有人的利益冲突，有损保险资金安全性和收益性之平衡。笔者认为，我国保险资金的范围应重新加以界定，保险资金应仅限于保单持有人所缴交的保费所形成的准备金，而不应包括保险机构的自有资金，这是根除二者利益冲突的基础。此外，应细化保险资金的运用规则，针对保险机构所运用资金的不同来源，设定不同的标准和尺度，构建起防范利益冲突的具体规则。[④]

---

① 《保险资产配置管理暂行办法》第二十七条：保险公司申请设立独立账户，应当根据中国保监会有关规定，编制投资账户说明书，涉及投资管理的内容应当包括：……（四）投资账户资产隔离、公平交易情况和防范利益输送说明。

② 杨倩雯. 险资横扫资本市场的秘密：三大主力资金轮番出动［N］. 第一财经日报，2016-07-05（A5）.

③ 金水. 股市捉妖记 万能险到底如何修成妖［N］. 华夏时报，2016-12-12（10）.

④ 陈文辉. 新常态下的中国保险资金运用研究［M］. 北京：中国金融出版社，2016：314.

综上分析可知，鉴于保险资金的长期性和安全性特征，我国保险机构投资者在股票市场上应作为长期价值投资者，并以财务投资为主，战略投资为辅。但是分析我国保险机构在股票市场上的行为表现，其在现实中存在消极炒作与积极介入两种倾向，导致其偏离长期价值投资的轨道，严重背离财务投资和战略投资两重角色。保险机构股东和保单持有人的风险偏好差异，以及普通账户中自有资金和外来资金混合运用更加剧了利益冲突行为。

第二节　我国台湾地区对保险机构滥用股票投资权限的争议

保险机构是股票市场上重要的法人机构，不仅坐拥庞大规模的保险资金在股票市场上投资以获取报酬，而且能够对上市公司经营决策行使投票权。因此保险机构的一举一动，皆会影响上市公司的权力格局，牵动股票市场的稳定。2015年，我国保险机构激进投资股票，频繁举牌上市公司，一度引发众多上市公司的恐慌。保险资金运用是否妥当，如何规制保险机构股票投资行为成为亟须研究的课题。在自由市场环境下，各个国家和地区保险业发展所面临的问题是相似的。2004年，我国台湾地区也曾出现保险机构不当投资股票，并帮助一致行动人介入上市公司经营的事件，同样引发了理论界和实务界对保险资金运用妥适性的广泛争议，我国台湾地区所谓"保险法"两度进行修改以规制保险机构股票投资行为。通过导入我国台湾地区的类似案例，并介绍其确定相关规定的过程及相关论争，或对大陆完善保险监管规则有所裨益。

一、案例导入：我国台湾地区"中信入主开发金控"案例 [①]

（一）案例背景：金融综合化潮流下金融控股集团的涌现

我国台湾地区保险机构投资股票并介入上市公司治理亦产生于金融综合化经营的时代背景之中。20世纪末期以来，世界各国金融业莫不加强对金融服务和金融机构的整并，以提升金融商品的供给效能。金融混业经营成为新一轮热潮，其中金融控股集团成为混业经营首选的集团组织模式。[②] 在2000年之前，我国台湾地区金融要素集聚程度不高，存在着机构数量过多，但规模较小、经营绩效低下等现象。在加入WTO之后，我国台湾地区金融机构势必要面临国际大型金融集团的竞争压力。因此，金融机构的整合成为当时金融改革最主要的议题之一。我国台湾地区金融主管机关为加快金融异业合并，促进金融组织功能的再造，积极参酌美国立法迅速推出所谓"金融控股公司法"，希望为金融混业经营提供契机。该"法"实施后，我国台湾地区金融控股集团如雨后春笋纷纷诞生。[③]

"中信入主开发金控"事件也同样发生于金融综合化经营的背景之下。中华开发金融控股股份有限公司（以下简称开发金控）系由其子公司台湾中华开发工业银行股份有限公司于2001年依据"金融控股公司法"的规定，以股份转换方式成立的金融控股公司。并在2002年再以股份转换方式将大华证券和菁英证券收购为其子公司，从此拥有了直接投资、财务顾问、证券承销、经纪等完整的上中下游金融业务，成为台湾地区规模最大，最具专业经验的金融机构，且在法人金融业务方面稳居市场龙头地位。我国台

[①] 案例事实部分主要参考以下文献资料：林潍瑄. 公司治理之经营权与所有权之探讨：以中信入主开发金控为探讨案例［D］. 新竹：台湾交通大学，2003；梁昭铭. 保险业资金运用规范之妥适性：以中寿投资开发金衍生之争议为例［D］. 台北：台湾政治大学，2006；陈惟龙. 保险资金之运用与公司治理［D］. 台北：台湾大学，2006.

[②] 贝政新，陆军荣. 金融控股公司论：兼析在我国的发展［M］. 上海：复旦大学出版社，2003：前言.

[③] 阮品嘉. 金融跨业经营法制上的选择及其业务规范［J］. 月旦法学，2003（92）：151-166.

湾地区无数知名企业都曾得到开发金控的投资扶持，开发金控的重要性不言而喻。而中国中信集团有限公司（以下简称中信集团）亦是金融控股公司，旗下包括中信证券股份有限公司（以下简称中信证券）及台湾中国人寿等子公司，由辜氏家族的辜仲莹执掌。

（二）案例事实：中信集团利用台湾中国人寿保险资金入主开发金控

中信集团和开发金控的控制权争夺事件，同样源于开发金控长期以来董监事持股严重不足的现象。具体而言，开发金控持股较高的几位股东，包括官股、中信集团及董监事等公司派持股总共不超过20%，其余80%股份分散在60万名小股东手中。鉴于开发金控的股权十分分散，董事和监事很容易在届满改选之际被替换掉，从而丧失对上市公司经营管理的主导权。2003年2月，开发金控董事长刘泰英因涉嫌犯罪而被收押，并在6月解任董事长职务，改由董事陈敏熏接任。2003年第四季度，各金控公司股价随着产业景气逐渐上扬，许多金控股票自年初起涨幅都达五成以上，唯独开发金控因前董事长被收押股价处于低迷态势。然而开发金控历史业绩突出，曾是市场上的绩优股，此时股价处于低位便引来众多投资者的觊觎。

2003年年底至2004年年初，中信集团利用旗下的中信证券和台湾中国人寿连续大量买进开发金控的股票。市场猜测中信集团买入开发金控并非仅为获利之目的，不排除争夺开发金控的董事席次，并参与开发金控的经营管理。截至2004年开发金控召开股东大会之前，中信证券已持有24万张以上开发金控股票，台湾中国人寿亦持有逾30万张开发金控股票，合计持有开发金控流通在外股权近5%，加计辜家所持有之股份，预计达6%，远高于陈敏熏家族的持股数。陈敏熏等公司派也警觉到股市上正有一股力量对准开发金控而来。2004年，公司派召开董事会决定将6月份召开的股东大会提前至4月5日，致使股东资格登记日提前至2月6日，也只有在当日之前持有股票者才能参加股东大会并享有董事、监事改选的表决权。然而在最后登记日，陈敏熏等公司派赫然发现此时中信旗下的台湾中国人寿已是开发金控的第一大股东，中信证券是第二大股东。我国台湾地区财政事务主管机构一方面出于维护官股（约占6.3%比例的股权）利益，另一方面为化解公司派和市场派的矛盾，在2月邀请中信集团和陈敏熏会面协商，并表明"维护官股权益，并尊重市场机制"的立场。然而，因我国台湾地区财政事务主管机构的董事席次规划不被陈所认同，协商宣告失败。中信集团和官股遂结成同盟约定共同规划董监事席次，同时双方进行委托书征集，以寻求持股超过一年且合计持股超过8%的股东的支持。

除在股票市场上不断增持和征集委托书外，中信集团和开发金控双方还进行舆论战以争取市场投资者的支持。中信集团阵营的诉求是：开发金控董监事持股严重不足，陈敏熏等公司派经营者应该比一般投资大众持有更多的股权，才能为股东创造最大的投资回报。而开发金控在公司派的管理下经营绩效不彰，股东回报率低，在台湾金融业中排名落后。反观中信集团历年经营业绩优异，并在投资凯基证券后扭亏为盈，受到市场的认可。因此，若开发金控管理层无心经营，任何人都可以取而代之，为股东谋求最大利益。此外，中信集团并购开发金控是完善金融布局的战略举措，其不仅能够提升开发金控的股东回报，还能够将开发金控打造成真正的投资银行。陈敏熏等公司派则反击道："中信集团是上市公司，辜家持有三成股份，而台湾中国人寿源于广大保单持有人的保险资金。"因此，中信集团虽号称持有开发金控约6%的股票，但实质上换算成辜家自有的资金仅约为2%。而且2003年以来开发金控的管理体制不断健全，财务目标逐步实现，比起中信证券业绩表现并不差。最后，双方应尊重全体股东尤其是人数众多的小股东对管理层的选择，官股和中信不应私相授受，在股东大会召开前就先进行董事席次分配，径自代替多数股东决定谁来经营公司。

2004年4月5日，开发金控股东大会在万众瞩目下召开，经过会议和计票，产生了新任董事和监事。在随后确定常务董事、董事长和总经理的董事会上，官股和中信所拟定的7名常务董事无异议通过，由辜仲莹担任开发金控总经理，陈敏熏阵营的4名董事并无一人获得常务董事席次。其后开发金控高级管理人员的派任皆由中信集团主导，自此中信集团成功入主开发金控。

（三）中信入主开发金控所衍生保险资金运用的争议

梳理我国台湾地区"中信入主开发金控"事件的全过程，其与2015年我国大陆发生的"宝万之争"有诸多相似之处。其一，两起事件中控制权争夺的对象均是管理层持股比例不高、股权较为分散，且股价处于低位但历史业绩表现良好的上市公司。因该类上市公司并购成本较低，易成为敌意收购的对象。其二，无论是中信集团还是宝能集团，入主方都是金融控股集团利用旗下证券和保险子公司的资金在股票市场上进行增持，只是宝能集团举牌万科所使用的资金计划较中信集团入主开发金控更加多元和复杂。但不容否认的是，金融控股集团的操弄是两起控制权争夺事件的突出特征。其三，金融控股集团利用旗下保险子公司作为一致行动人帮助增持股票，其中保险资金在两起事件中都起到了关键性的作用，也都引发了社会大众对保险资金运用妥适性的广泛质疑。其四，两起事件中均有官股存在，能否争取到官股支持对控制权争夺有重要影响。例如，万科管理层积极拉拢国企性质的第一大股东华润，华润也被公众怀疑是宝能系的一致行动人。① 而开发金控的官股持股约6.3%的比例，并与中信集团共同征求委托书。除此之外，两地的金融主管机关也都居中进行调停，尝试和平解决控制权争夺引发的市场动荡。

一般上市公司若出现控制权争夺战，大家多半会留意结果花落谁家，并不会引起太多的争议和质疑。但本次中信集团争夺开发金控的控制权之所以闹得满城风雨，主要还在于控制权争夺中保险资金的运用。中信集团以自有资金持有开发金控的股票只有约2%，与陈敏熏等公司派的持股不相上下，最后差别在于中信集团动用旗下台湾中国人寿的保险资金另行购入开发金控的股票，中信集团才得以胜出。此时台湾中国人寿投资开发金

---

① 熊锦秋．宝能系与华润是否互为"一致行动人"？［N］．上海证券报，2016-06-30（9）．

控的金额，占其可运用资金的3.42%，约持有开发金控股权2.67%[1]，虽然在形式上完全符合我国台湾地区所谓"保险法"第一百四十六条之一第一项第三款规定的保险资金投资股票比例限制[2]。保险资金的动用形式上虽完全合法，但以保险资金作为并购资金之来源，进而取得被投资公司的董监事席位是否妥当，此行为受到广泛的质疑。

有学者认为，依照我国台湾地区所谓"保险法"第一百四十六条之一的内涵与要旨，其应该属于保险机构的短期获利性投资，以认同公司目前的经营和长期投资价值支持公司现有管理层为主，不得积极介入公司经营管理，更不得全面替换现有管理层，自己当家做主。[3] 若未来所有大型金融控股公司皆仿效先例，以其旗下寿险子公司的庞大资金进行敌意并购，寿险资金将有被不当利用之嫌。况且本质而言，保险公司只是代收和代管保费，将来要以保险金返还给保单持有人，绝对不能用保单持有人的钱介入上市公司经营权。然而，又有学者认为，如若保险公司的经营理念正确，又何须限制其介入被投资公司的经营。由上可知，我国台湾地区理论界和实务界对保险资金能否介入上市公司经营众说纷纭，难以达成一致意见。

中信集团动用旗下台湾中国人寿的保险资金取得被投资公司的经营权犹如打开了"潘多拉魔盒"，此后又出现几件利用保险资金并购的敏感案例。保险机构介入上市公司控制权争夺已然成为社会关注的焦点。保险机构的投资资金源于广大保单持有人，而非保险机构大股东的自有资金，不宜"拿别人的钱以图自身利益"，肆意介入上市公司控制权争夺。金融控股集团和旗下保险机构滥用保险资金股票投资权限，不仅严重背离保险资金安全稳健的本旨，更引发社会大众对保险业的负面观感。由此，我

---

① 梁昭铭．保险业资金运用规范之妥适性：以中寿投资开发金衍生之争议为例［D］．台北：台湾政治大学，2006：71.

② 当时我国台湾地区所谓"保险法"第一百四十六条之一第一项第三款为：经依法核准公开发行之公司股票；其购买每一公司之股票总额，不得超过该保险业资金百分之五及该发行股票之公司实收资本额百分之十。

③ 陈明珠．保险业资金参与并购之法律相关问题［D］．台北：台北大学，2006：13.

国台湾地区金融主管机关不得不预先防范，考虑完善所谓"保险法"第一百四十六条之一的相关规定，以应对未来可能出现的类似争议。

二、我国台湾地区所谓"保险法"第一百四十六条之一的修改

中信集团借助旗下台湾中国人寿的保险资金大量买进开发金控的股票，进而取得开发金控的控制权，各界质疑声浪不断。保险业庞大的资金实力，对现有的敌意并购已产生重要影响，引起社会大众的瞩目。我国台湾地区金融主管机关亦全面审视保险资金的运用问题，并不断修改所谓"保险法"，以回应保险业资金被不当利用，肆意介入上市公司控制权争夺的新问题。概言之，我国台湾地区所谓"保险法"修改是金融主管机关和保险业界激烈博弈的结果，相关条文修订的思路及背后的研讨或许值得大陆金融监管机关反思和借鉴。

（一）2001年我国台湾地区所谓"保险法"增订"保险相关事业"之规定

在很多发达国家，保险监管者往往对保险资金可投资的资产类别实施比例限制。其目的乃是减少对特定资产类别的过分依赖，实现保险资金的多样化投资组合，以分散保险资金运用风险。[①] 我国台湾地区所谓"保险法"亦对保险资金投资实施比例限制，并在第一百四十六条中规定了有价证券、不动产、放款、国外投资等资产类别的最高比例限制。彼时为确保保险业资金运用的安全稳健，我国台湾地区"保险法"对所有可投资的资产类别皆同等地适用比例限制，即便是对政府主管机关所核准的专案项目及公共投资也并未有投资比例上的放宽。[②]

2000年以来，我国台湾地区为应金融综合化的国际潮流，积极进行相

---

① 温世扬. 保险法（第二版）[M]. 北京：法律出版社，2007：456.

② 1992年1月16日，我国台湾地区所谓"保险法"增订第一百四十六条之五："保险业之资金经主管机关核准，得办理专案运用及公共投资。本条并未有'但书'规定，也就是说，我国台湾地区所谓'保险法'并未对专案运用及公共投资放宽适用保险资金投资的比例限制。"

关规定的改革，希冀为实践中金融机构的异业经营提供制度参照。例如，2000年，我国台湾地区修订所谓"银行法"允许商业银行得投资公司股票，并得向主管机关申请投资证券、期货、保险等金融相关事业。[①] 银行经主管机关批准可转投资于金融相关事业，使银行得以跨入保险与证券的领域。为统一金融"法律"制度，同时避免保险机构在竞争中处于劣势地位，我国台湾地区于2001年在所谓"保险法"第一百四十六条第一项中增订：保险业资金可投资"保险相关事业"。并在第四项中规定"保险相关事业"指银行、票券、证券、期货、信用卡、融资性租赁、保险、信托事业及其他经主管机关认定的保险相关事业。为配合"保险相关事业"的增订，我国台湾地区所谓"保险法"同时增订第一百四十六条之六规定保险业投资"保险相关事业"的条件限制。详言之，保险机构若满足最低资本额要求，经主管机关批准得投资保险相关事业，其条件及比率，不受第一百四十六条之一第一项第三款规定的比例限制，且其投资总额最高可达保险业实收资本额减除累积亏损的余额（净值）的百分之四十。而第一百四十六条之一第一项第三款所定的比例限制是："（保险机构）购买每一公司之股票总额，不得超过该保险业资金百分之五及该发行股票之公司实收资本额百分之十。"我国台湾地区所谓"保险法"除放宽保险机构投资保险相关事业的投资比例限制外，亦在第一百四十六条之五中增订第二项：保险资金投资专案运用及公共投资，若为投资方式是公司股票，其投资条件及比率，不受第一百四十六条之一第一项第三款规定之限制。概言之，即取消主管机关所核准的专案项目及公共投资的比例限制。

综上所述，依照2001年，我国台湾地区所谓"保险法"第一百四十六条的修订条文，保险机构股票投资行为按照其不同性质可划分为三类，并

---

① 我国台湾地区所谓"银行法"在2000年修订前并不允许商业银行投资其他企业，但为配合政府经济发展计划，经主管机关核准者，不在此限。原则禁止、例外核准转投资的规定方式，难以满足社会需求，达成金融自由化、现代化的目标。所谓"银行法"于2000年10月13日修正规定：商业银行得向主管机关申请投资于银行、票券、证券、期货、信用卡、融资性租赁、保险、信托事业等金融相关事业。

适用不同的条件限制。具体如表2所示：

表2　2001年我国台湾地区所谓"保险法"对保险资金股票投资行为的分类

投资性质	适用法条	投资类别	比例限制	是否需核准
短期财务投资	第一百四十六条之一第一项第三款	保险相关事业／非保险相关事业	1. 单一公司：保险机构资金百分之五及该发行股票的公司实收资本额百分之十	否
			2. 投资总额：投资股票及公司债合计不得超过保险机构资金百分之三十五	
专案项目及公共投资	第一百四十六条之五	专案项目及公共投资	否	是
长期战略投资	第一百四十六条之六	保险相关事业	投资总额不得超过净值的百分之四十	是

我国台湾地区所谓"保险法"第一百四十六条之五保险机构投资专案项目及公共投资具有主管机关特许的性质，在此不做过多讨论。除此之外，观察第一百四十六条之一及一百四十六条之六的修订思路及法理意旨，虽然两个条文没有用"短期投资"与"长期投资"字眼来区分，但一百四十六条之一所指的是保险机构的财务投资行为，而第一百四十六条之六是指保险机构可以参与企业经营的长期投资行为。简言之，前者保险机构能够在其资金百分之五的额度内买卖股票，从事短期财务投资。后者保险机构可以在净值百分之四十上限内转投资其他企业，并长期参与经营。我国台湾地区所谓"保险法"之所以对第一百四十六条之一（短期投资）及第一百四十六条之六（长期投资）能够动用的资金范围及额度设置差别规定，背后的原因在于保险机构投资股票若属于财务投资，运用时间原则上较短，也不影响资金调度，因而能够给予较高的额度。而若是参与企业经营的长期投资行为，可能造成保险资金冻结效应，甚至影响保险本

业的经营，只能给予净值以下的较低的投资额度。①

　　在金融综合化的潮流下，我国台湾地区所谓"保险法"增订"保险相关事业"为保险机构通过投资股票进而实现跨业经营提供了依据。修改之后，保险机构股票投资行为分属于"短期财务投资"和"长期战略投资"两种不同类别的规制方式。详言之，保险机构股票投资若是长期战略投资必须经主管机关批准，投资范围应是"保险相关事业"且符合相应的比例限制。保险机构股票投资若是短期财务投资仅需符合相应的比例要求即可，并不要求主管机关批准，其投资领域也不需要是"保险相关事业"。究其本质，此一修改乃为贯彻保险机构股票投资应以维护保险主业为根本，并增进保险资金财务收益的价值导向。

　　但是我国台湾地区所谓"保险法"通过增订"保险相关事业"来区分"短期财务投资"和"长期战略投资"的精神长期以来被误解和滥用。在追求财务报酬最大化的动机之下，保险机构常常首先遵循第一百四十六条之一短期财务投资的模式进行投资，也即动用保险机构资金百分之五的额度购买股票，如若持股被投资公司股权比例达到百分之十，即到法令的最高限时，便向主管机关申请转为第一百四十六条之六的保险相关事业投资，以合法提高持股比例，甚至参与经营或进行并购事宜。②实践中，保险机构长期战略投资和短期财务投资不分，或者像台湾中国人寿那样利用短期投资的名义进行长期投资，进而介入被投资公司经营权，此类投资模式容易衍生许多风险。

　　其一，与我国台湾地区所谓"保险法"第一百四十六条之一财务投资的规定宗旨不符。给予财务投资较高的投资额度是因为财务投资模式下保险资金的流动性较强，能够最大限度地获得财务收益。而保险机构以财务

① 梁昭铭. 保险业资金运用规范之妥适性：以中寿投资开发金衍生之争议为例［D］. 台北：台湾政治大学，2006：73-74.

② 梁昭铭. 保险业资金运用规范之妥适性：以中寿投资开发金衍生之争议为例［D］. 台北：台湾政治大学，2006：74.

投资的形式实现长期投资的实质目的，会造成保险资金的长期锁定，恐损及保险资金的安全性。

其二，以财务投资之名行长期投资之实，并趁机控制被投资公司的经营管理，从事保险以外业务的经营，此与以"保险主业"为根本的经营理念不符，偏离了保险风险保障的本源。特别是在金融控股集团的组织架构下，保险子公司治理机制容易失灵，从而异化为金融控股集团并购扩张的融资平台，使保险资金运用风险进一步放大。

其三，保险业资金来自社会大众，若保险机构大量持股上市公司股票，或因被投资公司资本庞大且股权较为分散，致使保险机构持股比例虽不高，却可成为前几大股东，对被投资公司经营管理产生重大影响。例如，在董监事改选时，保险机构行使表决权介入经营权之争，可能产生潜在的利益冲突或系统性风险，而影响被投资公司的经营决策及金融秩序。此外，在同一并购计划中，利用保险资金进行收购将使其他诚实遵守法令的投资人处于不公平的竞争地位。

由上可知，无论是贯彻"保险姓保"的经营理念，还是确保保险资金的安全性，抑或是维护市场公平竞争秩序，都需要重新检讨我国台湾地区"保险法"第一百四十六条之相关条文，彻底将保险机构长期投资和短期投资分开，防止出现类似台湾中国人寿投资开发金控的事件。

（二）2007年修改所谓"保险法"强化"短期财务投资"和"长期战略投资"的区隔

2001年我国台湾地区修改所谓"保险法"，在第一百四十六条中增订投资"保险相关事业"及配套规定，试图将保险机构股票投资行为划分为"短期财务投资"和"长期战略投资"两类。然而，2004年，中信集团借助旗下台湾中国人寿的保险资金以短期投资的名义掩盖并购的真实目的，在完全符合所谓"保险法"规定的前提下，成功取得开发金控的经营权，由此引发了社会各界对保险资金运用的广泛疑虑，也通过事实证明我国台湾地区所谓"保险法"第一百四十六条存在诸多漏洞。

2004年，"中信入主开发金控"事件，亦让我国台湾地区金融主管机关体认到法规完整性的不足，经全面检讨保险资金运用相关问题后，我国台湾地区金融主管机关于2004年8月6日形成决议，其核心要点是：其一，申明2001年所谓"保险法"修订时第一百四十六条之一及第一百四十六条之六的规定意旨；其二，强调保险机构投资股票必须以短期财务投资和长期战略投资而分别适用相关行为规范，而不得随意转换；其三，保险机构若依据所谓"保险法"第一百四十六条之一进行资金运用，属短期获利性投资，不应出任被投资公司董监事，不能征求委托书，不能介入经营，要支持公司派。但决议中"限制保险机构出任被投资公司董监事及征求委托书的权利"是相关规定保留事项，必须有明文规定才能够做出，故我国台湾地区金融主管机关不得不做出让步转而通过保险商业同业公会召集会员协商，并于2004年10月5日制定"保险业从事保险法第一百四十六条之一第三项投资有价证券自律规范"，期望能通过行业自律将保险资金运用导向正轨。该自律规范虽使借助保险资金介入上市公司经营的情况有所减少，但由于不具备规定的强制力，对保险业界的监管强度较弱，因此我国台湾地区金融主管机关趁所谓"保险法"修改之机，对保险资金投资股票规范予以重新检讨。

2007年6月14日，我国台湾地区再次对所谓"保险法"第一百四十六条之一和第一百四十六条之六进行修正，以强化"短期财务投资"和"长期战略投资"之区隔，规范保险机构股票投资行为。本次修改除将金融主管机关做出的决议及保险商业同业公会所拟定的自律规范纳入修正草案外，亦将保险机构股票投资行为依照其目的区分为财务投资、参与经营和主导经营三项，同时分别适用不同的投资规范及比例限制。[①]具体而言，本次修订的要点有三。

---

① 陈惟龙. 保险资金之运用与公司治理［D］. 台北：台湾大学，2006：72–74.

第一，第一百四十六条之一中增订第三项禁止保险机构参与被投资公司经营以强化其"短期财务投资"的属性。具体内容是：保险业依第一项第三款（投资公开的公司股票），不得有下列情事之一：（1）以保险业或其代表人担任被投资公司董事、监察人；（2）行使表决权支持其关系人或关系人之董事、监察人、职员担任被投资金融机构董事、监察人；（3）指派人员获聘为被投资公司经理人。

第二，修订第一百四十六条之六"保险相关事业"投资，并分列为"参与经营"和"主导经营"两项。[①]就行为规范而言，两者皆可参与或主导被投资公司经营，但适用不同的比例限制。前者其投资总额最高不得超过保险机构股东权益。后者若保险机构投资而与被投资公司具有控制与从属关系者，其投资总额，最高不得超过股东权益的百分之四十。[②]之所以对参与经营和主导经营采取不同的比例限制，是因为保险机构参与经营的投资，若非有从属与控制关系，其经营特性较为接近，比例限制宜较主导经营为宽。与此同时，对于第一百四十六条之五专案项目、公共投资和社会福利事业投资，保险机构同样不得参与被投资公司经营。

第三，在第一百四十六条之九中增订保险机构行使被投资公司表决权的程序性规定。本条增订是将金融主管机关先前决议中的内容法定化，其核心目的在于强调保险机构行使表决权应尽善良管理人义务，防范利益冲突，不得损及保单持有人的利益。具体内容有三：首先，保险机构在行使被投资公司表决权时，不得有股权交换或利益输送，并不得损及投保人、被保险人或受益人的利益；其次，保险机构在出席被投资公司股东会前，

---

① 同时我国台湾地区所谓"保险法"第一百四十六条之六增列第三项：保险业依第一项规定投资保险相关事业，其控制与从属关系之范围、投资申报方式及其他应遵行事项之办法，由主管机关定之。

② 2001年，本条文是以保险机构实收资本额减除累积亏损的余额为计算基础，但待保险机构开始营运后，其实际经营绩效将反映至保险机构的股东权益，其实收资本额的数额已不具备实质意义，并且国际保险监管普遍以股东权益作为衡量保险业资本的基础，因此2007年修改时以股东权益作为新的计算基础。

应将行使表决权之评估分析程序进行说明，并应于各该次股东会后，将行使表决权的书面记录，提报董事会；最后，保险机构和其从属公司不得担任被投资公司的委托书征求人或委托他人担任委托书征求人。

表3 2007年我国台湾地区所谓"保险法"的修订内容

投资性质		适用法条	投资类别	比例限制	能否参与被投资公司经营	是否需核准	股权行使
短期财务投资		第一百四十六条之一第一项第三款、第三项	保险相关事业/非保险相关事业	1. 单一公司：保险机构资金百分之五及该发行股票的公司实收资本额百分之十	否	否	第一百四十六条之九：1. 不得损及保单持有人利益；2. 表决权行使应做说明和记录；3. 不得征求委托书，也不得委托他人表决
				2. 投资总额：投资股票及公司债合计不得超过保险机构资金百分之三十五			
专案项目公共投资社会福利		第一百四十六条之五	专案项目公共投资社会福利	否	否	是	
长期战略投资	参与经营	第一百四十六条之六第一项	保险相关事业	投资总额不得超过股东权益	是	是	
	主导经营	第一百四十六条之六第二项		投资总额不得超过股东权益的百分之四十			

综上所述，中信集团借助旗下台湾中国人寿的保险资金介入开发金控的经营权，此一事件促使我国台湾地区金融主管机关全面检讨保险资金股票投资规范。2007年，我国台湾地区修正所谓"保险法"，重新将保险机构股票投资行为划分为财务投资、参与经营和主导经营三项。同时禁止保险机构担任被投资公司董监事和高级管理人员，禁止保险机构行使表决权支持关系人。通过全面禁止保险机构参与被投资公司经营，从而强化其财务投资属性。本次修改的最大意义在于，我国台湾地区金融主管机关不再纵容保险机构利用短期投资的名义，来掩盖介入经营或并购的真实目的。保险机构股票投资要首先确定投资的性质，是短期财务投资还是长期战略投资，一旦确定就必须遵守相应的比例限制及行为规范，而不允许随意转换。由于本条乃针对中信集团事件而修订，因此一度被外界视为"中信条款"。

（三）2014年二度修"法"禁止保险机构行使被投资公司表决权

2007年，我国台湾地区所谓"保险法"全面修订第一百四十六条，禁止保险机构在财务投资中担任被投资公司董监事和高级管理人员，也禁止保险机构支持其关系人。此一修订是为杜绝中信入主开发金控的类似事件再次发生。但该条文仅仅考量了该事件所呈现的漏洞，并不全面和周延，仍存有其他模糊地带。尤其是2013年国宝人寿介入龙邦国际兴业股份有限公司（以下简称龙邦国际）董监事改选，国宝人寿拒不信守"不参与董监改选"的承诺，使金融主管机关的监管权力备受挑战。[1] 由此，我国台湾地区金融主管机关决心推动第二次修改。

国宝人寿介入龙邦国际经营权案例的过程如下[2]：龙邦国际董监事改选之所以受到强烈关注，是因为龙邦国际是台湾人寿保险公司最大的股东，

---

① 谢绍芬. 保险业资金投资股权选举董事及监察人表决权之行使研究："保险法"第146条之1第3项第2款之启示［J］. 核保学报，2017（4）：317-318.

② 国宝人寿介入龙邦国际董监事改选的案例事实主要参考以下文献：黄俐. 股东表决权限制之研究：兼论"保险法"第146条之1妥适性［D］. 台中：东海大学，2015：186-189.

取得龙邦国际的控制权等于取得了台湾人寿保险公司高达4000亿资产的控制权。2012年，除国宝服务董事长朱国荣大量买进龙邦国际股票外，国宝人寿也同步大量买进龙邦国际股票。截至2012年6月底，国宝人寿持股龙邦国际8.8%，接近所谓"保险法"规定的10%的上限。国宝人寿表示其投资旨在获取财务报酬，不会介入公司经营。但因有中信集团入主开发金控的前车之鉴，金融业界普遍担心国宝人寿意图取得台湾人寿的控制权，将影响保险公司的经营稳健与保单持有人权益。我国台湾地区金融主管机关亦相当关注此案，并要求国宝人寿说明情况，同时祭出"三不准政策"：不得以寿险资金介入龙邦国际董监事改选、不得参与董监事改选投票、不得支持关系人出任董监。然而，2013年5月7日，龙邦股东会召开，原先向台湾地区金融监管机构承诺不去投票的国宝人寿，居然参与投票，还支持其大股东朱国荣拿下一席董事席位，致使金融主管机关的保险监管权受到严重挑战。国宝人寿净值负数超过200亿元，其风险资本充足率始终达不到法定标准，是所谓的"问题保险公司"。而台湾人寿保险公司的财务状况远比国宝人寿健全。问题保险公司通过投资股票间接控制财务健全的寿险公司，将扰乱市场秩序，增加保险公司风险。我国台湾地区金融主管机关以内控机制废弛为由重罚了国宝人寿。然而，国宝人寿认为主管机关的处罚有失公允：其一，台湾地区所谓"保险法"仅禁止保险机构担任被投资公司董监事及高级管理人员，并未禁止保险机构行使股东权；其二，国宝人寿已遵照表决权行使的程序性规定；其三，台湾地区金融主管机关仅要求国宝人寿不得行使股东权，但并不要求其他保险公司，显属不公正。

国宝人寿与金融主管机关的交锋暴露出所谓"保险法"关于保险机构股票投资的规范仍存在漏洞，关键之处是我国台湾地区所谓"保险法"仅要求保险机构不得担任被投资公司董监事和高级管理人员，并未要求保险机构不得行使被投资公司的股东权。国宝人寿此次偏离审慎经营的行为并未违反该法条。由此，我国台湾地区金融主管机关为寻找相关规定的依据，避免类似弊端，决心推动第二次修改。2014年5月20日，我国台湾地区对所谓"保险法"第一百四十六条之一第三项进行修订,明确保险机构短期财务投资不得"行使被投资公司董事、监察人选举之表决权"。同时为防止保险机构与第三人订立参与被投资公司经营的契约,还增订第五款规定:保险机构不得"与第三人以信托、委任或其他契约约定或以协议、授权或其他方法参与对被投资公司之经营、被投资不动产投资信托基金之经营、管理"。并增订第四项违反规定之规定效果:"保险机构或其代表人担任董事、监察人、行使表决权、指派人员获聘为经理人、与第三人之约定、协议或授权,无效。"①

三、我国台湾地区理论界和实务界对所谓"保险法"修改的论争

在金融混业的时代潮流下,我国台湾地区所谓"保险法"于2000年增订"保险相关事业"投资,以此为保险机构跨业经营提供相关规定的依据。本次修改将保险机构股票投资行为划分为"短期财务投资"和"长期战略投资"两类,并适用不同的比例限制和行为规范。但此后市场中不断有金融控股集团利用旗下保险子公司的保险资金争夺被投资公司的控制权,由此引发社会大众对保险资金的负面观感,保险资金集中化的弊端凸显。我国台湾地区金融主管机关亦两度检讨保险机构股票投资的相关规范,并将保险机构股票投资行为划分为财务投资、参与经营和主导经营三项,并设置不同的比例限制和行为规范。概其要者,对参与经营、主导经营等战略投资行为,保险机构能够参与被投资公司经营。而对于财务投资,则禁止保险机构担任被投资公司董监事和高级管理人员,禁止保险机构行使被投

---

① 2014年5月20日,我国台湾地区修订所谓"保险法"第一百四十六条之一第三项:保险业依第一项第三款及第六款投资,不得有下列情事之一:(1)以保险业或其代表人担任被投资公司董事、监察人;(2)行使被投资公司董事、监察人选举之表决权;(3)指派人员获聘为被投资公司经理人;(4)担任被投资证券化商品之信托监察人;(5)与第三人以信托、委任或其他契约约定或以协议、授权或其他方法参与对被投资公司之经营、被投资不动产投资信托基金之经营、管理。但不包括该基金之清算。所增订的第一百四十六条之一第四项:保险业有前项各款情事之一者,其或代表人担任董事、监察人、行使表决权、指派人员获聘为经理人、与第三人之约定、协议或授权,无效。

资公司董监事的表决权，以此强化保险机构财务投资属性。我国台湾地区金融主管机关着力区隔短期财务投资和长期战略投资的修改思路实应肯定，但所谓"保险法"第一百四十六条之一第三项允许保险机构持有被投资公司股权，但剥夺其部分股东权（董监高任职资格和董监选举的表决权）似有违一般法理，此点亦在理论界和实务界引起较大的争议，兹分述如下。

（一）对剥夺保险机构对被投资公司股东权持肯定立场

第一，保险机构可运用资金源于广大保单持有人所缴交的保费，并非保险机构的自有资金。虽然保险机构对所收取的保费拥有全权处置权，但必须确保保险资金运用安全，以便在未来按期足额履行保险金给付义务。欧盟保险偿付能力监管标准第一号指令规定：保险公司应有足够清偿能力的金额，以确保一家保险公司在不可预见的情况下，相对于应承担的风险仍有充分的自有资本，以补偿保户之损害，此亦系反对保险业投资介入经营权的重要原因。①

第二，经由资本结构理论的分析，保险业是高负债、高杠杆运作的行业。保险机构股东仅投入极少的自有资金，却可运用数倍于自身的外来资金。又在现行保险监管规则之下，保险机构自有资金和外来资金混合运用，使得保险机构股东和保单持有人的权益划分不清。② 由此，保险机构资金运用中的利益冲突十分明显。正如张士杰教授所论述："在自利性的驱动之下，保险机构股东极易以保险资金进行豪赌从而投资股票，在保险机构发生财务危机时，股东也倾向于拖延增资，甚至掏空公司资产。"③ 为最大限度地保护保单持有人的利益，绝对有必要从严规范保险机构的转投资

---

① 陈丽娟. Solvency II 指令：欧盟保险监理趋势之探讨 [J]. 月旦财经法杂志，2012（28）：53.

② 郑济世. 保险经营与监管 [M]. 台北：财团法人保险事业发展中心，2017：215.

③ 张士杰，蔡政宪. 从学术理论到监理实务 [M]. 台北：财团法人保险事业发展中心，2009：253-264.

行为。

第三，保险机构不同于其他大型股份公司，不用上市便可坐拥庞大规模的资金，且保险机构现金流较为稳定，可以作为金融控股集团低成本的长期融资平台。保险机构的上述特性使其极易成为金融控股集团和保险机构大股东的融资平台和提款机。因此，所谓"保险法"绝对禁止保险机构行使被投资公司董监事的选举权，能够防止保险资金被恶意利用，避免沦为上市公司控制权争夺的筹码。

第四，保险机构投资股票应贯彻相关规定的初衷。保险资金投资股票的宗旨是为广大保单持有人做妥善的资产管理，使保险资金保值增值，以强化保险机构的偿付能力。2001年，所谓"保险法"修订更是将保险机构股票投资行为划分为"短期财务投资"和"长期战略投资"两类。保险机构投资股票若采取短期财务投资的策略，其应该是认同被投资公司经营绩效，以获取稳定的财务收益为主要目标。如果影响到被投资公司经营，甚至为其关系人并购抬轿，则与相关规定意旨不合，应当予以限制。[①]

（二）对剥夺保险机构对被投资公司股东权持否定立场

第一，该条文侵害股东平等原则。所谓股东平等原则，是指股东在与公司的法律关系中平等地享有权利。[②]股东基于股东地位，对公司所能行使的权利与负担的义务享有平等待遇，立法者仅以"防止保险业介入被投资公司之经营，确保保户之利益"等似是而非的理由，限制保险业资金的运用方式，实与目前主管机关鼓励金融事业综合发展、不同类型事业跨业经营合纵连横的时代趋势不符，更无法得出必须违反股东平等原则的必要且合理的理由。[③]

第二，恐降低保险资金的运用收益，折损保险机构投资股票的意愿。

---

① 黄俐. 股东表决权限制之研究：兼论"保险法"第146条之1妥适性［D］. 台北：东海大学，2015：206-208.

② 李哲松. 韩国公司法［M］. 吴日焕，译. 北京：中国政法大学出版社，2000：222.

③ 江朝国. 金融控股公司法下之保险子公司投资相关事宜［J］. 台湾本土法学杂志，2006（78）.

所谓"保险法"第一百四十六条之一第三项对保险机构股票投资进行比例限制,系考量保险资金运用的分散性原则而订定。分散性原则是为确保保险机构投资股票应以获取财务收益为主,而不应介入被投资公司经营。但若从保险资金运用的收益性原则分析,保险公司欲充分了解公开发行公司之经营状况等重要信息,唯有进入该公司担任董监事始能取得第一手资料,才能更加了解被投资公司的内部经营状况,从而决定是否应继续投资,亦能增进资金运用的效益。此一限制导致保险业无法准确控制投资风险,将大幅度影响保险资金的投资收益。[①]

第三,保险资金的独特属性决定了保险机构是天然的长期价值投资者。所谓"保险法"一刀切地禁止保险机构行使被投资公司董监事选举权,忽视了保险机构在股票市场及上市公司治理中的正面作用,使保险机构无法监督和制衡上市公司治理,更与金融主管机关鼓励保险资金支持经济及产业发展的倡导相背离。

第四,保险机构与其他机构投资者一样,都是安定社会的重要力量。保险业具有促进经济成长,达成社会发展的特定目标。若能投资于生产事业,可加速工商业的扩展;若能投资于都市计划,能够加速建立现代都市;若能投资于公共工程,能够加强国家经济建设。[②]在平等竞争的市场环境下,保险机构不应被差别对待,甚至因为市场上的偶然事件被污名化。

（三）我国台湾地区所谓"保险法"修改及相关论争的述评

基于保险资金的独特属性,保险机构投资股票应以财务投资为主,战略投资为辅。我国台湾地区所谓"保险法"将保险机构股票投资划分为财务投资、参与经营和主导经营三类,并适用不同的比例限制及行为规范,这一规制思路符合保险资金运用规律和相关规定的精神,值得肯定。但所谓"保险法"剥夺保险机构行使被投资公司股东权,以此来强化保险机构

---

① 江朝国. 保险法修正评释 [J]. 月旦法学, 2009 (164): 226–251.

② 袁宗蔚. 保险学: 危险与保险 [M]. 北京: 首都经济贸易大学出版社, 2000: 360.

的财务投资属性，这一举措短期内能够导正保险机构股票投资行为，实现金融监管的制度目的。但此一规定违背股东平等、同股同权的基本原则，若视而不见，金融主管机关可能根据需要随意创设违背法理的监管规范，长远将造成相关规定体系的紊乱，丧失规范的内在逻辑。正如学者所评论："纵观域外发达国家的保险规定，美国、日本和欧洲等国均无特别规定保险机构行使表决权的限制。唯独我国台湾地区所谓'保险法'明定保险机构可投资上市公司股票，但禁止其行使被投资公司董监选举的表决权，堪为一重大创举。"①

法律是价值衡量的艺术，立法者应基于社会公共利益，全面地规范经法律认定的不当行为，而不能为了打压特定者而立法。我国台湾地区所谓"保险法"对保险机构股票投资行为性质的分类值得肯定，但对财务投资的规制方式过于简单粗暴，似有避重就轻之嫌。就保险资金运用的全流程来看，保险机构投资股票涉及资金筹集、投资决策、风险规避等多方面问题。保险机构介入上市公司控制权争夺仅是保险机构的行为结果以及呈现在市场上的浅层表象。反观中国大陆，保险监管机关对保险机构股票投资行为的规制，是从保险产品监管、信息披露监管、公司治理监管、保险机构大股东监管、金融控股集团监管等角度实施全方位和全流程的监管，监管措施与方式十分详尽和全面。我国台湾地区所谓"保险法"仅粗暴地剥夺保险机构对被投资公司的表决权，未免失之简略。

回溯我国台湾地区所谓"保险法"关于保险机构股票投资规范的初始状态，其增订"保险相关事业"投资，自此使得保险机构股票投资行为分列为"短期财务投资"和"长期战略投资"两类。视野扩及整个金融法领域，上述分类乃因应金融混业的时代潮流而修订，因而相关行为规范也深深打上了金融混业的烙印。首先，增订保险机构可以对"保险相关事业"进行长期战略投资，允许参与和主导被投资公司经营，实质上是为促进保

---

① 谢绍芬. 保险业资金投资股权选举董事及监察人表决权之行使研究："保险法"第146条之1第3项第2款之启示［J］. 核保学报，2017（4）：321.

险业跨业经营，以贯彻金融混业的相关规定的精神。其次，短期财务投资是保险机构股票投资的常态，但在金融混业大潮中，金融控股集团利用旗下保险机构通过短期财务投资帮助争夺上市公司控制权，使保险资金被不当利用，短期财务投资的性质被严重扭曲。此后所谓"保险法"修订的重点是通过剥夺保险机构对被投资公司股权的方式强化其财务投资属性。但梳理我国台湾地区的金融规定，大多规定金融机构转投资时不得担任被投资公司董监高、不得行使被投资公司董监选举权。由此可见，我国台湾地区相关规定剥夺了金融机构在被投资公司的股东权，不仅局限于保险领域，更扩展到整个金融领域，根本上是为规避金融混业中的利益冲突，贯彻"金融与商业分离"这一更高层次的价值取向。

第三节　金融与商业分离原则下保险机构投资股票的法律边界

我国台湾地区所谓"保险法"第一百四十六条之一第三项通过剥夺保险机构对被投资公司股东权的方式，来强化保险机构短期财务投资属性。但这一规定严重违背股东平等的基本原则，实有矫枉过正之嫌。纵观我国台湾地区的金融规定，限制或剥夺金融机构对被投资公司股东权的规定广泛存在。这表明我国台湾地区在推动金融混业的同时，仍严格限制金融机构参与被投资公司经营，以贯彻"金融与商业分离"的价值导向。保险机构投资股票是保险机构跨业经营的重要方式，保险机构股票投资行为的不同性质及相应的规制方式必须考量金融混业所带来的优势和风险。我国台湾地区确定相关规定剥夺保险机构对被投资公司的股东权，实则在警惕金融业和实体产业交融所可能引发的风险。因此，我国对保险机构股票投资行为的规制必须考察背后所蕴藏的"金融与商业分离"的精神，并合理安排保险监管制度，以扬跨业经营之利而避其所产生之害。

一、金融与商业分离的法理基础及在我国台湾地区的实践

我国台湾地区所谓"保险法"第一百四十六条之一第三项，禁止保险机构行使被投资公司股东权，此是我国台湾地区金融主管机关贯彻"金融与商业分离"原则的缩影。本部分试图挖掘金融与商业分离的基础，并梳理其在我国台湾地区金融规定上的实践，为界定保险机构股票投资行为的边界树立理论指向。

（一）金融与商业分离的概念界定

产融结合是指金融企业（金融资本）和非金融企业（产业资本）在经济运行中为实现共同的发展目标，通过参股、持股、控股等股权关系相互渗透，实现相互融合以及共生共长的目的。[①] 产融结合是市场经济发展到一定阶段的产物，在带来规模经济、产生协同效应和提高经济效率的同时，也容易诞生产融型企业集团，进而可能滥用市场优势地位实施破坏市场竞争的行为。[②] 实践中，无论是"宝万之争"还是"中信入主开发金控"，利用保险资金争夺上市公司控制权的主体都是产业和金融结合的大型企业集团。一些实体企业与所投资金融机构业务关联性并不强，而将金融机构当作筹资渠道，并不当干预金融机构经营，不仅加速了风险传递，放大了金融风险，也不断冲击着现行金融监管体制。2018年4月，我国人民银行、原中国银保监会和证监会三部门联合发布《人民银行 银保监会 证监会关于加强非金融企业投资金融机构监管的指导意见》，针对部分企业与所投资金融机构业务关联性不强、以非自有资金虚假注资或循环出资、不当干预金融机构经营、通过关联交易进行利益输送等问题提出指导意见。这一政策的出台表明我国金融主管机关不仅着眼于单一行业的监管问题，更穿

---

① 胡恒松. 产融结合监管问题及制度创新研究［M］. 北京：中国经济出版社，2016：24–26.

② 孙晋. 产融结合的金融监管与反垄断规制研究［M］. 北京：人民出版社，2010：42–43.

越层层迷雾透视到"产融结合"的内核当中。目前我国产融结合尚处于初级阶段，相关法律制度供给和理论研讨并不十分充足，亟须深入研究。

"金融与商业分离"是为防范产业和金融过度结合的风险而提出的原则。从概念上讲，金融与商业分离是分业经营的下位概念。而所谓分业经营，是指对金融机构业务范围进行某种程度的分业管制。依照分业管制的程度不同，分业经营有三个层次：第一层次是金融与非金融业的分离，金融机构不得经营非金融业务，包括持股在内；第二层次则系银行、证券、保险此三类业务分离，即经营一项业务后不得再兼营另外两类之业务；第三层次是各子行业内部有关业务的进一步分离，例如，政策性业务与商业性业务之金融机构分离、长短期银行存贷业务分离、证券交易与证券经纪等业务之金融机构分离、财产保险与人身保险业务之金融机构分离等。通常所指的分业经营多指第二层次，即银行、证券、保险业务之分离。由上可见，金融与商业分离是分业经营第一层次的含义，而与习惯所指银行、证券、保险三类业务分业经营有所区别。

（二）金融与商业分离的法理基础

"金融与商业分离"原则最早是由"银行与商业分离"原则衍生而来。其核心意旨是对银行业务与商业进行区隔，以避免银行挟其庞大的资金优势，进行垄断或从事高风险的投资行为。[①] 美国自1864年起便通过立法对银行业务和商业进行区隔，其主要担忧有以下几点[②]：（1）利益冲突。例如，银行对于非金融关系企业之客户核贷宽松，对于其竞争对手则不予授信，或授信时，附加其他额外标准。（2）信心防火墙可能被穿透。非金融关系企业经营不善，而有资金危机时，虽然法律上分属不同主体而隔绝了风险的分散，但民众可能会对金融控股公司内之银行失去信心，并感到恐慌。

---

① KRAINER J. The Separation of Banking And Commerce [J]. Economic Review, 2000: 15-25.

② 谢易宏. 企业与金融法制的昨日今非 [M]. 台北：五南图书出版股份有限公司, 2008: 378-379.

（3）金融控股公司旗下之银行、证券、保险子公司都受到严格监管，但非金融关系企业缺乏此监管。（4）经济资源过度集中，可能造成"大而不能倒"的监管隐忧，且金融控股公司所涉及社会经济生活层面已相当广泛，若再加上非金融事业的版图，极可能发生滥用其市场地位的情形。

综上所述，金融与商业分离原则的核心是为防止金融机构利用其庞大的经济势力介入非金融机构的经营，从而产生利用其地位造成不公平竞争及利益冲突的弊端。金融与商业分离原则在美国金融实务上已成为金融机构投资非金融相关业务时的重要圭臬。[①]1933年，美国《格拉斯—斯蒂格尔法》使美国金融业进入分业经营的时代，金融业彼此间不得兼营，而银行业与非金融业亦不得彼此混业经营。1956年，美国《银行控股公司法》进一步加强此原则，规定银行业务仅及于"与银行业务相关而有适当之从属性者，纯商业行为不得成为银行业务，并限制银行不得管理或控制与银行业务无关的非银行资产"。1999年，美国《金融服务现代化法案》进一步扩张银行与商业分离概念的内涵。申言之，《金融服务现代化法案》虽结束了金融机构间壁垒分明的时代，但继续维持传统银行与商业分离原则，仍禁止储贷机构直接投资生产事业的股份，且金融控股公司不得持有生产事业的股份，原则上也不得经营及管理生产事业，以此加强金融业与非金融业之区隔。这样一个演进的过程，说明"银行与商业分离"扩张到金融控股公司的范畴，演变为今日的"金融与商业分离"概念。[②]

目前依据美国《金融服务现代化法案》，金融控股公司与其银行的金融子公司或其关系企业得从事下列"金融业务"：（1）本质上之金融业务；（2）与该金融相关之附属业务；（3）辅助型或补充型之金融业务。除此之外，又考虑到金融与商业之间的界限实在模糊，所以在金融与商业二者的灰色过渡地带中，该法也允许金融控股公司透过其联属企业进行有限度的

---

① 谢易宏. 企业与金融法制的昨日今非［M］. 台北：五南图书出版股份有限公司，2008：379.

② BIAIR C E. The Mixing of Banking and Commerce：Current Policy Issues［J］. FDIC Banking Review，2004，16（3）：97.

非金融事业转投资，但仍规定非为求取合理投资报酬之所需，不得参与该被投资公司之日常业务经营及管理。美国各金融法规亦通过投资主体限制、持股期限限制、投资总额上限、能否参与管理被投资公司等方面做出规定，以确保金融控股公司及其关系企业不得参与非金融事业的经营。①

综上所述，在金融与商业分离原则之下，金融控股公司的投资行为依据性质不同而分别适用不同的行为规范。金融主管机关允许金融控股公司对与之业务密切的"金融相关事业"享有更多的投资权限，而对非金融相关的纯商业领域，则警惕金融业与之过度结合，同时通过立法限制金融机构不得介入"非金融相关事业"的经营，以防范不公平的市场竞争及潜在的利益冲突。

（三）金融与商业分离在我国台湾地区金融法规上的实践

我国台湾地区金融主管机关亦参酌美国经验，亦从投资比例、投资限额、禁止人事权介入经营等方面贯彻"金融与商业分离"原则，以防免金融与商业过度结合所可能产生的弊端。具体而言，从我国台湾地区2004年所谓"金融服务法草案"制定之初，到2009年所谓"金融控股公司法"的修正，以及各金融业相关规定的修改，均可见我国台湾地区金融主管机关对"金融与商业分离"原则贯彻的决心。②

例如，（1）我国台湾地区所谓"金融服务法草案"第十四条第一项：金融服务业投资于非其本业相关之事业，该金融服务业及其负责人、行政人员及受雇人不得担任该被投资事业之董事、监察人或经理人。金融服务业亦不得指派代表人担任被投资事业之董事、监察人或经理人。（2）所谓"金融控股公司法"第三十七条第一项：金融控股公司得向主管机关申

---

① 杨蓁海．我国台湾地区金融机构转投资相关问题之探讨［J］．台湾"中央银行"季刊，2008（2）：48–49.

② 我国台湾地区金融监管制度受"金融与商业分离"原则的影响，并在金融法规中实践的相关文献有：林盟翔．金融服务横向整合之困难与挑战：金融与商业分离原则之定位与落实［J］．中正财经法学，2010（1）：77–122.

请核准投资前条第二项所定事业（金融相关事业）以外之其他事业；金融控股公司及其代表人，不得担任该事业董事、监察人或指派人员获聘为该事业经理人。但经主管机关核准者，不在此限。（3）所谓"银行法"第七十四条第二项：商业银行为配合政府经济发展计划，经主管机关核准者，得投资于非金融相关事业。但不得参与该相关事业之经营。（4）所谓"保险法"第一百四十六条之一第三项：保险业依第一项第三款（投资公开的公司股票），不得以保险业或其代表人担任被投资公司董事、监察人；行使表决权支持其关系人或关系人之董事、监察人、职员担任被投资金融机构董事、监察人；指派人员获聘为被投资公司经理人。

《中华人民共和国商业银行法》（以下简称商业银行法）第四十三条同样规定："商业银行不得向非自用不动产投资或者向非银行金融机构和企业投资，但国家另有规定的除外。"禁止商业银行向其他企业直接投资，是因为商业银行参股其他企业，必然分散商业银行经营主业的精力，可能造成商业银行同关系企业的利益冲突，导致商业银行的经营风险，从而危及广大储户的利益。[①] 我国商业银行法明确规定商业银行不得向企业直接投资，其中便蕴含着"金融与商业分离"的基本法理。但我国金融法规似仅单纯考量"银行和商业分离"可能引发的风险，并未如我国台湾地区金融制度那样将"金融与商业分离"规则一体适用所有的金融业态，从而造成不同金融机构的差别待遇，导致金融监管出现制度漏洞。例如，保险业虽具有风险分散的本质功能，但经常含有储蓄的功能，特别是人寿保险和年金保险，其与银行储蓄相当接近。通过向保险机构长期缴纳保费，保单持有人逐渐累积一笔相当可观的财富，并且经由保险制度的投资功能而获得资金报酬，此与金融机构的存款颇为接近。此外，基于生命无价的理念，人寿保险通常可以重复投保，同时获得多笔保险给付，如同在多家银行存

---

① 强力. 金融法学［M］. 北京：高等教育出版社，2003：196-197.

款一般。① 由上可知，保险机构除具备风险保障功能外，还在相当程度上具有银行的特征。然而，保险机构的资金运用形式十分丰富，也被允许直接入市投资股票和未上市企业股权。保险业与商业结合的风险远甚于银行和商业结合的风险，应当引起重视。必须在监管制度上防范保险业凭借庞大的资金优势，过度控制商业的弊端。

二、金融与商业分离原则下保险机构股票投资行为的矫正

我国台湾地区限制保险机构行使被投资公司股东权，进而禁止保险机构参与"非保险相关事业"经营，借此严格贯彻"金融与商业分离"原则，防免保险机构过度控制商业所产生的弊端。保险机构投资股票不仅是获取财务报酬、提升保险资金运用效率的重要方式，更是金融与商业融合的通道和桥梁。因而规制保险机构股票投资行为必须以"金融与商业分离"为理论指向，针对保险资金被不当利用争夺上市公司控制权的现实问题，使保险机构股票投资行为回归既合法又合理的轨道。

（一）我国保险资金运用监管对金融与商业分离原则的实践

梳理我国保险资金运用监管的相关法规，其中一些规定同我国台湾地区所谓"保险法"第一百四十六条"保险相关事业"的规定颇为类似。这些规定似在有意无意地实践着"金融与商业分离"的内涵，实有必要加以检讨，兹论述如下：

股权投资主要是指投资主体购买其他企业（未上市、准备上市、已上市公司）的股权。② 因而从概念上讲，保险机构股票投资是股权投资的类型之一。但应当注意的是，在我国保险监管领域中，保险机构股票投资和股权投资两者并非完全相同。长期以来，我国一直存在《保险机构投资者

---

① 陈彩稚. 人身保险：人寿保险、年金与健康保险［M］. 台北：沧海书局，2015：10.

② 陈文辉. 保险资金股权投资问题研究［M］. 北京：中国金融出版社，2014：3.

股票投资管理暂行办法》和《保险资金投资股权暂行办法》两类监管规范。并且在2010年原中国保监会所颁布的《保险资金运用管理暂行办法》中也明确将保险机构投资股权划分成两种类型：一类是保险机构投资公开上市交易的企业股票（第九条），一类是保险机构投资未公开上市交易的企业股权（第十二条）。对于保险机构投资股票，《保险资金运用管理暂行办法》并未有详细规定，但明确将保险机构股权投资划分为"重大股权投资"和"实现控股的股权投资"两种类型。保险机构"重大股权投资"是指保险机构对拟投资"非保险类金融企业"或"与保险业务相关的企业"实施控制的投资行为。而保险机构的重大股权投资，应当报保险监督管理机关核准（第五十四条）。保险机构"实现控股的股权投资"是指对"保险类企业""非保险类金融企业"和"与保险业务相关的企业"的投资（第十四条）。且保险公司从事对其他企业实现控股的股权投资应当运用资本金，不得使用各项准备金（第十三条）。

2010年，原中国保监会颁布的《保险资金投资股权暂行办法》除延续上述规定外，在第十二条中进一步规定：保险资金直接投资股权，仅限于保险类企业、非保险类金融企业和与保险业务相关的养老、医疗、汽车服务等企业的股权。2012年，《关于保险资金投资股权和不动产有关问题的通知》又增加能源企业、资源企业和与保险业务相关的现代农业企业、新型商贸流通企业的股权。通过上述法规梳理可知，我国保险监管机关对保险机构投资未上市企业股权严格限制行业范围。而且行业范围的限制既适用于战略投资性质（重大股权投资和实现控股的股权投资），也适用于财务投资性质（其他直接股权投资）。

为进一步提升保险资金服务实体经济的质效，2018年原中国保监会修订颁布《保险资金运用管理办法》第十四条仍保留"实现控股的股权投资"的行业范围限制，但删除了关于保险机构"重大股权投资"的行业范围限制，改由保险监督管理机关另行制定具体规则。与此同时，原中国银保监会颁布《保险资金投资股权管理办法（征求意见稿）》①重塑保险机构投资股权的类型，并划分为"一般股权投资"和"重大股权投资"两类②。并一概取消保险资金开展股权投资的行业范围限制，改为通过"负面清单＋正面引导"的方式引导保险机构股权投资。③ 2019年2月，中共中央办公厅、国务院办公厅印发《关于加强金融服务民营企业的若干意见》研究取消保险资金开展财务性股权投资行业范围限制，规范实施战略性股权投资。2020年11月，原中国银保监会颁布《关于保险资金财务性股权投资有关事项的通知》正式取消保险资金开展财务性股权投资的行业限制，转而采用"负面清单＋正面引导"的方式引导保险机构开展股权投资。

综上所述，我国对保险机构直接投资股权的行业范围限制经历了严格限制到逐步放开的过程。目前，对于保险机构开展财务性股权投资，我国保险监管机关没有设定任何行业限制，但是保险机构开展实现控股的股权投资和重大股权投资，无论是财务投资还是战略投资均一体适用对于行业范围的限制，并未有任何区别对待。

反观保险机构股票投资行为，我国保险监管规则并未有所谓的行业范围限制，而以比例限制居多。例如，保险机构投资者持有一家上市公司的股票不得达到该上市公司人民币普通股票的30%。保险机构投资者投资同一家上市公司流通股的成本余额，不得超过本公司可投资股票资产的5%。④ 然而，2015年，我国保险机构大量举牌，"宝万之争"中前海人寿

---

① 2018年10月26日，原中国银保监会曾就修订后的《保险资金投资股权管理办法（征求意见稿）》向社会公开征求意见，但该征求意见稿至今仍未正式颁布实施。

② 《保险资金投资股权管理办法（征求意见稿）》第四条规定："本办法所称一般股权投资，是指对拟投资的企业不实施控制的投资行为；重大股权投资，是指对拟投资的企业实施控制的投资行为。"因此，从语义上讲，《保险资金投资股权管理办法（征求意见稿）》重大股权投资实质上已包括"实现控股的股权投资"。

③ 《保险资金投资股权管理办法（征求意见稿）》第十三条（正面引导）和第十七条（负面清单）。

④ 参见2004年《保险机构投资者股票投资管理暂行办法》第十三条、《关于保险机构投资者股票投资交易有关问题的通知》第二条。

在合法合规的前提下帮助一致行动人争夺万科控制权，保险机构投资股票陷入了"合法却不合理"的尴尬境地。可见，对保险机构股票投资行为进行比例限制无法彻底解决保险资金被不当利用，进而介入上市公司控制权争夺的新问题。

2017年，原中国保监会颁布《关于进一步加强保险资金股票投资监管有关事项的通知》（以下简称《通知》），《通知》将保险机构股票投资分为一般股票投资、重大股票投资和上市公司收购三种情形，根据持股份额变化，实施层次递进的差别监管。一般股票投资是指保险机构或保险机构与非保险一致行动人投资上市公司股票比例低于上市公司总股本20%，且未拥有上市公司控制权的行为。对于这类不涉及举牌的行为，监管不增加限制性措施。重大股票投资是指保险机构或保险机构与非保险一致行动人持有上市公司股票比例达到或超过上市公司总股本20%，且未拥有上市公司控制权的行为。《通知》规定对重大股票投资行为，其超过20%的新增投资部分应当使用自有资金。另外，《通知》规定保险机构不得与非保险一致行动人共同收购上市公司。此外，保险机构收购上市公司的行业限于保险类企业、非保险类金融企业和与保险业务相关的行业。保险机构收购上市公司，应当使用自有资金。

（二）对我国保险机构股权／股票投资行为监管法规的述评

如上所述，我国对保险机构股权投资与股票投资的监管法规似乎在有意无意地践行着"金融与商业分离"的法理，并通过"保险类企业""非保险类金融企业"和"与保险业务相关的企业"三种类型表达出来。然而，相较于我国台湾地区所谓"保险法"，我国大陆在保险机构投资股权和股票中贯彻"金融与商业分离"并不全面与彻底，也导致保险监管规则不统一，主要问题如下所述。

首先，保险机构股票投资和股权投资实施差别监管，造成不公平待遇。所谓股权是指股东基于股东的身份和地位享有的从公司获取经济利益并参与公司经营管理的权利。① 股权在不同的公司类型中所呈现的形式有所不同。在有限公司中，股权体现为"出资证明"，在股份有限公司中体现为"股票"。但不论股权所表现的形式为何，其实质上均表彰股东对公司的投资，是股东对公司行使权利、承担义务的依据。② 但在实践中，保险机构投资股权与投资股票两种类型在资金筹集、投资交易、投资管理和投资退出等环节上有诸多不同之处。典型的例子是，保险机构投资未上市企业股权在投资决策前必须执行审慎的尽职调查，在交易实施过程中充分考虑持续的收益分配机制和未来的投资退出机制，并在投资后保留对被投资企业必要的影响以保护自己的权益，最终通过上市或回购等方式，出售持股获利。③ 而保险机构投资上市公司股票则因股票的流动性较强，保险机构更加关注投资的财务收益，并未有投资未上市企业股权那般复杂。或许是基于投资流程的差异，我国保险监管机关对保险机构股票投资和股权投资实施差异化监管，并施以不同的行为限制。同时，我国保险监管机关似乎也认为保险机构投资股票仅以获取投资收益为主要目的，而不会参与和控制上市公司经营决策。因此，对保险机构开展实现控股的股权投资和重大股权投资施加行业范围的限制，而对保险机构投资股票则完全放开。应值得注意的是，保险机构无论是投资股票还是投资股权，均有权参与被投资企业的财务与经营管理决策，也能够通过大量持股对被投资企业实施控制。2015年，我国保险机构作为一致行动人帮助争夺上市公司控制权，足以证明保险机构投资股票已不限于获取财务收益之目的，更有可能影响和控制上市公司经营决策。因而，我国保险监管机关对两者实施差别监管，造成了保险机构投资股权和投资股票的不公平待遇，导致实践中出现新问题。

其次，我国保险监管法规并未彻底贯彻"金融与商业分离"原则的本

---

① 施天涛. 公司法论：第三版 [M]. 北京：法律出版社，2014：254.

② 赵威. 股权转让研究 [M]. 北京：中国政法大学出版社，2017：67.

③ 陈文辉. 保险资金股权投资问题研究 [M]. 北京：中国金融出版社，2014：4.

质精神。与投资银行存款、债券等固定收益类资产相比，保险机构投资股权和股票不仅能够获取财务报酬，也可以通过参股或控股的方式对企业的经营管理产生实质性影响。因而，在产融结合的趋势之下，保险机构投资股权和股票是保险资金服务实体经济的重要通道。然而，保险机构无法像其他机构投资者那样自由地进行投资。如前所述，基于保险资金的独特属性，保险机构对绝大部分股权和股票的投资应以获取稳定收益的财务投资为主，对于少量保险关联行业可以进行战略投资，允许参与并主导被投资企业经营。相应地，我国保险监管者理应在监管规则上极力促使保险机构财务投资者与战略投资者两重角色合理归位。但梳理保险监管法规可以发现：自我国保险监管政策制定之初，保险机构投资股权无论是财务投资性质还是战略投资性质，均一体适用行业范围限制。2018年，原中国银保监会颁布的《保险资金投资股权管理办法（征求意见稿）》所划定的"一般股权投资"和"重大股权投资"也一概取消行业范围限制。此种"一刀切"的监管措施并未区分保险机构财务投资和战略投资的不同性质，偏离了"金融与商业分离"的本质内涵。2020年，原中国银保监会颁布《关于保险资金财务性股权投资有关事项的通知》摒弃了"一般股权投资"和"重大股权投资"的划分，取消了财务性股权投资的行业范围限制，但仍保留了实现控股的股权投资的行业限制，这一监管措施体现了财务投资和战略投资之区分。再者，我国保险监管法规长期以来并未对保险机构投资股票施加行业范围限制。在2015年保险资金介入上市公司控制权争夺后，我国《关于进一步加强保险资金股票投资监管有关事项的通知》中明确保险机构收购上市公司的行业限于保险类企业、非保险类金融企业和与保险业务相关的行业。这一修订考量了保险机构战略性投资的特点，殊值肯定。但对于保险机构"重大股票投资"这一类型，《通知》并未设定行业范围限制。但需要指出的是，保险机构开展重大股票投资同样会分散对保险主业的经营能力，并对上市公司经营决策产生重要影响，是否需要施加行业范围限制以区别于一般的财务投资值得深入研究。

最后，保险机构股票投资行为的监管规则并不周延。针对保险市场中出现的新问题，我国保险监督管理机关及时完善制定相关监管规则，监管能力之强、效率之高颇值肯定。但上述保险机构股票投资的监管规则未真正关注"财务投资"和"战略投资"的差异化监管，二者仍适用相同的比例限制，唯一特殊的是区分不同情形以限制资金来源，并严格监控资金流向，这虽在确保保险资金投资安全上做出了一些努力，但无法真正防范保险资金的滥用，无非是逼迫保险机构采取更为隐秘的关联交易来规避监管限制。例如，对于举牌发生前，保险机构资金流向非保险一致行动人的投资，监管部则很难发觉。试举一例：非保险机构在举牌前以私募方式定向增发股票，理由是增加资本，加强财务结构，而私募发行的主要对象是保险机构，保险资金的注入使非保险机构举牌时的资金实力大大增加，这和保险机构直接持股上市公司，仅是直接帮助与间接帮助的分别而已，恐又一次引发社会的争议。但就合法性而言，保险资金运用只要符合比例限制，确保偿付能力足矣，对于非保险机构募集资金后将资金作何种用途，非保险机构所能限制或者追踪，不应过分苛责，更何况私募理由是"加强财务结构"，保险机构从表面上无从得知背后的真实目的。但是如果非保险机构举牌的资金大都是所募集的保险资金，客观上难免让人质疑保险机构间接帮助举牌的实质效果，一旦保险机构与非保险机构真正存有一致行动的意思联络，那么监管部门又该如何堵漏，才能防范如此隐蔽的逃避监管的行为。显然，上述突发式、应急式的立法缺乏整体综合考虑，更无长远合理规划，不可避免地在解决一些问题的同时遗留一些问题或者引发新问题。①

（三）金融与商业分离原则下我国保险机构股票投资行为的矫正

首先，金融与商业分离原则应统一落实到保险机构股票投资和股权投资的监管规则当中。无论是未上市企业股权还是上市公司股票，两者都

---

① 张忠军. 金融监管法论：以银行法为中心的研究 [M]. 北京：法律出版社，1998：114–115.

彰显投资人的股东身份，并基于股东地位影响或控制被投资企业的经营管理。虽然保险机构投资股权和投资股票在运作环节上有诸多不同之处，在保险监管规则上应予以区分对待。但就产融结合的视角观察，保险机构凭借庞大的资金优势，是资本市场上举足轻重的机构投资者，保险机构无论投资股权还是投资股票均能够对被投资企业的经营决策施加影响和控制。如若保险机构通过参股或持股控制被投资公司管理决策，大举介入经营一般产业，实则是滥用保险业的经济权力，将引发不公平的市场竞争和潜在的利益冲突。因此，我国保险监管机关必须在保险监管规则中落实金融与商业分离原则，以防止保险机构的持股行为（股权投资及股票投资）引发风险。

其次，在产融结合的背景之下，对保险机构财务投资和战略投资实施差异化监管。当前我国保险机构大量投资未上市企业股权和上市公司股票，这不仅有利于促进保险资金服务实体经济的效能，更能够发挥协同效应，服务保险主业。但是保险机构财务投资和战略投资这两类不同性质的投资方式在保险监管上应区别对待。对于财务投资，保险机构仅能取得单纯的财务报酬，而不得参与上市公司经营管理。由此，保险机构财务投资不应被施加行业范围的限制，以扩大投资范围。但从分散保险资金运用风险的角度来看，保险机构财务投资应遵循严格的比例限制。但是对战略投资而言，保险机构应以"保险相关事业"为投资对象，并放宽保险机构战略投资的比例限制，允许保险机构参与或控制被投资企业的经营管理，以使保险相关事业服务保险主业，进而发挥保险业风险管理和分散的独特优势。2019年2月，国务院印发《关于加强金融服务民营企业的若干意见》研究取消保险资金开展财务性股权投资行业范围限制，规范实施战略性股权投资。2020年11月，原中国银保监会颁布《关于保险资金财务性股权投资有关事项的通知》，正式取消保险资金开展财务性股权投资的行业限制。由此可见，对保险机构财务投资和战略投资实施差异化监管与我国当前的金融监管理念不谋而合。

再次，保险机构战略投资的行业范围限制应出台"保险相关事业"清单。上已述及，保险机构股票投资如果是战略投资性质，应限定在"保险相关事业"的范围之中。目前我国保险监管规则中"保险相关事业"明确划分为三类，分别为"保险类企业""非保险类金融企业"和"与保险业务相关的企业"。前两类行业范围较容易确定，而第三类"与保险业务相关的企业"的外延则非常模糊，检视以往出台的监管政策，可以推知"保险业务相关的企业"涉及养老、医疗、汽车服务、现代农业、新兴商贸等行业。① 但保险业是为各行各业提供风险管理服务的，其天生就具有跨界的特质，上述列举实在难以满足保险业延伸产业链的现实需求。未来我国大陆应借鉴我国台湾地区的经验，首先公布"保险相关事业"清单，明确"保险相关事业投资"的范围，为保险机构作为战略投资者收购上市公司划定清晰的界线。

最后，着重加强对保险机构财务投资行使表决权的制度引导。我国台湾地区所谓"保险法"第一百四十六条之一第三项试图以剥夺保险机构行使被投资公司股东权的方式强化保险机构财务投资属性，此一方式实在有违"股东平等"的基本原则，大陆应予以警戒，并探求保险机构财务投资表决权行使的适当方式。此表决权之行使应基于积极监督之立场，只有在被投资公司管理者滥权或经营绩效不佳恐有降低投资价值之虞，保险机构才能运用表决权向管理层施压，要求提升公司经营绩效。为防范保险机构以积极监督之名行扰乱正常商业秩序之实，保险监管机关应要求保险机构事先披露表决权行使政策，声明财务投资时表决权行使的方向、具体内容、利益冲突解决办法等，使市场得以提前预见保险机构表决权行使的方向。这样，在金融监管高压以及保险业自律机制下，保险机构事前所披露的表决权行使政策才会遵循"财务投资"积极监督而不肆意介入的逻辑。

---

① 参见《保险资金投资股权暂行办法》(保监发〔2010〕79号)、《保险资金投资不动产暂行办法》(保监发〔2010〕80号)、《关于保险资金投资股权和不动产有关问题的通知》(保监发〔2012〕59号)。

第五章

我国保险机构不当投资股票的法律监管

——以投资型保险为中心

保险机构股票投资并非单纯的市场投资行为，需要短期内积累庞大的保费以作资金支持。其中，投资型保险在保险机构的资金筹集中起到非常关键的作用。例如，在"宝万之争"中，前海人寿旗下的万能险账户作为一致行动人持股上市公司，在股票市场上掀起了控制权争夺大战，并引发了社会各界对万能险的广泛质疑。从私法关系的视域分析，保险机构投资股票是保险机构受广大保单持有人的委托，将缴交的巨额保费投资于股票市场，进而获取利润的行为。前端的保单持有人利益保护与后端的保险机构股票投资行为规制，此二者的连结点便是投资型保险。因此，保险机构股票投资除应置于公法监管之中，还应当受私法关系的规制。以私法关系视角观察和分析投资型保险，有助于厘清保险资金股票投资行为中的私法关系，同时也能够加强保险机构资金运用中保单持有人的利益保护。

投资型保险引入我国保险市场已近20年，当前我国投资型保险产品已经超越传统保障型保险，成为保险市场上的主力。但我国保险法学界对投资型保险的研究长期缺位。诸如，投资型保险的概念、内涵外延、性质以及所涉及的基础法律关系等研究均付之阙如，亟待进一步深入挖掘。梳理现行保险监管法规，投资型保险规制一直处于公法监管的视域当中，少有文献探讨投资型保险的私法规制。宜全面梳理保险机构股票投资中的投资型保险问题，剖析其中所涉及的私法问题，为对保险机构股票投资行为实施精准监管奠定法理依据。

本章将保险机构股票投资行为的规制视角由公法监管切换到私法领域，探求保险机构股票投资行为私法规制的路径。首先，以保险机构股票投资中的投资型保险问题为先导，梳理投资型保险的独特属性及其对现行保险法的挑战。其次，立足于我国当前投资型保险的主要类型，剖析其所涉及的基础法律关系。再次，以投资型保险的基础法律关系为指向，界定保单持有人和保险机构资金运用的私法关系。最后，在私法视域下创设保险机构股票投资的信义义务，期望以此有效地规制保险机构股票投资行为。

第一节　我国保险机构股票投资中的投资型保险问题

顾名思义，投资型保险是"保险"加"投资"的组合，该类保险商品是由传统保险风险保障功能延伸而来的，其本质属性仍是保险，投资理财只是其附属功能。但是在实践中，保险业务员在销售投资型保险商品时大多将其视为金融商品，并同银行存款、基金等商品进行对比，片面强调其高收益率，完全忽视了投资型保险风险保障的本质。加之我国保险市场上涌现的中短存续期高现金价值的保险产品，在相当程度上扭曲了保险消费者对此类商品的认知。反观保险市场极为发达的美国，投资型保险一出现，其"保险＋投资"的双重属性就备受保险监管者的关注，美国证券监管者更认定此类商品形同"证券"，应当适用证券法的相关规则。目前投资型保险是我国保险市场的主流商品，保险机构股票投资的大部分资金也源于此。投资型保险与传统保障型保险有所不同，其投资属性与现行保险法有诸多扞格之处，实应该加以关注。

一、投资型保险的特点及其对现行保险法的挑战

投资型保险现已成为保险行业最为热门的产品，传统上承载风险保障

和分散功能的纯保障型保险反而大为逊色。据统计，自保险监管机关细化保费统计口径以来，寿险公司未计入保险契约核算的保单持有人投资款和独立账户新增交费的同比增长率一直高于原保险保费收入的同比增长率。[①]换言之，整个保险业承担风险保障功能的纯保费收入增长远逊于投资收入的增长。由此可见，投资型保险已在我国保险市场上占据主导地位。反观国外保险市场，投资型保险商品也已相当成熟，并占据相当高的市场比例。比如，澳大利亚市场目前销售的寿险保单几乎全部是投资连结产品。美国、英国和新加坡等国家的投资型保险产品在市场所占的比重一般都在40%以上。分红险也成为国际保险市场的主流产品，在北美地区，80%以上的产品有分红功能；在香港，这一比例更高达90%；在德国，分红保险占该国人寿保险市场的85%。[②]鉴于投资型保险的高市场占有率，投资型保险保费收入更是节节攀升，成为保险机构资金运用的重要来源。但是投资型保险是否有悖于保险风险保障的本质，其本质属性到底是投资还是保险，投资型保险持股上市公司是否有权行使投票权等问题值得进一步探讨。

（一）投资型保险的主要特点

从词义上讲，投资型保险与传统保障型保险的最大差异在于是否具备投资属性。但是，我国学界对投资型保险投资属性的具体表现形式并未有清楚明白的论述。由于我国保险法没有关于投资型保险的明确定义和具体规范，因此仅能从原中国保监会颁布的《万能险精算规定》[③]和《投资连结险精算规定》[④]等规范性文件中搜寻关于投资型保险投资属性的具体特征，

---

① 两项数据的对比源于原中国保监会在2014—2016三年公布的《保险统计数据报告》。

② 吴学军. 正确认识保险功能 驳所谓的保险业泡沫［EB/OL］. 新浪财经，2004-11-03.

③ 原中国保监会关于万能型人身保险费率政策改革有关事项的通知［EB/OL］. 国家金融监督管理总局，2015-02-13.

④ 关于印发投资连结保险万能保险精算规定的通知［EB/OL］. 中国会计视野网站，2007-03-26.

如此才能更加全面地界定投资型保险与传统保障型保险的差别点。

1. 投资型保险的分离账户原则

在投资型保险的实践运作中，保险机构会将保单持有人所缴交的保险费划分为两部分：一部分拨入保险机构的一般账户（general account），此为保险机构承担保险事故风险发生时的对价；另一部分则拨入保险机构为保单持有人专门开设的投资账户，即分离账户（separate account）。① 投资型保险设立分离账户的主要目的是使保单持有人委托管理的保费与保险机构自有资产相互独立，一方面确保分离账户管理更加透明，保证保单持有人能够独立承担投资风险；另一方面是使保险机构破产风险和保单持有人资产相互隔绝。我国台湾地区所谓"保险法"所涉及的投资型保险条文虽少，但仍不遗余力对分离账户原则进行明确规定。例如，我国台湾地区所谓"保险法"第一百四十六条第五项规定：保险业经营投资型保险之业务应专设账簿，记载其投资资产之价值。该条乃通过"专设账簿"贯彻投资型保险的"分离账户原则"。除此之外，第一百二十三条第二项规定：投资型保险契约之投资资产，非各该投资型保险之受益人不得主张，亦不得请求扣押或行使其他权利。该条是强调保单持有人的投资资产与保险机构的自有资产相互分离，如若保险机构破产并不溯及保单持有人所投资的资产。

我国投资型保险类型之一的投资连结险也同样贯彻上述原则。《中国保监会关于规范投资连结保险投资账户有关事项的通知》（以下简称《通知》）第七条明确要求投资账户资产实行单独管理，独立核算，并确保投资账户的独立性。对于保单持有人的权益，该《通知》第三条明确规定：投资账户产生的全部投资净损益归投保人所有，投资风险完全由投保人承担。但与我国台湾地区所规定的不同，我国保险法规中并没有明确规定投资账户资产的破产隔离，一旦保险机构破产，投资账户资产可能会被充作普通债

---

① 胡峰宾，郭丽萍. 投资型保险之投资属性对现行法律规范之冲击 [J]. 法令月刊，2005
（7）：67.

权进入破产清算程序，保单持有人的投资权益难以得到有效保障。但根据上述《通知》规定，保险实务中投资连结险已采用独立账户运作，且投资风险也完全由保单持有人承担，法理上应当可以推出投资账户资产的破产隔离功能。换言之，保险机构一旦进入破产程序，投资账户资产不应纳入保险机构资产进行集体清算，应当允许保单持有人行使破产取回权。

我国投资型保险类型之一的万能险在表面形式上也体现了"分离账户"原则，但在实质上仍有不同之处，需详加分析。根据原中国保监会在2015年颁布的《万能险精算规定》第五条规定："保险公司应为万能险设立一个或多个单独账户。"因此，从表面形式上看，万能险似乎也符合"分离账户"的特征，应当适用资产隔离规则。但值得注意的是，万能险所设立的"单独账户"和投资连结险的"投资账户"大异其趣。其实，原中国保监会2012年颁布的《保险资产配置管理暂行办法》便要求保险公司应当根据保险业务和资金特点，划分"普通账户"和"独立账户"，实行资产配置分账户管理。所谓分账户管理，一类是普通账户，由保险机构部分或全部承担投资风险；另一类是独立账户，指独立于普通账户，由投保人或者受益人直接享有全部投资收益。但是，我国《万能险精算规定》第四条明确规定："万能险应当提供最低保证利率，最低保证利率不得为负。"由此可见，我国万能险所设立的"单独账户"并不符合"独立账户"应由保单持有人自行承担风险的特征。因此，万能险所开立的"单独账户"与投资连结险所设立的"投资账户"或"独立账户"不仅是词义之差，而且其实质上更是大相径庭。同时这一差别也深刻地影响到了投资连结险和万能险基础法律关系的界定。

2. 保单持有人承担全部或部分投资风险

传统保障型保险在产品设计之初便承诺未来以预定的利率进行给付，因而保险机构承担较大的资金运用风险，一旦遭遇投资失败或市场利率下行，极有可能发生偿付能力危机。为应对保险资金运用风险，同时防止通货膨胀，保险机构将保险资金投资权让渡一部分给广大保单持有人，一方面转移自身的保险资金运用风险，另一方面也使保单持有人分享保险资金运用的部分收益，进而提升保险商品的吸引力。本质上而言，投资型保险是保险资金的投资风险与投资收益在保险机构与保单持有人之间的重新分配。通过"分离账户"原则，保单持有人对专设账簿中的投资资产享有全部或部分决定权，由此也可获得比传统保障型保险更高的投资收益，当然也必须负担投资失败所带来的损失。

保单持有人选择购买不同类型的投资型保险，其承担的投资风险大小也不尽相同。以投资连结险为例，原中国保监会早已明令投资连结险及投资账户均不得保证最低投资回报率。[①] 投资账户产生的全部投资净损益归保单持有人所有，投资风险完全由保单持有人承担。[②] 我国保险监管机关要求投资连结险不得保证最低投资回报率，这是针对投资连结险刚在国内市场推出时出现的一些情况而制定的，为避免某些保险机构因盲目的产品设计及投资而面临巨大的风险，这在当时对于防范风险起到了一定的作用。[③] 但与投资连结险不同，《万能险精算规定》第四条明确要求："万能险应当提供最低保证利率，最低保证利率不得为负。"由此，万能险保单持有人只承担部分投资风险。无论是投资连结险，抑或是万能险，保险机构对保险产品的设计基本遵循控制、收益和风险相匹配的原理。换言之，对于投资连结险，保单持有人对投资资产支配程度高，其收益上下波动大，投资风险高，而对于万能险，保单持有人对投资资产的支配程度较低，因而其可以享受保底收益，投资风险相对较低。

3. 投资收益影响保险金给付

传统保障型保险在保险契约订立时就已确定保险金给付，加上保险

---

① 关于印发投资连结保险万能保险精算规定的通知［EB/OL］.中国会计视野网站，2007-03-26.

② 关于规范投资连结保险投资账户有关事项的通知［EB/OL］.律商网，2005-03-27.

③ 丁昶，李汉雄. 投连和万能险的原理与监管［M］. 北京：中国财政经济出版社，2009：165-167.

契约的长期性，在二三十年后保险契约到期，保险金的实际价值可能会因通货膨胀而大大缩水。而投资型保险商品的保险给付在订立保险契约时或到期时并非固定，亦即保险金额为浮动，因投资型保险将保单现金价值的部分用于投资，投资标的主要为各类型的股票、债券型基金、指数或其他投资工具，再以实际投资绩效反映在保险给付上，故保险金额亦会随之变动，唯因其仍属保险商品，具保险保障功能，故仍会约定最低身故保险给付金额，然而对满期金、解约金则无此项保障。[①] 实务中，投资型保险中金额的计算有如下两种：其一，保险金额等于保单账户价值和基本保险金额之和[②]；其二，身故保险金等于身故当时保单账户价值乘以一定比例[③]。由此可见，投资型保险中保单账户价值的投资状况直接影响保险金的最终给付。

（二）投资型保险的投资性对现行保险法的挑战

相较于传统保障型保险仅仅具有风险分散功能，投资型保险的投资属性对现行保险法规范带来不少冲击与挑战，兹分述如下。

1. 投资型保险的投资性与保险契约法的基础原则有相背离之处

其一，所谓损失补偿原则，乃因保险既以满足补偿需要而设，故保险人于保险事故发生时，负有赔偿财物之责。[④] 例如，在机动车损失险中，汽车毁损灭失时，保险人负赔偿车辆损失之责。或是在机动车第三者责任险中，保险人向受害人赔偿保险金。前者是填补保单持有人积极利益的损失，后者是为免除保单持有人消极责任的承担，二者均是保险人填补保单持有人的具体损害。而人寿或健康保险中，保险人则依约向保单持有人给

---

① 胡峰宾，郭丽萍. 投资型保险之投资属性对现行法律规范之冲击 [J]. 法令月刊，2005（7）56：68.

② 例如，平安福满财盈终身寿险（万能型）合同第3.1条。

③ 例如，前海海利年年两全保险（万能型）合同第3.3条，平安E财富两全保险（投资连结型）合同第2.2条。

④ 江朝国. 保险法基础理论 [M]. 台北：瑞兴图书股份有限公司，2009：29.

付一定数额的保险金，此乃填补保单持有人的抽象损害。无论是填补具体损害，还是填补抽象损害，皆不脱于保险契约法中的损失补偿原则。质言之，损失补偿原则是构成保险制度的基石，进而衍生出保险利益原则、禁止不当得利原则等。但投资型保险商品着重于投资的运用，保险损失补偿的观念无法完全适用于投资型保险。目前对于保险的观念应被赋予更新意义的解释，或者必须做适度的修正。①

其二，所谓对价平衡原则，是指保险的损害填补功能须由保单持有人交付保险费而发挥作用，保单持有人所缴交的保险费也是保险人承担危险，将来给付保险赔偿金的对价。②强调对价平衡原则除基于保险契约乃双务、有偿契约的法律特征外，还源于保险制度的数理逻辑。进言之，保险费通常包括两部分：一为纯保险费（net premium），系备作保险事故发生时给付保险金之用，乃根据危险率（probability of risk）计算生成；二为附加保险费（loading），主要指营业费用等。传统保障型保险的保费构成仅包括纯保费和附加保费两项，而投资型保险保费在扣除附加费用之后，一部分保费进入保险机构普通账户，作为保险机构分散风险的对价；另一部分保费进入分离账户或投资账户，用来投资各种金融商品。前者符合对价平衡原则的原理无疑，而后者的价值受投资标的市场价值的影响而上下浮动，最终由保单持有人承担全部或部分风险，与一般投资工具无异，绝非分散风险的对价。市场上更有保险人将保单持有人所缴的保费，扣除相关行政费用后全部投入投资标的，并且不扣除任何有关的保险成本费用，并以保费投资绩效的总资产作为保险保障的给付。③如此设计的投资型保险更无对价平衡原则的适用余地，如何分析这一新问题令人疑惑。

---

① 江朝国. 保险法最新修正评释：上［J］. 月旦法学，2002（87）：226–251.

② 江朝国. 论我国保险法第六十四条据实说明义务之规定：以对价平衡之概念为论点［C］// 江朝国. 保险法论文集（一）. 台北：瑞兴图书股份有限公司，1997：141.

③ 汪信君，廖世昌. 保险法理论与实务［M］. 台北：元照出版有限公司，2017：440–444.

2. 投资型保险的投资性对保险契约告知说明义务的挑战

告知说明义务源于保险契约上的最大诚信原则，这意味着保险契约双方当事人在契约订立和履行过程中，必须以最大善意履行自己的义务，互不欺骗和隐瞒，恪守合同的约定，否则会影响保险契约成立及效力的存续。① 对于保单持有人一方，最大诚信是指投保人和被保险人的陈述会严重影响保险人决定是否承保以及收取何种保费。根据我国保险法第十六条规定可知，投保人负有如实告知义务，应当对保险人就保险标的或被保险人的有关情况所提出的询问如实陈述，否则保险人有权解除契约，投保人故意不如实告知的，保险人可以不退还保费以示惩罚。传统保障型保险的保费主要为分散危险的对价，投保人故意不告知将严重影响保险人的风险估计，不退还保费以示惩罚暂无太多疑义。② 但对于投资型保险，投资账户资产归保单持有人个人所有，并不具有风险分散的功能，倘若同风险保费那样一并不予退还，对保单持有人显然不公平。

除此以外，保单持有人相对于保险人处于弱势地位，无法全面地了解定型化契约所表达的权利义务关系及法律效果。投资型保险附加"保险"和"投资"双重属性，致使保单持有人的信息不对称更加严重。我国保险法第十七条规定："订立保险合同，采用保险人提供的格式条款的，保险人向投保人提供的投保单应当附格式条款，保险人应当向投保人说明合同的内容。"如今投资型保险已成为保险市场的主流，保险业务员多以投资型保险与银行存款、基金等金融商品相比较，片面夸大其高收益率，导致"存单变保单"的乱象屡禁不绝。③ 保险业务员的不当销售行为多源于其未善尽说明义务，造成保单持有人产生误解，一旦保单收益未如预期，极易

---

① 韩长印，韩永强. 保险法新论［M］. 北京：中国政法大学出版社，2010：51.

② 笔者认为即使在传统型保险中，"投保人故意不履行如实告知义务，保险人不退还保费"这一规定也值得进一步思考。如一些具有现金价值的终身寿险，保险契约解除时留存较多现金价值，此时不退还保费（现金价值）严重侵犯了保单持有人的财产权，这对保单持有人极不公平。

③ 民声. 存单变保单再现"江湖"须重罚［J］. 上海金融报，2018-02-13（A15）.

产生纠纷。在传统保障型保险中,保险业务员主要向保单持有人说明格式契约中责任免除条款、免赔额、免赔率等免除保险人责任的条款。[①]但是在投资型保险中,保险业务员还要说明相关手续费、投资标的和投资账户变动情况等信息。若保单持有人投资失利,致使投资账户低于所缴保费,此时其若主张保险人未尽说明义务,并诉请保险契约无效,要求保险人返还保费,更会导致不公平的事情。[②]由此可见,在投资型保险中,保险人明确说明的内容、方式以及法律效果皆与传统保障型保险有很大不同。

二、投资型保险与保险机构股票投资行为的异化

在"宝万之争"中,以王石为代表的万科管理层和以姚振华为代表的宝能系极尽攻防之能事,双方大打舆论战和法律战,均试图在上市公司控制权争夺的舆论战中占得优势。万科管理层更是积极寻找宝能系举牌万科的法律漏洞,其中前海人寿动用旗下万能险资金举牌万科备受质疑,万能险的合法性问题一时成为社会公众关注的焦点。用万能险账户购买股票的表决权当毫无疑问属于前海人寿吗?对此众说纷纭,有人认为资金源于万能险的购买者,理当由购买者享有表决权;也有人认为登记在股东名册上的万能险账户才是法律意义上的股东,因此依法享有表决权;还有观点认为前海人寿作为万能险的所有权人,理应具有表决权。[③]不同的观点代表着不同层面的利益,哪一主体能够行使万能险所购买股票的表决权不是似是而非的,必须立足于市场实践并上升到法理层面上加以厘清。

传统保障型保险的法律关系十分简单,保单持有人与保险人之间通过保险契约进行连结,基础法律关系属于保险契约法的调整范围。而广大保单持有人所缴交保费所累积形成的保险资金之运用行为则由保险业法进行

---

① 参见《最高人民法院关于适用〈中华人民共和国保险法〉若干问题的解释(二)》第九条。

② 叶启洲. 投资型保险契约无效时之保险费返还与缔约上过失责任[J]. 环球法律评论,2014,36(6):53.

③ 梅慎实,郭禹辰. 前海人寿万能险表决权争议背后[J]. 董事会,2016(8):69.

监管，其主要目标为确保保险机构偿付能力充足。而保单持有人与保险机构投资行为、投资目标两者间不产生任何法律上的联系。因此，在保险法的规范内容上，进而形成保险契约法及保险业法两大支点。^①但是，投资型保险的投资属性使保单持有人获得保险资金运用的支配权，也使得其所涉及的基础法律关系往外延伸。

具体而言：其一，投资型保险中的投资标的一般皆由保险机构先行筛选，而保单持有人仅能在保险机构所筛选投资标的范围内进行选择。由于保险机构会在保费里收取手续费，因而保险机构至少应该就选任部分负善良管理人之责，并非完全不负责任，如何才算善尽选任上的善良管理人之责是投资型保险至为关键的问题，其选择标的的范围将直接影响保单持有人的权益。^②其二，对于设有保证最低收益率条款的万能险，保单持有人享有最低收益回报，而投资资产相应的控制权则让渡给了保险人。由于这部分资金不承担分散风险功能，因而不计入保费收入，也不受我国保险法规关于保险资金运用的各种限制。我国保险监管规则规定：万能险投资权益类资产不得超过80%^③，这比其他保险资金的比例限制更为宽松。除此之外，保险监管机关仅在出台的《万能险精算规定》中对万能险产品设计及准备金提取提出了具体要求，但并未对万能险资金投资行为做出明确规定。在"宝万之争"中，宝能系利用前海人寿旗下的万能险账户资金敌意收购万科股票。即使我国保险监管机关认定保险资金运用合法合规，但仍旧无法避免滥用万能险资金所引发的风险。由此可见，投资型保险对我国保险资金运用监管产生了不小的挑战。

实践中，万能险等投资型保险往往涉及保单持有人、保险机构、所投资目标公司三方主体。准确地定位三者间的法律关系是探寻哪一主体有权

---

① 樊启荣. 保险法诸问题与新展望［M］. 北京：北京大学出版社，2015：1.

② 胡峰宾，郭丽萍. 投资型保险之投资属性对现行法律规范之冲击［J］. 法令月刊，2005（7）：71.

③ 关于股票投资有关问题的通知发［EB/OL］. 国家金融监督管理总局网站，2007-04-06.

行使表决权的法理路径。具体而言，保单持有人和保险机构之间是投资型保险契约关系，而保险机构与目标公司之间则是纯粹的投资关系。保单持有人和目标公司没有任何法律上的关联。但是，保险机构向目标公司所投入的资金毕竟源于广大保单持有人，若保险机构资金运用不当或是伙同目标公司进行利益输送，造成保险资金大面积亏损，此时如何保护广大保单持有人的利益便有疑义。万能险契约中，保险机构应选择何种标的投资，如何行使表决权，是否应征得广大保单持有人的同意等更无明确约定。可以说，保险机构所运用的万能险资金完全是封闭运作的，保单持有人对实际投资情况完全不知情，即使是投资透明度较高的投资连结型保险，其产品说明书中也只是笼统地表明投资组合占所配置资产的比例限额，也并未明确其具体投资对象、投资性质及表决权行使程序等。①

　　上述问题产生的根源可归结于我国投资型保险基础法律关系尚未有明确界定，导致保单持有人、保险机构和目标公司之间的权利义务关系不清晰，造成投资型保险的私法规制失范。有学者认为："万能险等投资型保险的基础法律应认定为信托关系。"② 也有学者认为："万能险的投资者与保险机构之间的关系更趋向于委托代理关系，而不是信托关系。"③ 基础法律关系定性的差别直接影响到适用何种法律、对保险机构采用何种监管模式以及产生何种法律效果等。目前学界对投资型保险这一新型险种尚未有深入的研究，其基础法律关系的性质更未有明确的定论。投资型保险是保险业发展较为成熟的险种之一，其产品设计附加"投资"和"保险"双重属性，不仅与传统保险契约法有所扞格，更横跨《中华人民共和国保险法》《中华人民共和国证券法》《中华人民共和国基金法》《中华人民共和国公司法》《中华人民共和国信托法》《中华人民共和国银行法》《中华人民共和国合

---

① 平安 E 财富两全保险（投资连结型）产品说明书。

② 张晓萌. 论投资型保险在契约法上的定位［J］. 保险研究，2017（9）：121.

③ 梅慎实，郭禹辰. 前海人寿万能险表决权争议背后［J］. 董事会，2016（8）：71.

同法》等诸多法域，凸显其法律问题的复杂性。[①] 厘清投资型保险的基础法律关系有助于从私法层面更好地规制保险机构的股票投资行为，进而有助于保护广大保单持有人的利益。

第二节　保险机构股票投资行为基础法律关系的界定

表面上看，保险机构股票投资的私法关系仅涉及保险机构与投资目标公司两方主体。然而，保险机构股票投资的资金源于广大保单持有人，其所运用保单持有人所信托之资金，应为社会大众谋取最大福利。[②] 由此，理应将广大保单持有人纳入保险机构股票投资的私法关系的考量之中。从前端观察，投资型保险兼具保障和投资双重属性，因而获得广大保单持有人的青睐，迅速成为保险市场的主流。从后端观察，在2015年险资举牌上市公司及"宝万之争"事件中，保险机构投资股票的资金主要源于投资型保险。投资型保险已是保险机构在前端汇聚广大保单持有人的资金，而在后端进行股票投资的重要工具。在法制层面上，投资型保险已经成为保险机构股票投资行为规制与广大保单持有人权益保护的重要连结点。有必要以投资型保险为切入点，准确地界定保险机构股票投资行为的基础法律关系。

一、我国投资型保险的主要类型及运作原理概述

事实上，我国保险法上并未有投资型保险的正式法律概念，即使在我国保险监管机关所颁布的规范性文件中也并没有关于投资型保险的明确定义。投资型保险只是在理论和实务中约定俗成的一个概念，其具体内涵

---

① 梅慎实，郭禹辰. 前海人寿万能险表决权争议背后［J］. 董事会，2016（8）：71-72.

② 施文森. 保险法论文：第二集［M］. 台北：三民书局，1988：92.

和外延并不十分清楚。我国台湾地区所谓"保险法"第一百二十三条、第一百四十六条虽然规定了投资型保险的资产隔离原则和分离账户原则，但也未明确阐述投资型保险的具体定义。因此必须从理论上廓清投资型保险的主要类型及运作原理。

（一）我国投资型保险的主要类型

所谓投资型保险契约，顾名思义主要是在传统风险转移和分散的功能之外，还具备"投资"性质的保险契约。但因投资型保险契约形式多样，故至今各国及主要国际保险监管组织就此商品的名称及内容，尚无统一的定义。[1]我国台湾地区所谓"保险法"学者认为投资型保险有广义和狭义之分：广义而言，投资型保险包含变额寿险、万能寿险、变额万能寿险及变额年金四种；若从狭义上严格区分，万能寿险并无分离账户之设计，因此并不属于投资型保险。[2]由上可知，投资型保险的内涵和外延并不清晰，首先应该予以界定才可进行下一步的讨论。

自1999年平安保险率先在国内推出"平安世纪理财投资连结险"以来，我国投资型保险发展已逾20年。但"投资型保险"这一概念只是理论界和实务界的俗称[3]，并未有明确的法律依据，也从未出现在我国保险监管机关的监管文件中。在众多的监管文件中追踪投资型保险的踪迹，其实自2001年原中国保监会在《关于人身保险新型产品若干事项的公告》中就将投资

---

① 卓俊雄，唐明曦. 投资型保险契约中保险属性之再省思：以美国法的经验为核心［J］. 朝阳商管评论，2011（1）：55.

② 胡峰宾，郭丽萍. 投资型保险之投资属性对现行法律规范之冲击［J］. 法令月刊，2005（7）：65.

③ 我国主流学者大多认为投资型保险应包括分红险、万能险、投资连结险三类。许瑾良. 人身保险原理和实务：第三版［M］. 上海财经大学出版社，2011：393；王国军. 投资型保险 回归本质［J］. 商界（评论），2010（3）：83-84；杨晓灵. 投资型寿险产品的发展研究［J］. 保险研究，2002（10）：23-24；郭雳. 投资型保险及其法律问题［J］. 金融法苑，2001（4）：71-76.

连结险、万能险、分红险归类为"人身保险新型产品"。① 在2016年《保监会有关部门负责人就强化人身保险产品监管工作答记者问》中，我国保险监管机关更是直接将人身保险产品按设计类型分为普通型保险产品和新型保险产品。前者指保单签发时保险利益确定的保险产品，后者指保险利益不完全确定的保险产品。新型保险产品包括分红型保险、万能型保险和投资连结型保险三类。由此可见，我国保险监管机关为监管便利而将投资型保险定位为"人身保险新型产品"，进而包括分红险、万能险和投资连结险三种类型。

投资型保险的核心皆在于"分离账户"设计。而我国保险监管机关所称的人身保险新型产品中，仅有投资连结险存在分离账户，其应属于国内外通称的投资型保险无疑。而分红险和万能险的保费全部归入保险机构的一般账户中，并无分离账户的功能，两者实际上仅有投资型保险之名，而无投资型保险之实。然而，与域外保险发达市场不同的是，我国投资型保险种类还很单一，变额年金、变额万能寿险、变额寿险等产品尚未普及或开发。但在我国，消费者通过保险理财的需求非常旺盛，从广义上讲，分红险和万能险虽无分离账户设计，但其保险给付也是随着保险机构投资绩效的好坏而上下浮动，因此一直被消费者当作投资型保险，我国保险监管机关也将其纳入投资型保险的监管范围之中。

鉴于我国保险业尚处于初级阶段，分红险和万能险应从广义上被理解为投资型保险，实践中两者在保险市场上的规模相当之大，应予以肯认并做进一步的深入研究。此外，在我国保险市场中，投资型保险不仅可以设计成人身保险，也可以设计成财产保险。根据2008年原中国保监会颁布的《关于进一步加强财产保险机构投资型保险业务管理的通知》规定了财产保险投资型保险产品。但由于目前保险市场的主流是投资型人身保险，故

---

① 在2008年《关于投保新型人身保险产品风险提示的公告》、2009年《人身保险新型产品信息披露管理办法》等文件中，主管机关一直将分红险、万能险、投资连结险界定为"人身保险新型产品"。

投资型财产保险在本书中不做讨论。综上所述，本书主要以我国保险市场上较为常见的分红险、万能险和投资连结险为阐述对象。

（二）我国三类投资型保险的运作原理概述

分红险、万能险和投资连结险虽皆属于投资型保险范畴，但其运作机制有所不同，由此决定了其基础法律关系需要分别界定。

1. 分红险的运作原理

根据2015年原中国保监会颁布的《分红险精算规定》第一条："本规定所称分红保险，是指保险公司将其实际经营成果产生的盈余，按一定比例向保单持有人进行分配的人身保险产品。"分红险之所以出现是源于保险机构对保险产品定价假设与实际经营状况的差异。简言之，保险产品定价是建立在三个定价基础之上的：预定死亡率、预定利率、预定附加费用率。所谓预定死亡率，指特定年龄或者特定性别中特定人群死亡发生的概率，这是决定死亡给付成本的重要因素。[①] 若实际死亡率低于预定死亡率，对保险机构是收益（死差益），反之则是亏损（死差损）。所谓预定利率，指保险机构因事先收取保费所承诺给予保单持有人一定比率的资金回报。保险机构将汇聚的大量保费进行投资，若实际投资回报率高于预定利率，对保险机构是收益（利差益），反之则是亏损（利差损）。所谓预定附加费用率，指保险机构在经营业务中会产生经营费用，应事先向保单持有人征收。若实际经营费用低于预定费用，对保险机构则产生收益（费差益），反之产生亏损（费差损）。

由于保单都是事先售出的，保费及预定利率应明确规定于保单条款当中。因此为防止亏损的情况出现，保险机构有提高产品定价的愿望，比如提高预期死亡率和管理费率，降低预期收益率，但这一做法对保单持有人来说是不利的。而另一方面，随着市场竞争的激烈，保险机构也存在着过于打价格战而在未来的低投资收益率年景出现大幅亏损的可能，对其自身

---

① 许瑾良. 人身保险原理和实务：第三版［M］. 上海：上海财经大学出版社，2011：234.

也非常不利。有没有可能建立一种保险机构与保单受益人共享收益与平滑风险的机制呢？1776年，英国公平保险机构进行决算时，发现实际责任准备金比将来保险金支付所需要的准备金高出许多，于是将已收保费的10%返还给保单持有人，这被认为是分红险的起源。1963年，英国精算师豪门斯（Homans）和法克勒（Fakler）认为应根据死亡率、利息率和费用率产生的盈余对保单进行分红，这已接近目前分红险所讲的"三差分红"①。

　　传统保障型保险的利率是固定的，假设保单签发时预定利率较高，而其后市场利率下行，保险机构将面临巨大的利差亏损。分红险的设计使保险机构可采取较为保守的定价策略，有效避免经营危机，且如果实际投资或经营发生盈余，则可事后向保单持有人进行现金分红或增加保额。由此可见，分红险是一个兼顾保险机构和广大保单持有人利益的优良机制。然而，需要指出的是，保险机构对盈余的分配并不是随意为之，仍应该秉持保护保险消费者权益的意旨，根据我国《分红险精算规定》第十六条之规定，保险公司"分配给保单持有人的比例不低于可分配盈余的70%"。

　　2. 万能险的运作原理

　　2015年原中国保监会颁布的《万能险精算规定》并未对万能险做出明确的定义。而我国理论界对万能险的描述则着重解释其"万能性"，即保费可选择，保额可调整，但并未厘清其背后的运作机理。其实万能险是将终身寿险原来两个绑在一起的死亡给付分割成一个净危险保额（死亡保额）及另外一个单独运作的保单账户价值②，由此形成"一费二户"的管理模式。"一费"指保费，"二户"指"普通账户"和"单独账户"。③ 其运作方式系以定期寿险（净危险保额）承担死亡危险，分散死亡风险所需的保险费计

①　康会欣. 分红险因何分红［J］. 大众理财，2012（10）：62-65.

②　财团法人保险事业发展中心. 投资型保险商品［M］. 台北：财团法人保险事业发展中心，2010：18.

③　郭金龙，周华林. 我国万能险发展存在的风险及政策分析［J］. 保险理论与实践，2016（11）：2.

入保险机构的普通账户，这与传统纯保障型保险的运作方式无异。而保单持有人每一期缴付的保费必须扣除普通账户分散风险所应承担的保险费及保险机构维持保单所需的手续费，剩余部分则计入单独账户，统一由保险机构操作运用，并累计保单账户价值。

在万能险中，保单持有人缴付的保险费，如果大于净危险保额成本（死亡风险成本），超过的部分会直接加入单独账户中。若保险费有任何欠缺短少时，则从单独账户中扣取承担净危险保额所需的费用。在此种方式下，保险费的交付就很有弹性，保单持有人可以在法定限额内缴交保险费，也可以少缴一些保险费，甚至不缴。只要单独账户的账户余额足以支付净危险保额成本及手续费用，保单就会继续有效。同时保单持有人可以在任意时候减少或增加保险金额，以满足保单持有人对保险的个性化需求。[1] 由此可见，万能险之所以"万能"全在于其产品设计的灵活性。

通过分析万能险的运作原理可知，万能险投资属性的实现皆仰赖于单独账户累计保单价值，且依据2015年《万能险精算规定》第四条："万能险应当提供最低保证利率，最低保证利率不得为负。"由此万能险保单持有人只承担最低保证利率之下的风险，最低保证利率之上的风险完全由保险机构来承担。值得注意的是，万能险"单独账户"仅是监管文件中出现的名词，在一些万能险保单条款中，还出现"保单账户""个人账户"等称谓。[2] 上述词语不仅在形式上杂乱无章，更模糊了各险种之间的实质差别，实有必要加以梳理和界定。

2007年《万能险精算规定》第五条规定："保险公司应当为万能保险设立万能账户。万能账户可以是单独账户，也可以是公司普通账户的一局部。"此时万能账户资金是普通账户的一部分，其资产和负债作为保险机

---

[1]　财团法人保险事业发展中心. 投资型保险商品 [M]. 台北：财团法人保险事业发展中心，2010：18.

[2]　前海海利年年两全保险（万能型）合同第二部分：保单账户。安邦财富增长6666号终身寿险（万能型）条款第5. 1款：个人账户。

构资产负债的一部分体现在公司的财务报表上，保险机构一般用普通账户投资组合的一部分支持万能险的负债。应该注意到，对保险机构销售万能险的初级阶段即在万能险的保费达到一定规模之前，将万能险置于普通账户的做法无论是对公司，还是对保单持有人都是非常有利的。保险机构在现金的使用上有更大的空间，而保单持有人也通过投资的规模而间接受益。①

2015年，原中国保监会修订《万能险精算规定》要求保险机构应为万能险设立一个或多个单独账户，且单独账户资金应单独管理，并同普通账户资金分离运用。分离运用是因为两者法律属性有根本不同。普通账户资金是承担风险保障的保险基金，应严格遵循各种监管指标限制，确保保险资金安全。而单独账户资金依照最新保险会计准则，由于不承担保险风险只能被定位为"保单持有人投资款新增交费"，因其具有较强的投资性，所以在监管上更为宽松，即权益类资产投资比例最高不超过80%。而需要指出的是，单独账户是保险机构内部的管理账户，其资金是由众多保单持有人新增交费汇聚而成，并不为某单个保单持有人所有。真正为单个保单持有人所拥有的是保单条款所约定的"个人账户"或"保单账户"，它是由单独账户换算而来的，且保险机构应定期向保单持有人披露个人保单账户的相关信息。值得注意的是，保险机构所单独管理的万能险"单独账户"与万能险保单所约定的"个人账户"或"保单账户"与投资连结保险之下的"独立账户"或"分离账户"是不同的，两者在法律性质上大相径庭。

3. 投资连结险的运作原理

投资连结险同样实行"一费二户"的运作原理，在形式上同万能险十分相似，但两者在账户管理方式上仍存在本质差别。依据2015年原中国保监会《关于规范投资连结险投资账户有关事项的通知》第二条规定：投资连结险产品至少连结一个投资账户。实务中，保险机构会连结投资风格比

---

① 丁昶，李汉雄. 投连和万能保险的原理与监管［M］. 北京：中国财政经济出版社，2009：178.

较积极的权益投资账户或基金投资账户，抑或是投资风格比较稳健的债券投资账户或货币投资账户。保单持有人可以根据自己的风险承受能力、投资取向和财务状况，投资一个或多个投资账户或在账户之间按比例调配。在投资连结险中，投资账户的选择权完全由保单持有人行使，相应地，投资账户产生的全部投资净损益归保单持有人所有，投资风险也完全由保单持有人承担。而万能险"单独账户"统一由保险机构独立操作，并设置最低保证利率，保险机构承担最低保证利率之上的风险，保单持有人对万能险单独账户的资产配置没有任何话语权。综上所述，在账户管理方式上，投资连结险保单持有人对投资账户的资产配置有更大的权限，也承担相应的损益和风险。

除此以外，投资连结险贯彻"单独管理"原则更为彻底，万能险的保单账户通常由众多保单持有人汇聚在一起管理，从而使资金汇聚到保险机构内设的单独账户统一操作。而投资连结险在每一保险契约订立后，必须为每一保单持有人建立投资账户，且该投资账户应单独核算。投资账户与保险机构其他资产、投资账户之间，不得存在债权债务关系，也不得承担连带责任，更不得发生利益输送行为。本质而言，投资连结险中的投资账户是保单持有人的信托财产，从实质功能上应比照对信托产品的监管进行，这涉及投资连结险基础法律关系的界定，下文将详细阐述。

二、保险机构股票投资行为基础法律关系的界定

一般而言，投资型保险必须具备"分离账户"设计，由保单持有人自行承担投资风险。然而，相较于域外发达保险市场，我国投资型保险的类型比较宽泛，包括分红险、万能险和投资连结险三种。广义而言，这三类投资型保险都具备"保险"和"投资"双重属性，诚可谓新型人身保险产品。但三类投资型保险的基础法律关系，因其运作机制不同而有所差异，难以统一概括，兹分述如下。

（一）分红险的基础法律关系仍是保险法律关系

基于分红险的运作机制，其基础法律关系仍是保险法律关系。理由如下。

首先，与万能险和投资连结险不同的是，分红险并非实行"一费二户"的运作原理。保单持有人每一期所缴付的保险费全部进入保险机构的普通账户，由保险机构统一运用。保险机构无须为保单持有人开立单独的投资账户，保单持有人也无须承担任何投资风险。由此，分红险的基础法律关系与委托和信托无涉。

其次，分红险投资属性的实现并非运用"分离账户"设计，而是由于改进了传统保险的定价机制。质言之，分红险的核心原理是"三差分红"。由于保险机构的定价无法完全准确，其倾向于将预定利率调低，预定死亡率和预定费率调高，以防止亏损，确保经营稳定。然而，高定价策略严重削弱了保险产品的竞争力，保险消费者获得保险保障的成本增高。在保险市场竞争压力下，保险机构事前采取保守的高定价策略，事后返利给保单持有人成为最优选择。应当看到，分红险仍是基于"三率"进行定价，这并未改变传统保险的精算原理，因此并未超越保险最基础的法律关系。

最后，分红险的红利本质上源于保单持有人的"预缴保费"。由于分红险采取相对保守的高定价策略，因此保单持有人应事先向保险机构"预缴保费"，如果保险机构实际经营比假定状况更差，这部分保费应充实到保险基金中，以填补实际发生的损失，也不存在向保单持有人分红的问题。而实践中，保险机构实际经营往往比假定状况更优，由此产生高于预定定价的结余，依现行监管规定，保险机构必须向保单持有人分红，且分配比例不低于可分配盈余的70%。由此可见，分红险设计的初始目的是解决保险的预定定价和实际经营的差异所带来的弊端。分红险并未如万能险和投资连结险那样专设投资账户为保单持有人提供理财服务，因此分红险的保障属性更强。

综上所述，分红险的核心原理是"三差分红"，其改进了传统保险的定价策略，但并未超越保险风险保障的本质特征。其次，分红险并没有"分离账户"的独特设计，因而其基础法律关系与万能险和投资连结险大相径庭，仍应界定为保险法律关系。

（二）投资连结险的基础法律关系是"保险"＋"信托"

投资连结险实行"普通账户"加"投资账户"的设计。投保人所缴交的保费一部分进入保险机构的"普通账户"以作为分散风险的对价，此部分与传统保险契约无异。但投资账户是保险契约订定时保险机构为保单持有人开立的，这部分所涉及的基础法律关系应当如何界定，殊值探讨。

表面上看，投资账户没有最低的保证利率，其"投资单位"的价值直接由"独立账户"所拥有资产的价值来决定，从而会随着投资业绩的波动而波动，寿险公司不承担任何投资风险。因此笼统而言，投资账户是"代客理财"的资产管理行为。[①] 近年来，我国资产管理业蓬勃发展，各种类型的资管计划层出不穷。检视现行资产管理内部法律关系之定性备选方案，无非有信托说、委托说或中间道路三种。[②] 对比上述三种学说的制度结构，投资连结险中投资账户所涉部分应定性为"信托法律关系"。在此应首先叙明信托制度的构成要素，并以此为标准全面检视对照投资连结险投资账户的典型特征，从而证成投资账户的信托属性。

信托的成立是基于委托人对受托人的信任为基础的。受托人本着受人之托、忠人之事的原则，按照委托人指定的目的实施信托财产管理和处分的行为。[③] 作为一种新型的财产管理制度，信托能够降低交易成本，提高商业效率，相较于其他制度，具有很大的灵活性和创造性，从而成为资产管理的优选方式。[④] 具体来说，信托制度的构成要素包含以下四个方面。

---

① 赵猛. 人寿保险：个人理财新工具［M］. 北京：中国金融出版社，2006：252.

② 缪因知. 资产管理内部法律关系之定性：回顾与前瞻［J］. 法学家，2018（3）：101.

③ 中野正俊. 信托法［M］. 张军建，译. 北京：中国方正出版社，2004：12.

④ 王艳梅. 信托的功能：资本运营视角下的探析［J］. 当代法学，2004（5）：48.

第一，信托以委托人向受托人转移财产权为条件。信托一旦设立，信托财产的所有权就由委托人处转移给受托人，委托人就丧失了对信托财产的所有权；受托人虽然获得信托财产的所有权，但只是名义上的所有权，因为他不能享有经营此财产所获得的收益。受益人虽有收益权，但这仅仅是一种收益请求权，他并没有占有、管理和处分该财产的权利。[①] 由此可见，信托财产上所有权的性质极为特殊，表现在"所有权与利益相分离"。在英美法中称为"双重所有权"，即受托人对信托财产的权利被称为"普通法上的所有权"，而受益人的权利则被称为"衡平法上的所有权"。[②]

第二，受托人作为信托财产的名义所有人，对信托财产享有自由裁量权。现代金融商品日趋复杂，普通投资者难以完全理解金融商品的运作流程及背后的市场风险，因此投资者希望将财产交由专业人士打理，实现资产的保值增值。而信托受托人通常是理财的专家或是专门的投资机构，凭借专家经验和机构优势，能够灵活判断市场趋势进行投资决策。与信托法律关系相比，在传统代理法律关系中，代理人自由裁量的范围较为狭窄，代理人必须在本人的授权范围内行事，还要不时受到本人的指示，可以说在代理关系中，听从本人的指示和受到本人控制是代理的常态。而在信托中，管理权和处分权属于受托人，因此受托人能够发挥专家理财的优势进行投资决策。

第三，信托财产具有独立性。信托财产的独立性是指信托一旦设立，信托财产便独立于委托人、受托人和受益人，专为信托目的而独立存在。首先，信托财产虽然属于受托人，但与受托人的固有财产应分别处理，受托人不能将该财产用于自己的利益，而应根据信托目的管理、处分该财产。信托财产独立性最具特征的表现为：对于信托财产，虽然是归属于受托人的财产，但受托人个人的债权人不能扣押该财产；即使受托人破产，

---

① 于海涌，马栩生. 物权法：第四版［M］. 广州：中山大学出版社，2013：316.

② 周小明. 信托制度的比较法研究［M］. 北京：法律出版社，1996：12–13.

也不属于破产财团。[①] 其次，信托设立之后，信托财产不再属于委托人的财产，委托人的债权人不能对其强制执行，从而和委托人的破产风险隔离开来。最后，信托财产也并非直接就是受益人的财产，受益人只能根据信托文件的规定向受托人请求给付，并没有直接针对信托财产的请求权。[②]

第四，受托人应遵循信托目的，为受益人的利益管理和处分财产。受托人取得信托财产名义上的所有权，但并不意味着受托人可以任凭自己的意愿随意处分信托财产。信托目的乃是委托人在设立信托时所欲通过该制度工具达到之目的，受托人必须在该目的范围内行使裁量权，否则应承担责任。信任是信托制度的奠基石，但委托人和受托人存在天然的"利益冲突"，委托人将财产信托给受托人，受托人实质上并不享有信托财产的各种利益，很可能利用管理信托财产之便谋取私利，损害委托人利益。信托目的便是委托人判断受托人是否尽责的标准，如若受托人违反信托目的管理和处置财产，委托人可以要求损害赔偿。

综上所述，信托是由委托人、受托人和受益人三方面的权利义务构成的，这种权利义务关系围绕着信托财产的管理和分配而展开。[③] 在各类基础法律关系中，信托制度最能涵摄和解释纷乱庞杂的资产管理计划，我国早在2001年就制定了《中华人民共和国信托法》（以下简称信托法）在法律上对信托这一经济工具进行了制度安排。从实务操作上和监管规定上，投资连结险的投资账户同样符合信托的各个要素，以下详述之。

第一，投资连结险投资账户部分符合信托"双重所有权"的制度结构。保单持有人每一期所缴付的保费在扣除"普通账户"所需保费及手续费用后，剩余部分进入投资账户，并买入相应的投资单位。首先，投资账户所涉资产在形式上属于保险机构，保险机构因而能够集合众多保单持有人的资产集中进行投资。但实质上保险机构并不享有投资账户的经济利益。在

---

① 道垣内弘人. 信托法入门［M］. 姜雪莲，译. 北京：中国法制出版社，2014：41-42.

② 赵廉慧. 信托法解释论［M］. 北京：中国法制出版社，2016：217-227.

③ 周小明. 信托制度的比较法研究［M］. 北京：法律出版社，1996：3.

实践中，投资连结险保单通常允许保单持有人在保单存续期内部分领取投资账户的资产，保险机构会根据客户要求卖出投资单位并扣除相关费用后给付投资账户的部分资产。其次，当保单持有人解除合同时，保单剩余价值应为投资单位价值总额减去退保费用。最后，投资账户的投资单位价值总额也构成最终保险金给付的一部分。例如，一些保单条款规定"以投资单位价值总额给付满期生存保险金"或"投资单位价值总额的一定比例给付身故保险金"。[①]由此可见，无论在部分领取、退保还是在保险金给付上，投资账户的实质经济利益均是由保单持有人所享有，投资账户的投资风险也由保单持有人完全承担，而与保险机构无关，保险机构仅能够收取一些手续费用。

第二，虽然投资账户实质经济利益属于保单持有人，但其名义所有人仍是保险机构，保险机构有权自由决定投资账户的资产配置。或有论者质疑说：实践中，保单持有人在订约时有权选择投资账户，或者在各投资账户之间分配比例[②]，这表明投资账户资产配置权是由保单持有人享有，而非保险机构。虽然保单持有人对投资账户有一定的资产配置权限，但并未超越保险机构的控制范围，理由如下：其一，无论保单持有人选择何种类型的投资账户，均是保险机构事前所设计的，保单持有人只能在保险机构提供的投资账户类型中进行选择，不能选择契约之外的投资账户类型。概言之，保单持有人对投资账户的资产配置权仍在保险机构掌控之内。其二，即便保单持有人有权选择某种类型的投资账户，但对投资账户下一步投资的投资品种和投资比例完全没有控制权。实践中，保险机构仅是在产品说明书中向保单持有人说明投资工具、投资组合限制、投资目标等笼统信息，具体的投资运作仍由保险机构操作。通过以上分析可知，保险机构对投资账户资产享有名义上的所有权，能够自由决定投资账户的资产配置。

---

① 平安 E 财富两全保险（投资连结型）合同第 2.2 条。
② 平安 E 财富两全保险（投资连结型）合同第 5.3 条。

第三，投资连结险的投资账户资产具有独立性，不仅独立于保险机构自有财产，还独立于其他投资账户的资产。根据2015年原中国保监会颁布的《关于规范投资连结保险投资账户有关事项的通知》（以下简称《通知》）第七条规定："投资账户资产实行单独管理，独立核算。"同时为确保投资账户资产的独立性，保险机构应保证投资账户与保险机构管理的其他资产之间、投资账户之间，不存在债权债务关系，也不承担连带责任。投资账户资产的独立性不仅体现在保险监管层面上，更体现在私法规范上，我国台湾地区"保险法"一百二十三条第二项规定："投资型保险契约的投资资产，非各该投资型保险之受益人不得主张，亦不得请求扣押或行使其他权利。"

第四，保险机构应为保单持有人的最大利益运用投资账户资产。保单持有人对投资账户资产的实际状况往往缺乏监督，因而在监管法规上往往强化对保险机构的监管。上述《通知》第七条规定："投资账户与保险机构管理的其他资产之间、投资账户之间，也不得发生买卖、交易、财产转移和利益输送行为。"

综上所述，投资连结保险的投资账户完全符合信托制度的各个要素，投资账户的基础法律关系应被界定为信托法律关系。投资连结保险实行"普通账户"加"投资账户"的设计结构，普通账户是保险法律关系，而投资账户是信托法律关系。基于此，投资连结保险的基础法律关系是"保险"与"信托"的组合，这一见解符合现行法律规定以及法学理论。

（三）万能险的基础法律关系是"保险"＋"保底委托理财"

万能险同样实行"一费二户"的运作原理，"普通账户"所涉部分也应按保险法律关系定性，这同投资连结险"普通账户"部分并无实质不同。但万能险的"保单个人账户"与投资连结险的投资账户是否存在差异，能否直接类比投资连结险的投资账户而将其类型化为信托法律关系，此处颇有探讨的空间。

1. 万能险"保单个人账户"并非信托性质

理论界有学者认为：万能险"保单个人账户"与投资连结险投资账户运作方式相同，应当统一类型化为信托法律关系，一体适用对信托产品的监管规范。持上述观点的主要理由有：第一，万能险是投资理财型保险的类型之一，其设有投资型保险账户，符合信托契约关系的特征。[①] 第二，万能险与投资连结险都属于金融理财产品范畴，具有共同的信托本质，应当统一适用信托法规范。[②] 第三，保险机构对万能险"保单个人账户"中的保费只享有表见所有权，实践中万能险保单持有人对"保单个人账户"享有部分领取权、退保领取权及满期或出险后的资产所有权，万能险保单持有人对"保单个人账户"享有无名但有实的收益所有权。由此可见，万能险"保单个人账户"具有表见所有权与利益归属相分离的特征，符合信托的特征。[③] 前两种观点将万能险笼统地归入投资型保险和金融理财产品的大范畴中，有意无意地以投资连结险或其他金融理财产品的信托属性代替万能险的法律性质，这种大而化之的处理方式模糊了各类金融商品的特殊之处，殊不足采。

第三种观点的论证较为精细，对保单持有人对"保单个人账户"享有实质经济利益进行了充分的分析。但保险机构对"保单个人账户"是否不享有任何利益，仅享有被掏空的表见所有权，此处值得商榷。首先，我国保险监管规定，万能险应当提供最低保证利率，这为保单持有人的投资收益提供了最低的保障。但从另一角度来说，保险机构应当承担最低保证利率之上的风险，因而享有对"保单个人账户"资产的支配权。实践中，保险机构为提高保险产品的竞争力，在结合实际投资收益基础上，对"保单个人账户"设定的结算利率往往高于最低保证利率。保险机构享有结算利

---

① 张晓萌. 论投资型保险在契约法上的定位 [J]. 保险研究，2017（9）：121–122.

② 季奎明. 论金融理财产品法律规范的统一适用 [J]. 环球法律评论，2016，38（6）：96–99.

③ 刘正峰. 兼业与分业：新保险法第8条面临的挑战：以投资连接保险信托性质的实证分析为例 [J]. 财贸研究，2010，21（3）：147.

率的设定权，从而能够分享结算利率之上的投资收益，也应依约承担最低保证利率之上的风险。而投资连结险投资账户的收益和风险完全由保单持有人承担，保险机构不分享收益，不承担风险。其次，万能险"保单个人账户"的结算利率依据投资收益率计算，但不完全等于实际的投资收益率，保险机构往往会提取平滑准备金，以防止结算利率大幅波动。① 相反，投资连结险投资账户直接反映各投资账户的投资收益率，不存在平滑调整，所以其账户价值增长率的波动通常远高于万能险。② 综上可见，万能险"保单个人账户"和投资连结险投资账户在风险和收益的承担上存在本质差别，不能笼统地进行类比适用。

信任是信托制度的基石，也是沟通委托人和受托人的桥梁。但委托人和受托人存在天然的"不信任"甚至是"利益冲突"，导致实践中产生巨大的代理成本。具体表现为：其一，信托一旦设立，信托财产便脱离委托人的控制范围，受托人只依据信托目的管理和处分信托财产，委托人无法干预受托人的管理行为。其二，受托人名义上享有信托财产的所有权，在遵守信托目的的前提下，受托人能够自由管理信托财产，但受托人仅能为受益人的最大利益行事，信托的营运所生的一切权利都属于受益人，受托人自身不得从信托中获益。③ 由上述两点可知，在委托人（受益人）和受托人间，信托财产的控制和收益是分离的，委托人和受益人对信托财产不行使控制权，但享有实质利益，而受托人对信托财产行使控制权，但不享有实质利益，由此便产生委托人应如何加强对受托人的监督，遏止受托人的不当行为等问题。综上所述，控制和利益相分离是产生交易成本的根源，也是信托相关制度的逻辑起点。反观万能险"保单个人账户"的实践运作，保险机构除给予保单持有人最低保证收益外，还设定了相对较高的结算收益率，一般为5%~6%，部分产品甚至超过了7%，不少投资者将万

---

① 2006《万能险精算规定》（已废止）第6条；2015年《万能险精算规定》第7条。

② 丁昶，李汉雄. 投连和万能保险的原理与监管［M］. 北京：中国财政经济出版社，2009：6.

③ 周小明. 信托制度的比较法研究［M］. 北京：法律出版社，1996：231-232.

能险作为储蓄的替代品。① 万能险"保单个人账户"由保险机构和保单持有人共担风险，共享收益。这些特点与信托制度中委托人独立承担风险，独立享有收益的典型特征相背离，因此无法将万能险"保单个人账户"类型化为信托法律关系。

2. 万能险"保单个人账户"与"保底委托理财协议"基础法律关系的相似性

通过以上分析可知，万能险"保单个人账户"的法律属性无法被类型化为委托和信托法律关系，也暂时无法适用典型契约的相关规范。跳脱出万能险基础法律属性的微观视角，从宏观层面上看，万能险属于资产管理业务的一种，保单持有人保费的分离设计实现了风险保障和投资理财双重功能。本质上讲，万能险"保单个人账户"的设计是设有最低预定收益率的投资理财。我国当前资产管理业务快速发展，出现许多具体资产管理关系的法律性质，不能界定为信托，而是一种中间形态。② 例如，在实践中争议较大的保底委托理财。所谓保底委托理财是指委托人和受托人约定，委托人将其资金、证券等金融性资产委托给受托人，由受托人在一定期限内管理，投资于证券、期货等金融市场，并按期支付给委托人一定比例收益。③ 两相对比，保底委托理财和万能险"保单个人账户"存有共通之处，其论证思路或可相互借鉴。但是在司法实践中，保底委托理财协议是否有效争议较大。有学者认为："保底理财违背风险和收益均衡原则，应当统一认定无效。"④ 亦有学者认为："委托理财无法纳入现有法律制度中，应是一种独立的、新型的财产管理制度。"⑤ 由此可见，保底委托理财和万能险这

---

① 周妙燕，王紫薇. 万能险成为股市配资新模式的情况及案例分析［J］. 浙江金融, 2016（10）：66.

② 缪因知. 资产管理内部法律关系之定性：回顾与前瞻［J］. 法学家，2018（3）：98-112.

③ 高民尚. 审理证券、期货、国债市场中委托理财案件的若干法律问题［J］. 人民司法，2006（6）：28-31.

④ 王伟. 金融理财保底条款效力之认定［J］. 学术交流，2013（4）：63.

⑤ 李永祥. 委托理财纠纷案件审判要旨［M］. 北京：人民法院出版社，2005：61.

类新型的财产管理制度在现行法律规范中无法被准确定位。

但是笔者认为，商事法本身就具有"发现法"的品格。商事法及其一系列制度规范并非立法者主动制定而生成的，而是由商主体基于自身利益自发地进行博弈而生成的实践性规则，再由立法者通过法律规范的形式确认向社会大众公示，以此降低交易成本，提升交易效率。回溯信托这一财产管理类型，它也是在争议之中慢慢成长并最终得到法律的确认而蓬勃发展起来的。诸如万能险、保底委托理财等中间形态的财产管理制度在法律规范上应当予以肯定。主要理由有以下三点。

首先，万能险和保底委托理财这两种财产管理类型均因其预先设定保底收益率导致风险和收益不匹配而受到较大争议。但是财产的控制权和收益权应当允许商主体基于自身利益考量进行自由分配。对信托制度而言，因财产的控制权和收益权完全分离，遂产生代理成本问题，信托法制度也由此展开。对委托代理制度而言，因财产的控制权和收益权仍合于同一主体，受托人必须接受委托人指示，委托人也必须承担相应的风险和收益，因此无须像信托那样对受托人强加过多的义务。比较两类制度可知，商主体之间对财产控制权和收益权分配的不同结果形塑不同的法律制度，同一财产的控制权和收益权完全分离则为信托，完全相合则为委托。但若商主体保留部分控制权，而让渡部分收益权予对方应如何处理，这是万能险和保底委托理财的共同特征，也是争议较大的问题。但不容置疑的是，这种权利义务的契约安排是商主体自由博弈的结果，不应被轻易否定。

其次，有论者从分业监管的角度论述，保底条款可能将信托业务变成银行业务，变成债的关系，导致风险过于集中。但从金融综合化和功能性监管的趋势来看，金融商品之间的属性日益模糊，我国金融主管部门应正视金融商品综合化的趋势，而不是以割据的眼光形塑不同类型的金融商品，阻碍金融创新。

最后，单就万能险自身的监管来看，我国在2000年左右引入万能险，至今发展已有近20年。在严监管之下，万能险的发展一直处于风险可控的水平。《万能险精算规定》对万能险产品设定了诸多风险控制措施。例如，为保证最低收益率的实现，保险机构应当计提最低保证利率准备金；为确保未来保单账户的支付能力，保险机构应当计提保单利益准备金等。由此可见，我国保险监管机关对万能险的监管已形同央行对银行存款的监管。或可说，万能险已在事实上形成对银行业务的兼营。经过多年的发展，万能险并未出现太多风险事件。在金融综合化趋势下，保底委托理财等中间型金融商品也应该借鉴万能险的监管方法，不应延续金融割据的心态，以旧有思维形塑各中间类型的金融商品，应该尊重商主体自由博弈的结果。

第三节　我国保险机构不当投资股票行为的法律监管

投资型保险不仅是保险机构投资股票的重要资金来源，更是保单持有人和保险机构股票投资行为的私法连结点。投资型保险的属性仍是保险，而非投资，风险分散是其本质任务，投资理财只是其附加功能，因此保险机构股票投资行为首应坚守"保险姓保"的核心理念。再者，就我国三类投资型保险的基础法律关系而言，既存在保险契约关系，也存在信托法律关系，更存在诸如"委托理财协议"等中间形态，由此，如何让保单持有人通过投资型保险的基础法律关系制衡保险机构股票投资行为，实属一理论难题。金融机构信义义务被认为是规范金融机构行为的利剑，保险机构股票投资行为似乎也可纳入信义义务的理论范畴。在此，本节即以保险机构信义义务的视角尝试疏通保险机构股票投资行为私法规制的路径。

一、投资型保险视域中保险机构的信义义务

如若分解保险机构股票投资行为的全部流程，其前端为保险机构股票投资的资金来源问题，其后端为保险机构运用资金进行股票投资的妥适性

问题。因此，如何从资金来源这一初始阶段遏止保险机构股票投资乱象是规范保险资金运用行为，强化保单持有人保护的关键。

无论是传统保障型保险，还是新型投资理财型保险，保险机构所运用的资金除自有资金外，绝大多数源于广大保单持有人所缴交的保费。然而，在传统保障型保险中，保险机构与保单持有人只在具体的保险契约关系上产生联系，前端的保单持有人与后端的保险资金运用行为并无任何法律上的关联。在投资理财型保险中，仅投资连结险能够证成其隐含的信托属性，从而嫁接保单持有人与保险资金运用行为存在信托法律关系。而万能险和分红险似与传统保障型保险相同，在法律关系上完全排除保单持有人对保险资金运用行为进行私法监督的渠道。在理论和实务上，保险机构股票投资行为的规制完全付诸公法上主管机关的强监管措施，保单持有人私法救济渠道付之阙如。然而，公法上的监管与私法上的救济因其规范强度不同而适用不同的领域。前者因保险机构覆盖众多投保大众的基本保障，以确保保险机构偿付能力为主要目标。后者因保险机构不当投资或欺诈行为损害保单持有人利益，需要通过侵权或违约的途径寻求私法上的救济，这与公共利益无涉，不需要公权力机关介入。因此，理顺保单持有人与保险资金运用行为的私法关系是规制保险机构股票投资行为的重要途径。

在强化金融消费者保护的时代潮流下，金融机构对金融消费者的信义义务被频繁讨论，也因其具有较强的解释力而广泛适用于银行与储户、证券投资基金与投资者等相互关系之中，但遗憾的是，鲜有学者提及保险机构对保单持有人的信义义务。"信义义务"这一具有相当涵摄力的词汇或许可以搭建起保单持有人对保险机构股票投资行为进行私法规制的桥梁。

（一）金融机构信义义务的起源和发展

信义义务（fiduciary duty）起源于英美法衡平法的信托精神，是指委托人基于对受托人的信赖将权力或财产授予受托人，受托人必须为委托人的最大利益行使权力或管理财产。信义义务最典型的适用是在信托领域，后来扩展到规范某些基于信任关系而被其他人为特定目的授权的行为。[①] 一般认为，只要委托人和受托人处于信义关系之中，受托人就对委托人负有信义义务，但信义关系的种类繁多[②]，无法统一界定，因此目前国内外理论界对信义义务的概念并不明确。

在金融领域，引入信义义务是为了更好地规范金融机构的行为，保护金融消费者权益。传统的自由主义经济思想奉行"不干涉"理念，因为每个人都是"经济人"，他们能够根据自身情况判断最佳行为方式，从而促进社会整体利益。投射到金融领域，金融机构与投资人应当自由平等地订立契约，双方权利义务内容仅限于契约约定，若投资人权益受到侵害，只能根据契约约定或侵权两种途径寻求救济。然而，随着社会分工日益加剧，金融商品日益专业化和复杂化，普通投资人难以知晓金融交易的运作流程及背后隐藏的风险，"非专业投资者或者大众投资者逐渐与消费者融合，成为一类新的市场主体，即金融消费者"[③]。金融消费者与其他商品消费者一样，相对于金融机构，其专业知识、掌握的信息以及识别风险的能力均处于弱势地位。仅依靠传统的契约法及侵权法上的救济途径已无法实现"实质正义"。

英美法上的信义义务规则较普通法具有相当的灵活性，能够更好地保护金融消费者权益。例如，衡平法上的信义义务较普通法对侵权认定更为宽松。依美国《证券交易法》认定基金管理人存在欺诈行为，原告必须证明存在虚假或误导性陈述或重大遗漏，对该陈述或遗漏有一种依赖，违规行为造成了损害以及被告存在故意或主观意识。实务判例认为上述条件过

---

① 范世乾. 信义义务的概念 [J]. 湖北大学学报，2012（1）：62.

② 在英美法系国家，信义关系发展至今除信托关系、公司董事、代理人以及合伙人四种典型的信义关系外，监护人与被监护人、遗嘱执行人或遗产管理人与遗产受益人、律师与客户、破产清算人与债权人、银行与客户等已被确认为信义关系，并且处于不断扩张状态。楼建波、姜雪莲. 信义义务的法理研究 [J]. 社会科学，2017（1）：92-102.

③ 陈洁. 投资者到金融消费者的角色嬗变 [J]. 法学研究，2011，33（5）：84.

于严苛，仅适用于实力大致相当的对等交易，如若完全照搬上述要件，大部分行为得不到追究，违反了反欺诈条款的立法目的。而信义义务规则中的侵权责任趋于严格责任，责任构成逐步淡化，便于操作。除此之外，由于契约的不完备性，双方当事人难以预见在履行契约过程中可能出现的状况，而信义义务规则的内容并不限于契约约定，以其灵活性特点构筑双方权利义务关系的缺省性规则，以此来弥补契约的缝隙。在司法裁判中，法官也能够规避法律条文的僵化和滞后，利用信义义务做出灵活的解释，从而实现契约双方的实质正义。[①] 由此可见，衡平法下的信义义务相当灵活，也因此使其在金融消费者保护领域大放异彩。

然而，信义义务概念本身具有相当的模糊性，如何认定双方处于信义关系之中，并以信义义务规范受托人行为，实应加以进一步探究。"为了说明信义义务的本质，学者们形成了财产理论、信赖理论、不平等理论、合同理论、不当得利理论、脆弱性理论、权力和自由裁量理论、重要资源理论等诸多的观点。"[②] 这些理论试图从不同角度对信义义务作出解释，但信义义务的面貌十分丰富，难以全面地涵盖其全部特征，因此我们仅能综合上述理论的核心要点，以此说明信义义务的构成要素。

质言之，信义义务构成要素有三：其一，委托人对受托人的信赖。如果一方当事人对另一方当事人给予信任和信赖，则该项关系是信义关系。[③] 信赖是信义关系存在的基石，委托人只有信赖受托人，才会将财产或权利授予受托人。其二，权利的委托。委托人之所以向受托人委托权利是因为受托人在专业知识或能力上具有优势。由此，委托人基于对受托人的信赖，将财产或事务的管理权交予受托人，或者受托人对委托人权利的行使有影响力。其三，权利滥用的可能。对委托人而言，受托人在知识或专业能力上占据优势地位，因此极有可能利用其优势地位滥用委托人授予的权

---

① 汪其昌. 信义义务：英美金融消费者保护的一个独特制度 [J]. 南方金融，2011（2）：40.

② 范世乾. 信义义务的概念 [J]. 湖北大学学报，2012（1）：63.

③ 邢会强. 金融机构的信义义务与适合性原则 [J]. 人大法律评论，2016（3）：38.

利，谋取私利，从而产生利益冲突。① 综上所述，信义义务主要是对受托人的限制，以规范受托人行为，维持双方的信赖关系。

（二）保险机构信义义务的证成

在金融综合化趋势下，金融机构已摆脱单纯地接受客户指令或委托处理事务范畴，而逐步跨入推介销售及财富管理阶段。② 金融服务内容的转换亦要求更高标准的消费者保护规则，源于英美衡平法下的信义义务也因此广受青睐。在金融领域，并非一切交易关系均不加区分地一概适用信义义务，例如，对等交易关系中双方势均力敌从而无特殊保护之必要。信义义务仅存于委托人依赖于受托人的专业知识，同时由于委托人的脆弱性，其权益有受损之虞的场合。在我国金融法研究中，信义义务在银行、证券投资基金、信托等领域均不同程度地被提及，而信义义务于保险领域的探讨则付之阙如。保险业是金融业的重要支柱，信义义务在金融业广泛适用的潮流下，对保险机构信义义务的探讨与研究也不应被忽视。③

法律关系是界定权利义务的逻辑起点，认定保险机构是否存在信义义务也必须从具体的法律关系入手。如前所述，我国目前投资型保险包括分红险、万能险和投资连结险三类。其中分红险并无分离账户设计，因此与一般保险契约性质相同，本质上是单纯的保险契约法律关系。投资连结险由于存在分离账户设计，其基础法律关系是两类不同性质法律关系的混合，普通账户所涉部分是单纯的保险契约法律关系，而分离账户部分与证券投资基金性质相同，是信托法律关系。万能险与投资连结险设计颇为类似，但由于保单个人账户存在保底收益，不符合信托的本质特征，因此无法将其类型化为信托法律关系，只能视其为中间形态的资产管理关系。综

---

① FRANKEL T. Fiduciary Law In The Twenty-First Century [J]. Boston University Law Review, 2011, 91 (3): 1289-1299.

② 林育廷. 论金融专业人员之信赖义务 [J]. 东吴法律学报, 2009 (4): 218.

③ BARKER W T, PAUL E B, LEVY S M. Is An Insurer A Fiduciary To Its Insureds? [J]. Tort & Insurance Law Journal, 1989, 25 (1): 1-4.

上，三类投资型保险所涉基础法律关系大致可分为三类：一为单纯的保险法律关系，二为信托法律关系，三为中间形态的资产管理关系。

投资连结险分离账户部分为典型的信托法律关系。实践中，金融监管部门虽未明确分离账户的信托属性，但在法规上仍遵循信托制度进行监管。[①] 因此，在投资连结保险中，保险机构对保单持有人负有信义义务应无疑义。在此，可探讨之处是三类投资型保险所涉及单纯的保险法律关系和万能险之中间形态的资产管理关系是否仍构成信义关系，进而课予保险机构信义义务，此处不无疑问。

或有论者认为：纯粹的保险法律关系并不构成信义关系，不应课予保险机构信义义务。[②] 其理由如下：其一，保险契约乃最大诚信契约，现代保险法为达到实质上的公平正义，更注重保护保单持有人的合法权益。[③] 我国保险法的制度设计也照此理念展开，因此仅强调保险机构之最大诚信足矣，引入信义义务似乎多此一举。其二，保险本质上是一危险共同团体，保单持有人为危险共同团体之成员，保险机构是危险共同团体之组织者和管理者，双方权利义务发生纷争应立于整个共同团体之利益。[④] 若课予保险机构对单一保单持有人之信义义务将无视整个共同团体之利益。其三，"保险之机能，在于损失之补偿，进而达到经济生活安定之确保"[⑤]。而其他金融商品规制重点在于防制欺诈，落实风险自负原则，从而实现资金的增值和融通。由此可见，保险虽然同样属于金融业，但其制度功能与其他金融行业有着天壤之别，因此也无法构成信义关系。

---

① 2015年，原中国保监会颁布的《关于规范投资连结险投资账户有关事项的通知》第7条，明确要求对投资账户资产施行单独管理，独立核算，同时保险机构应采取措施保证投资账户的独立性要求。

② RICHMOND D R. Trust Me：Insurers Are Not Fiduciaries To Their Insureds［J］. Kentucky Law Journal，1999，88（1）：1-32.

③ 吴定富. 中华人民共和国保险法释义［M］. 北京：中国财政经济出版社，2009：2.

④ 江朝国. 保险法基础理论［M］. 北京：中国政法大学出版社，2002：20.

⑤ 袁宗蔚. 保险学：危险与保险［M］. 北京：首都经济贸易大学出版社，2000：56.

笔者认为，上述观点皆有可商榷之处。其一，保险契约中所强调的最大诚信原则属前端私法关系层面，目前尚无法涵摄后端的保险资金运用行为。我国保险业法和保险契约法在体例上合二为一，在法律属性上公私有别，理论界对最大诚信原则之探讨主要在私法层面上，包括保险资金股票投资在内的资金运用行为均属于保险监管范畴，保单持有人如何透过私法的管道制约保险资金运用行为需要法律规范的支持，信义义务或可充当保单持有人制约保险机构后端保险资金运用行为的法律通道。其二，除了被正式确认的典型的信义关系，信义关系仍处于不断扩张的状态。[①] 在保险营销过程中，保险机构及保险中介占有丰富的信息，具备专家优势。而投保人处于信息劣势、专业弱势地位，投保人只能依赖保险人的推介才能选购适合的商品。检视信义义务的构成要素，投保人对保险机构的信赖关系符合对信义关系的普遍理解。其三，保单持有人基于对保险人的信赖将自身和家庭的风险管理事务交予保险人打理，而实践中却普遍存在"投保容易理赔难"的问题。[②] 拖延理赔、恶意拒赔的问题严重损害了保单持有人对保险业的信任，使保险分散社会风险的制度目的落空，有必要运用信义义务这一制度工具重塑保单持有人对保险机构的信赖。[③] 综上所述，纯粹的保险法律关系仍然可以构成信义关系，从而进一步规范保险机构的行为，加强对保险消费者权益的保护。

二、保险机构股票投资信义义务的具体进路

"大资管"时代趋势下，金融投资领域普遍存在信息不对称以及金融消费者脆弱性问题，从而使金融机构对客户应承担起比通常的合同对手方

---

① 楼建波，姜雪莲. 信义义务的法理研究 [J]. 社会科学，2017（1）：92.

② 白江. 从侵权角度看保险人的恶意拒赔：以美国保险法中的恶意侵权为例 [J]. 北方法学，2014，8（3）：18.

③ LR E. Recent Cases：Fiduciary Duty of Insurer in Settlement of Claims [J]. The University of Chicago Law Review，1948，16（1）：177–183.

更高的义务。^①此即英美衡平法所创造的信义义务规则。保险业是金融业的重要支柱之一，投资型保险所设计的"独立账户"基本上是一种代客理财行为。^②无论是从保险机构的金融属性观察，还是从投资型保险的契约关系衡量，保险机构对保单持有人应负有信义义务。在信义义务之下，应建立起保险机构股票投资的行为规则，阐明权利义务的具体内容，使保险机构股票投资有章可循，本部分即针对此问题展开讨论。

（一）信义义务包括忠实义务和注意义务

本质而言，信义义务是一种受托人为受益人最大利益使用权力或行为的义务。^③基此，英美信义法将重心放在受托人具体行为规则的构建上。例如，在信托法中，关于受托人权限、义务、权利和责任等方面的规定占了很大篇幅，因此信托法也可称为《受托人规制法》。^④一般认为，"信义义务在内容上分为忠实义务（duty of loyalty）与注意义务（duty of care）"^⑤。忠实义务系从消极行为层面要求受托人不得从事与受益人有利益冲突的行为，具体而言，受托人不得将自己置于与受益人利益相冲突的地位，受托人不得滥用自由裁量权，受托人不得利用受托人地位谋取私利等。^⑥由于委托人和受托人天然存在利益冲突，受托人往往利用专业知识和优势地位谋取私利，因此忠实义务是信义义务的重中之重。注意义务系指受托人必须恪尽职守，履行诚实、信用、谨慎和有效管理的义务。注意义务系从积极行为层面要求受托人应合理行使自由裁量权，为受益人之最大利益妥善处理事务。忠实义务和注意义务从正反两面构筑起受托人的行为规则体

---

①　刘燕，楼建波．金融衍生交易法律问题的分析框架：跨越金融部门法的界限［J］．金融服务法评论，2012，3（1）：13.

②　赵猛．人寿保险：个人理财新工具［M］．北京：中国金融出版社，2006：252.

③　范世乾．信义义务的概念［J］．湖北大学学报，2012（1）：62.

④　赵廉慧．信托法解释论［M］．北京：中国法制出版社，2016：283.

⑤　胡继晔．金融机构资产管理中受托人信义义务简析［J］．清华金融评论，2018（3）：94.

⑥　彭插三．信义法律关系的分析及适用［J］．湖南社会科学，2010（3）：201.

系，信义关系调整之下的金融机构理应履行上述义务，以落实保护受益人的意旨。

上已论证，保险机构与保单持有人是一对信义关系，保险机构应对保单持有人负有信义义务。但值得注意的是，只有投资连结险投资账户部分可认定为典型的信托关系，其中保险机构作为信托受托人应负信义义务，适用信托法的相关规定应无疑义。而诸如分红险、万能险所涉保险契约关系只是广义上的信义关系，而广义上的信义义务只能参照信托制度进行设计，而不能完全类推适用。以下结合实践情况，具体分析保险机构股票投资所应该遵循的信义义务内容。

（二）保险机构股票投资的忠实义务

我国信托法第二十五至第二十八条阐述了受托人忠实义务的基本类型，如受托人要为受益人的最大利益处理信托事务（第二十五条）、受托人不得利用信托财产为自己谋取利益（第二十六条）、受托人不得将信托财产转为其固有财产（第二十七条）、受托人不得自我交易和关联交易（第二十八条）。信托关系中的忠实义务重在防止利益冲突，"利益冲突有时不需要真正存在，只要存在这种可能性或危险性，受托人责任即成立"[①]。由此可见，典型信托关系中的忠实义务较为严格，其利益冲突的判断标准更为形式化和严格化。但保险机构和保单持有人利益具有相当程度的重合性，保险机构股票投资行为应有限容忍利益冲突，同时利益冲突的判断标准更趋向于实质判断，而不应动辄得咎。

首先，禁止保险机构利用股票投资，从事利益输送行为。在金融综合化背景下，金融控股集团如雨后春笋，一些金融集团拥有全金融牌照，旗下子公司遍布银、证、信、保各个金融领域。金融综合化虽提高了金融要素的配置效率，但使金融风险在各个领域间交叉传染。例如，金融集团欲敌意收购某上市公司，金融集团可以调度旗下保险子公司提供资金配合，

---

① 赵廉慧. 信托法解释论［M］. 北京：中国法制出版社，2016：315.

以保险子公司名义购入上市公司股票，而后利用一致行动人关系实际控制上市公司。此种操作虽然和其他敌意收购的手法无异，在形式上并无不当，实质上也符合金融监管机关对保险机构投资的比例要求。但保险资金与其他资金截然不同，保险资金源于广大保单持有人的保费，纵然是投资股票，也应更加注重安全性。而其他投资资金是风险资金，遵循高风险、高收益的投资原则，因而能够在股票市场上自由运作。大型金融控股集团通过跨领域的资金调度，使得两种不同属性的资金同时参与到敌意收购中，严重威胁到保险资金的安全性。从表面上看，此时保险资金投资股票并不存在任何风险，甚至因股价短时拉升，还有获利之可能。然而若短期的跟风情绪消散，目标公司的股价下跌，保险资金存在亏损的风险。

保险资金投资股票是主管机关允许的行为，只要符合保险资金投资的比例限制和偿付能力要求，保险机构有权自由地配置股票投资的比例。但是从忠实义务的角度观察，金融控股集团基于收购目的调度保险资金，并操纵保险资金股票投资行为难谓真正为保单持有人利益考量，其中潜藏利益的冲突更深。因而我国保险监管机关实应从实质层面判断保险机构股票投资行为，只要违法运用保险资金，即使盈利也可能构成犯罪。[①] 在金融控股集团之中，保险资金的运用应保持其独立性，坚持"保险姓保"的理念，以安全性为首要原则，如此方能够从根本上贯彻对广大保单持有人的忠实义务。

其次，禁止不公平对待保单持有人。投保人与保险人订立保险契约后，保险机构应依照不同的承保条件对保费做不同的归集与运用。典型的如万能险，依照《万能险精算规定》，保险机构应为万能险设立一个或多个单独账户，但在同一万能单独账户管理的保单，应采用同一结算利率，不同的结算利率的万能保单应在不同的万能单独账户中管理。实践中，有保险机构将不同承保条件的万能险保单纳入同一万能险单独账户中管理，

---

① 魏迎宁. 违反国家规定运用保险资金即使盈利也可能构成犯罪［N］. 中国商报，2016-04-12（A3）.

以做大资金规模投资上市公司股票。然而，同一万能险单独账户投资策略和投资风格是统一的，无法匹配不同特点的保险契约。由此，结算利率较高的保单持有人和结算利率较低的保单持有人承担了相同的投资风险，进而产生了保单持有人的不公平对待问题。我国2015年一系列险资举牌事件中，前海人寿就因万能账户未按监管要求进行单独管理被原中国保监会查处，随后前海人寿将公司内部管理的两个万能单独账户分拆为五个万能单独账户。① 万能险单独账户本是保险机构内部管理的账户，法理上讲应由保险机构享有完全的自主决定权。但是在实践运作中，风险承受度不同的保单持有人承受相同的市场风险，因而造成保单持有人之间的利益冲突与不公平对待问题。由上分析可知，利益冲突不仅在于保险机构与保单持有人之间，也存在于各保单持有人之间。保险机构应确保对不同类型的保单实施不同的管理方法，以公平对待各个保单持有人。

（三）保险机构股票投资的注意义务

保险机构股票投资的注意义务是指保险机构运用保险资金时必须恪尽职守，有效管理，提高保险资金运用效率，使保险资金保值增值。注意义务虽是从积极层面构筑保险机构股票投资的行为准则，但由于保险机构投资股票有非常大的自由裁量的空间，因此保险机构是否履行注意义务难以判断。在此，笔者尝试从事前和事后两个维度，探究保险机构股票投资注意义务的具体内容。

首先，保险机构事前应慎重选择所投资的股票种类。我国三类投资型保险的资金运用过程几乎全由保险机构自主决定。分红险、万能险保险资金的运用过程完全封闭，保单持有人对保险资金投资策略及投资领域一无所知，只能依靠主管部门的监管措施。而投资连结险资金运用过程相对透明，保险契约订立时，保险机构会出具产品说明书并公示各个账户的特征、资产配置目标及策略、投资工具、投资组合、投资风险及手续费等信

① 前海拆分万能账户 恒大人寿完成全部整改［EB/OL］. 沃保网，2022-12-28.

息，保单持有人能够全方位了解投资账户的投资信息，也能够在不同类别的账户间配置资产，但保险资金所投资的标的最终仍由保险机构操控。由此保险机构事前所选择投资的股票种类对于保险资金的保值增值至关重要。保险机构股票投资应以安全性为优先，保险机构不应过于追逐高风险的个股，而应深入挖掘成长力强、市场前景好的优良上市公司股票。如此可以发挥保险资金长期资金的优势，确保保险资金保值增值，又能顺应国家经济政策和产业布局的价值导向。

其次，保险机构股票投资应坚持谨慎投资原则。保险机构股票投资首应遵循主管机关对保险资金运用的比例限制以及偿付能力要求。但这是主管机关对保险机构的最低要求，在满足一系列监管指标要求的基础上，保险机构可以发挥投资的自主性，提升资金运用效率。谨慎投资原则是比主管机关的最低监管条件更高层级的要求。一方面，尊重保险机构股票投资的自主决定权；另一方面，限制保险机构滥用股票投资权限，以确保保险资金的安全性。具体而言，谨慎投资原则包括：其一，保险资金股票投资要以安全性为主，注重分散性投资，不得集中持股，重点配置绩优股、潜力股，不得投资垃圾股、劣质股；其二，保险机构是重要的机构投资者，不得运用保险资金"短炒股票"牟利；其三，保险业的本质是风险管理和分散，保险机构应以经营保险为主业，股票投资也应以财务投资为主，战略投资为辅，不得滥用优势地位，肆意介入被投资公司的经营管理，严重影响实体产业的正常经营。

结　语

我国保险机构自2004年获准直接入市投资股票以来，保险市场与股票市场的联系与互动日益密切，保险机构坐拥庞大规模的保险资金已成为股票市场重要的机构投资者。但是长期以来我国保险机构未如主管机关所希冀的那样成为股票市场的"压舱石"和"稳定器"，也并未发挥长期稳定价值投资者的正面作用。反而在2015年下半年，保险机构在股票市场上激进投资股票，频繁大量举牌上市公司，甚至引发"宝万之争"，介入上市公司的控制权争夺。保险机构股票投资行为的异化引发了资本市场的震动和社会公众对保险资金运用妥适性的广泛质疑。保险机构是股票市场上重要的法人机构，不仅在股票市场上投资以获取报酬，而且能够对上市公司经营决策行使投票权。规制保险机构股票投资行为，遏止保险业经济权力的滥用非常必要。

首先，我国保险机构股票投资源于利益冲突，并表现为内部冲突和外部冲突两个层面。内部冲突是由保险机构股东与保单持有人股票投资偏好的异质性所致，表现为保险机构股东竭力规避监管规则，试图集中持有保险机构股权，实施高风险的股票投资行为。为此，有必要构建保险股东与保单持有人利益冲突的平衡路径。其一，围绕"控制权转移"这一核心，构建对实际控制人的监管规则；其二，加强保险公司大股东适格性监管，维持保险公司股权结构的稳定性；其三，强化保险公司股东及实际控制人的法律责任。而外部冲突是在金融集团架构之下保险业与其他金融行业进行组织上的结合，导致保险机构股票投资行为受金融集团的操纵和控制，而非基于自身利益进行独立决策。为此，有必要构建金融控股集团中不同类型金融机构之间的"内部防火墙"，以维持保险机构股票投资决策的科学性与行为的独立性，阻绝和限制金融控股集团对保险子公司的不当影响和控制。

其次，鉴于保险资金的长期性和安全性特征，我国保险机构投资者在股票市场上应作为长期价值投资者，并以财务投资为主，战略投资为辅。但是分析我国保险机构在股票市场上的行为表现，其在现实中存在消极炒作与积极介入两种倾向，导致其偏离长期价值投资的轨道，严重背离财务投资和战略投资两重角色。为此，我国应借鉴"金融与商业分离"的精神，并统一落实到保险机构股票投资和股权投资的监管规则当中。另外对保险机构财务投资和战略投资实施差异化监管。对保险机构战略投资的行业范围限制应出台"保险相关事业"清单，并着重加强对保险机构财务投资行使表决权的制度引导。

最后，保单持有人与保险机构投资行为、投资目标两者间不产生任何法律上的联系。但从私法关系的视域分析，保险机构股票投资是保险机构受广大保单持有人的委托，将缴交的巨额保费投资于股票市场，进而获取利润的行为。前端的保单持有人利益保护与后端的保险机构股票投资行为规制，此二者的连结点便是投资型保险。因此，保险机构股票投资除了应该置于公法监管之中，还应当受私法关系的规制。通过剖析投资型保险的基础法律关系，保险机构对保单持有人应负有信义义务。由此建立起保险机构股票投资的信义义务规则，具体包括保险机构事前应慎重选择所投资的股票种类，遵循谨慎投资原则，禁止不公平对待保单持有人，也不得利用股票投资从事利益输送行为。

参考文献

一、中文文献

（一）专著

［1］江朝国．保险法基础理论［M］．北京：中国政法大学出版社，2002.

［2］江朝国．保险业之资金运用［M］．台北：财团法人保险事业发展中心，2003.

［3］江朝国．保险法论文集（一）［M］．台北：瑞兴图书股份有限公司，1997.

［4］施文森．保险法论文：第二集［M］．台北：三民书局，1988.

［5］范姜肱．保险学：原理与实务［M］．台北：前程文化事业有限公司，2009.

［6］陈彩稚．人身保险：人寿保险、年金与健康保险［M］．台北：沧海书局，2015.

［7］汪信君，廖世昌．保险法理论与实务［M］．台北：元照出版有限公司，2017.

［8］廖世昌，郭姿君，洪佩君．保险监理实务［M］．台北：元照出版有限公司，2017.

［9］财团法人保险事业发展中心．投资型保险商品［M］．台北：财团法人保险事业发展中心，2010.

［10］谢易宏．企业与金融法制的昨日今非［M］．台北：五南图书出版股份有限公司，2008.

［11］张士杰，蔡政宪．从学术理论到监理实务［M］．台北：财团法人保险事业发展中心，2009.

［12］张士杰．价值创造与风险管理：理论、迷思与实务［M］．台北：沧海书局，2012.

［13］陈云中．保险学［M］．台北：五南图书出版股份有限公司，2013.

［14］郑济世．保险经营与监管［M］．台北：财团法人保险事业发展中心，2017.

［15］袁宗蔚．保险学：危险与保险［M］．北京：首都经济贸易大学出版社，2000.

［16］施建祥．中国保险制度创新研究［M］．北京：中国金融出版社，2006.

［17］陈文辉．中国寿险业的发展与监管［M］．北京：中国金融出版社，2002.

［18］陈文辉．新常态下的中国保险资金运用研究［M］．北京：中国金融出版社，2016.

［19］陈文辉．中国偿付能力监管改革的理论和实践［M］．北京：中国经济出版社，2015.

［20］陈文辉．保险资金股权投资问题研究［M］．北京：中国金融出版社，2014.

［21］申曙光．保险监管［M］．广州：中山大学出版社，2000.

［22］陈恳．迷失的盛宴：中国保险史（1978—2014）［M］．杭州：浙江大学出版社，2014.

［23］华生．万科模式：控制权之争与公司治理［M］．北京：东方出版社，2017．

［24］郝臣．中国保险公司治理研究［M］．北京：清华大学出版社，2015．

［25］万俊毅．机构投资股东：理论、实践与政策［M］．北京：中国经济出版社，2006．

［26］蔡庆丰．金融市场的利益冲突：代理投资的利益冲突及其市场反应［M］．北京：光明日报出版社，2012．

［27］周群华．内部资本市场协同治理研究［M］．北京：光明日报出版社，2013．

［28］中国人民大学信托与基金研究所．中国信托业发展报告［M］．北京：中国经济出版社，2015．

［29］李晗．论我国金融控股公司风险防范法律制度［M］．北京：中国政法大学出版社，2009．

［30］赵立航．非传统寿险理论与实践：叩开通往财富的保险之门［M］．北京：中国金融出版社，2004．

［31］王向楠．中国人寿保险需求的微观实证研究［M］．北京：经济管理出版社，2015．

［32］陈志龙．集团化公司治理与财经犯罪预防［M］．台北：台湾大学出版中心，2017．

［33］康华平．金融控股集团风险控制研究［M］．北京：中国经济出版社，2006．

［34］黎四奇．金融企业集团法律监管研究［M］．武汉：武汉大学出版社，2005．

［35］郑明高．中国金融业混业经营的路径选择［M］．北京：中国经

济出版社，2012.

　　［36］梁远航．金融控股公司内部治理机制研究［M］．北京：法律出版社，2014.

　　［37］朱南军．保险资金运用风险管控研究［M］．北京：北京大学出版社，2014.

　　［38］胡恒松．产融结合监管问题及制度创新研究［M］．北京：中国经济出版社，2016.

　　［39］孙晋．产融结合的金融监管与反垄断规制研究［M］．北京：人民出版社，2010.

　　［40］张忠军．金融监管法论：以银行法为中心的研究［M］．北京：法律出版社，1998.

　　［41］赵猛．人寿保险：个人理财新工具［M］．北京：中国金融出版社，2006.

　　［42］周小明．信托制度的比较法研究［M］．北京：法律出版社，1996.

　　［43］赵廉慧．信托法解释论［M］．北京：中国法制出版社，2016.

　　［44］李永祥．委托理财纠纷案件审判要旨［M］．北京：人民法院出版社，2005.

　　［45］方力．人身保险产品研究：机理、发展与监管［M］．北京：中国财政经济出版社，2010.

　　［46］李江宁，殷晓松．保险业在国家治理体系中的定位及发展研究［M］．天津：南开大学出版社，2016.

　　［47］贝政新，陆军荣．金融控股公司论：兼析在我国的发展［M］．上海：复旦大学出版社，2003.

　　［48］齐瑞宗．保险理论与实践［M］．北京：知识产权出版社，2015.

［49］丁昶，李汉雄．投连和万能保险的原理与监管［M］．北京：中国财政经济出版社，2009.

［50］吴定富．中华人民共和国保险法释义［M］．北京：中国财政经济出版社，2009.

［51］温世扬．保险法：第二版［M］．北京：法律出版社，2007.

［52］车迎新．金融控股集团的公司治理、风险管理和监管［M］．北京：中信出版社，2009.

［53］李维安，郝臣．公司治理手册［M］．北京：清华大学出版社，2015.

［54］韩长印，韩永强．保险法新论［M］．北京：中国政法大学出版社，2010.

［55］李江宁，殷晓松．保险业在国家治理体系中的定位及发展研究［M］．天津：南开大学出版社，2016.

［56］许瑾良．人身保险原理和实务：第三版［M］．上海财经大学出版社，2011.

（二）译著

［1］亚历山大，都莫，伊特威尔．金融体系的全球治理：系统性风险的国际监管［M］．赵彦志，译．大连：东北财经大学出版社，2010.

［2］道垣内弘人．信托法入门［M］．姜雪莲，译．北京：中国法制出版社，2014.

［3］中野正俊．信托法［M］．张军建，译．北京：中国方正出版社，2004.

（三）期刊

［1］阮品嘉．金融跨业经营法制上的选择及其业务规范［J］．月旦法学，2003（92）.

［2］陈丽娟．Solvency Ⅱ指令：欧盟保险监理趋势之探讨［J］．月旦财经法杂志，2012（28）．

［3］江朝国．金融控股公司法下之保险子公司投资相关事宜［J］．台湾本土法学杂志，2006（78）．

［4］江朝国．保险法修正评释［J］．月旦法学，2009（164）．

［5］杨蓁海．我国台湾地区金融机构转投资相关问题之探讨［J］．台湾"中央银行"季刊，2008（2）．

［6］林盟翔．金融服务横向整合之困难与挑战：金融与商业分离原则之定位与落实［J］．中正财经法学，2010（1）．

［7］胡峰宾，郭丽萍．投资型保险之投资属性对现行法律规范之冲击［J］．法令月刊，2005（7）．

［8］叶启洲．投资型保险契约无效时之保险费返还与缔约上过失责任［J］．环球法律评论，2014，36（6）．

［9］卓俊雄，唐明曦．投资型保险契约中保险属性之再省思：以美国法的经验为核心［J］．朝阳商管评论，2011（1）．

［10］张正义．日本协荣生命破产的省思：浅谈日本保险业危机分析［J］．寿险季刊，2001（3）．

［11］谢绍芬．保险业资金投资股权选举董事及监察人表决权之行使研究："保险法"第146条之1第3项第2款之启示［J］．核保学报，2017（4）．

［12］廖淑惠．从日本第四宗寿险公司倒闭事件探讨金融跨业经营之盲点：论2000年大正生命因资产掏空所引起之倒闭事件［J］．保险资讯，2000（3）．

［13］周学峰．论保险法上的风险分类：合理区分V.歧视［J］．比较法研究，2014（2）．

［14］杨明生.保险资金运用新规的历史跨越［J］.保险研究,2011(6).

［15］张金林. 商业保险资金"入市"的理性思考［J］. 武汉金融，2000（9）.

［16］郑静宜. 日本寿险经营失败对我国寿险资金入市的警示［J］. 福建金融，2005（10）.

［17］王国刚，曹红辉. 中国股票市场：2004年回顾与2005年展望［J］. 经济理论与经济管理，2005（4）.

［18］樊纲. 保险资金入市不是救世主［J］. 中国经济周刊,2004(Z1).

［19］李心愉. 保险综合经营：历史经验、重要启示与未来发展［J］. 保险研究，2008（8）.

［20］徐高林. 保险资金长期价值投资的股市基础分析［J］. 保险研究，2008（10）.

［21］陈文辉，丁昶. 寿险公司资产负债匹配管理［J］. 中国金融，2005（3）.

［22］张绍白. 万能险中国十五年［J］. 中国保险，2014（11）.

［23］吴杰. 中短存续期万能险资金运用特点、风险防范与配置建议［J］. 中国保险，2016（10）.

［24］曾德彬. 浅析万能险的风险特征及其监管［J］. 金融经济，2018（2）.

［25］王心怡. 我国机构投资者信义义务体系的反思与重构：以尽责管理义务的引入为视角［J］. 法商研究，2017，34（6）.

［26］刘正峰. 兼业与分业：新保险法第8条面临的挑战：以投资连接保险信托性质的实证分析为例［J］. 财贸研究，2010，21（3）.

［27］郝臣，付金薇，王励翔. 我国金融控股集团治理优化研究［J］. 西南金融，2018（10）.

［28］李永华. 南玻控制权之争背后的实体经济尴尬［J］. 中国经济

周刊，2016（46）．

［29］向静，陶然，蒲云．现代公司资本结构理论演变［J］．西安交通大学学报，2004（2）．

［30］陈珏宇，叶静雅．现代企业资本结构理论研究及其发展［J］．广西大学学报（哲学社会科学版），2008，30（6）．

［31］汤洪波．现代资本结构理论的发展：从MM定理到融资契约理论［J］．金融研究，2006（2）．

［32］王艳茹，赵玉洁．现代资本结构理论的演进及评析［J］．商业研究，2005（15）．

［33］胡鹏．险资举牌上市公司法律监管规则的反思与完善［J］．商业研究，2017（9）．

［34］沈敏荣，姚继东．企业社会责任及其法律化［J］．社会科学战线，2018（2）．

［35］朱海坤．企业社会责任立法研究回顾与展望：基于1990—2015年相关文献的研究［J］．法学杂志，2018，39（11）．

［36］李维安，郝臣．金融机构治理及一般框架研究［J］．农村金融研究，2009（4）．

［37］陈华，陈荣．我国产业资本型金融控股公司关联交易风险、监管现状与监管策略［J］．武汉金融，2018（7）．

［38］姚军．我国金融控股集团发展模式选择及治理结构的再造［J］．暨南学报（哲学社会科学版），2015，37（8）．

［39］高田甜，陈晨．金融消费者保护：理论解析、政府职能与政策思考［J］．经济社会体制比较，2015（1）．

［40］田静婷，仇萌．我国金融控股公司的立法问题研究［J］．西北大学学报（哲学社会科学版），2013，43（4）．

［41］叶林，吴烨．金融市场的"穿透式"监管论纲［J］．法学，2017（12）．

［42］朱俊生，尹中立，庹国柱．对保险资金入市的若干思考［J］．财贸经济，2005（6）．

［43］郭金龙，周华林．我国万能险发展存在的风险及政策分析［J］．保险理论与实践，2016（11）．

［44］缪因知．资产管理内部法律关系之定性：回顾与前瞻［J］．法学家，2018（3）．

［45］王艳梅．信托的功能：资本运营视角下的探析［J］．当代法学，2004（5）．

［46］季奎明．论金融理财产品法律规范的统一适用［J］．环球法律评论，2016，38（6）．

［47］范世乾．信义义务的概念［J］．湖北大学学报（哲学社会科学版），2012，39（1）．

［48］楼建波，姜雪莲．信义义务的法理研究［J］．社会科学，2017（1）．

［49］林育廷．论金融专业人员之信赖义务［J］．东吴法律学报，2009（4）．

［50］汪其昌．信义义务：英美金融消费者保护的一个独特制度［J］．南方金融，2011（2）．

［51］邢会强．金融机构的信义义务与适合性原则［J］．人大法律评论，2016（3）．

（四）报纸

［1］张炜．不容"资本大鳄"兴风作浪［N］．中国经济时报，2017-02-27（3）．

［2］黄蕾．保监会细化保费统计口径 保险公司差异化"脸谱"曝光［N］．

上海证券报，2013-05-28（7）.

［3］张春生. 保险资金获准入市［N］. 中国保险报，2004-10-26（1）.

［4］莫开伟. 银保监会正式挂牌开启金融监管新时代［N］. 证券时报，2018-04-10（3）.

［5］陈婷婷，董亮. 保监会反对险资短期频繁炒股 回归保险姓保［N］. 北京商报，2016-11-09（7）.

［6］国泰君安. 举牌地产公司 中小保险公司的突围之路［N］. 上海证券报，2015-12-23（4）.

［7］吴婧. 万能险投票权争议未了局［N］. 国际金融报，2016-08-01（9）.

［8］任明杰，王兴亮. 南玻A高管集体辞职"罗生门"［N］. 中国证券报，2016-11-17（A6）.

［9］张敏. 34家上市公司遭举牌 防"野蛮人"反收购条款盛行［N］. 证券日报，2017-06-16（A1）.

［10］赵萍，李致鸿，杨崇. 独家专访保监会副主席陈文辉：用"底线思维"监管保险资金［N］. 21世纪经济报道，2016-03-21（4）.

［11］曾炎鑫. 九机构助攻 钜盛华杠杆融资有术夺万科［N］. 证券时报，2015-12-14（A2）.

（五）其他文献

［1］李霖. 金融集团化与金融法律变革［D］. 上海：上海财经大学，2007.

［2］姜立文. 金融控股集团法律问题研究［D］. 上海：华东政法大学，2005.

［3］黄俐. 股东表决权限制之研究：兼论"保险法"第146条之1妥适性［D］. 台中：东海大学，2015.

［4］胡峰宾. 新金融秩序下金融控股集团监理法制之再建构［D］. 台北：台湾大学，2010.

［5］林瀣瑄. 公司治理之经营权与所有权之探讨：以中信入主开发金控为探讨案例［D］. 新竹：台湾交通大学，2003.

［6］梁昭铭. 保险业资金运用规范之妥适性：以中寿投资开发金衍生之争议为例［D］. 台北：台湾政治大学，2006.

［7］陈惟龙. 保险资金之运用与公司治理［D］. 台北：台湾大学，2006.

［8］陈明珠. 保险业资金参与并购之法律相关问题［D］. 台北：台北大学，2006.

［9］举牌上市公司逻辑全梳理：现状、方向与影响［EB/OL］. 澎湃新闻，2016-11-18.

［10］深扒前海人寿股权结构：缘何老被质疑是一个人的公司［EB/OL］. 第一财经，2016-11-23.

［11］前海人寿关联交易40亿全投楼市 涉及宝能集团［EB/OL］. 每日经济新闻，2014-06-25.

二、英文文献

（一）专著

［1］BIGGS J H,RICHARDSON M P. Modernizing Insurance Regulation［M］. New Jersey：John Wiley and Sons，2014.

［2］WILLIAMS A. Risk Management and Insurance［M］. New York：McGraw-Hill，1998.

［3］ABRAHAM K S. Distribution Risk：Insurance，Legal Theory，and Public Policy［M］. Connecticut：Yale University Press，1986.

〔4〕BARTON A. Butterworths Insurance Law Handbook〔M〕. London: LexisNexis, 2011.

〔5〕BURLING J. Research Handbook on International Insurance Law And Regulation〔M〕. Cheltenham: Edward Elgar, 2011.

（二）期刊

〔1〕ROBERT F M. Common Stocks as Life Insurance Investments〔J〕. Journal of the American Association of University Teachers of Insurance, 1947, 14（1）.

〔2〕BADRINATH S G, KALE J R, JR H E R. Characteristics of Common Stock Holdings of Insurance Companies〔J〕. The Journal of Risk and Insurance, 1996, 63（1）.

〔3〕FEKADU G W. Corporate Governance on Financial Performance of Insurance Industry〔J〕. Corporate Ownership & Control, 2015, 13（1）.

〔4〕HUANG L Y, HSIAO T-Y. Does Corporate Governance And Ownership Structure Influence Performance? Evidence from Taiwan Life Insurance Companies〔J〕. Journal of insurance issues, 2007, 30（2）.

〔5〕GRAINGER J. The Handbook of Insurance-Linked Securities〔J〕. Annals of Actuarial science, 2009, 14（1）.

〔6〕BLAIR C E. The Mixing of Banking and Commerce: Current Policy Issues〔J〕. FDIC Banking Review, 2004, 16（3）.

〔7〕KRAINER J. The Separation of Banking And Commerce〔J〕. Economic Review, 2000.

〔8〕FRANKEL T. Fiduciary Law In The Twenty-First Century〔J〕. Boston University Law Review, 2011, 91（3）.

〔9〕BARKER W T, PAUL E B, LEVY S M. Is An Insurer A Fiduciary To

Its Insureds ？ ［J］． Tort & Insurance Law Journal，1989，25（1）．

［10］JORDAN J F. Are Insurers' General Accounts Subject To Fiduciary Standards ？ ［J］． The National Law Journal，1990，12（28）．

［11］RICHMOND D R.Trust Me：Insurers Are Not Fiduciaries To Their Insureds ［J］． Kentucky Law Journal，1999，88（1）．

［12］LR E. Recent Cases：Fiduciary Duty of Insurer in Settlement of Claims ［J］． The University of Chicago Law Review，1948，16（1）．

后　记

　　行文至此，有关保险机构股票投资议题的写作终于可以画上句号，通过专著的方式呈现在读者面前，也算是有个交代。虽然在写作过程中留有诸多遗憾，但在一定意义上，完成比完美更加重要。时光回转到八年前，我有幸录取到李伟群教授门下，并确定以保险法为研究方向。当时，我国资本市场上著名的"宝万之争"引起了公众的广泛讨论，保险机构举牌更是被指摘为"野蛮人"敲门。在四大金融行业中，以往保险业并没有像证券、银行、信托一样频繁地受到媒体与社会的关注，这次却以负面形象被推上风口浪尖。在导师的鼓励和引导下，我开始以"宝万之争"中的保险法问题为切入点不断挖掘，并相继发表了两篇论文。博士三年来，我不断穿梭在保险监管法规与保险机构股票投资实践当中，从而对我国保险监管框架有了粗略的认识与了解。

　　在研究过程中，更为宏观的经济法、金融法的研究思维也深深地嵌入我的脑海当中，对保险制度与保险法治的兴趣与喜爱也越来越浓厚，不断指引与延伸着我在未来的研究方向。保险业是社会风险的管理者和分散者，一直被视为最精巧的社会稳定器，这也是保险业不同于其他金融业的独特优势。然而，由于保险的技术品性，保险机构得以累积大量资金，成为资本市场不可小觑的机构投资者。并且随着保险技术的革新，保险商品也越来越具有金融元素，使得保险从单纯的风险保障领域，拓宽到向客户提供保障和投资理财服务等综合性金融保险服务领域，真正实现向金融型保险转变。诚如原中国保监会副主席陈文辉先生所言，在成熟市场下的保险业发展具有与金融业发展协调并进的特征，其发展的前进路径是"风险保障—生存保障—责任保障—权利保障—财富管理"①。由此可见，关于金融型保险的相关问题应加以重视和研究。

从学术"小白"到如今能够独立发表文章，不得不说，博士期间的全神贯注与孜孜以求不仅是对学识素养、研究水平的提升，更是对心智的打磨和锤炼。我曾经想象论文写毕，自己必定会大书特书过往的种种艰难。然而，当这一刻真正来临，彼时的煎熬沮丧、郁闷纠结早已幻化成了内心的平静和怀念。也许这便是成熟！漫漫人生长路，唯痛苦真实不虚，而最大的痛苦莫过于站在人生的十字路口不知该往哪儿去。何其幸运，能够拜李伟群教授为师，与同门结下深厚的友谊；何其幸运，还能够置身于繁华的都市之中，在宁静的华政园延续三年艰辛而美好的学生时光；何其幸运，在博士期间能够暂时屏蔽生活的压力，在书山文海中遇见好奇和乐趣。

感谢我的恩师李伟群教授。李老师为人谦和、待人诚恳，对学生总是理解和鼓励，从不求全责备。这三年里李老师亦师亦父，对我的学习和生活倍加关怀，他那亲切的话语总能舒缓我紧张的情绪，宽容和真诚也总能给我阳光般的温暖。感谢东风楼141办公室，在博士三年里我把这里当家，在这里同恩师促膝长谈，在这里和同门侃天聊地，在这里埋头苦读、奋笔疾书，这里浓缩了我博士生涯的全部记忆。

为撰写博士论文，我曾远赴台湾政治大学风险管理和保险学系交流学习。其间得到施文森教授、林建智教授、丁旭明博士、江浩博士等诸多师友的关心和帮助。犹记得施老师冒着酷暑指导我的论文选题，林老师和江浩为缓解我的读书之苦驱车带我去乌来观光，与丁旭明师兄和美贵子师姐齐聚台北……往事印刻在时光的骨骼里，值得深深回味！

感谢顾功耘教授、吴弘教授、钱玉林教授、罗培新教授、唐波教授、杨忠孝教授、陈少英教授、肖国兴教授、沈贵明教授、胡改蓉教授等。各位教师在课程学习和讲座中让我领略到了"海派经济法"的魅力，同时也

---

① 陈文辉. 新常态下的中国保险资金运用研究［M］. 北京：中国金融出版社，2016：132.

在博士论文开题和预答辩环节都提出了诸多指导和建议。华政经济法包容开放的学风和严谨踏实的治学态度将使我终身受益。

感谢我的父母胡中军先生和季丽女士。他们以踏实勤劳、朴素善良的传统美德塑造着我的性格。爸爸妈妈默默无闻地做我坚强的后盾，每次遇到坎时，他们永远支持着我："儿子，你已经很棒了，要对自己有信心，相信自己！"家是我永远的港湾，父亲母亲是我奋斗进取的不竭动力！

一段旅途就要落下帷幕，下一段征程才刚刚开始。

胡　鹏
2024 年 4 月 9 日